LE TRAVAIL DU DESSIN EN PSYCHOTHÉRAPIE DE L'ENFANT

Dans la même collection

A. ANZIEU, L. BARBEY, J. BERNARD-NEZ, S. DAYMAS, *Le travail du dessin en psychothérapie de l'enfant*

J.-C. BENOIT, *Le traitement des désordres familiaux*

M. BERGER, *Le travail thérapeutique avec la famille*

J.-P. DESCOMBEY, *Précis d'alcoologie clinique*

E. GILLIÉRON, *Le premier entretien en psychothérapie*

C. MIRABEL-SARRON, B. RIVIÈRE, *Précis de thérapie cognitive*

C. MIRABEL-SARRON, L. VERA, L'*entretien en thérapie comportementale et cognitive*

M. SAPIR, *La relation au corps*

J.-L. SENNINGER, V. FONTAA, *Psychopathologie des malades dangereux*

Annie Anzieu – Loïse Barbey
Jocelyne Bernard-Nez – Simone Daymas

LE TRAVAIL DU DESSIN EN PSYCHO-THÉRAPIE DE L'ENFANT

DUNOD

ISBN 2 10 002900 2

TABLE DES MATIÈRES

Introduction par Annie Anzieu 1

1

HISTOIRE DU DESSIN EN PSYCHANALYSE DE L'ENFANT
par Annie Anzieu

La technique d'analyse du dessin de l'enfant à travers quelques textes 9
Les débuts 10
Quelques contemporains 19

2

LE DESSIN EN CONSULTATION PSYCHOSOMATIQUE D'ENFANTS

Un cas d'épilepsie : Gustave par Élisabeth Dejours 33
Commentaire descriptif du dessin par Annie Anzieu 34
Commentaire analytique par Annie Anzieu 34

Le dessin en consultation d'allergologie par Jocelyne Bernard-Nez 37
Trois cas d'asthme : Delphine, Vincent, Denis
Un cas d'eczéma : Dominique 40
Commentaires analytiques par Annie Anzieu 52
Conclusions théorico-cliniques par Annie Anzieu 61

3

DESSIN ET PSYCHOSE

L'utilisation du dessin dans la cure de l'enfant psychotique par Annie Anzieu 65
L'autisme de Benoît 65

Un corps pour Antoine 68
La peau vide de Thérèse 70
Claire et les grues par Simone Daymas 77

4
L'INTERPRÉTATION PSYCHANALYTIQUE DES DESSINS DANS LA CURE DES ENFANTS
par Annie Anzieu et coll.

Psychanalyse et dessins d'enfants 87
De la momie au dragon : Joseph 89
Une petite fille abandonnée : Lili M. 100
Les désarrois du petit Louis 106
L'estomac d'Élisa 112
Remarques sur les cas de Louis et d'Élisa 116
Les limites du moi et leur figuration par le dessin 118
Le bestiaire de Liliana 118
Évolution 122

5
LE PSYCHANALYSTE ET L'ENFANT QUI DESSINE
par Annie Anzieu

Rêve et dessin 125
Le rêve de Fernand 126
De quelques bases de l'esthétique du dessin 128
Le contour 128
Le point et la ligne 130
L'analyste et l'esthétique du trait 132
Le point et le trou 133
Dessin et intégration des fonctions de l'analité 136
Adéquation de la trace et de l'objet 136
Regard et analité 141
Continuité. Discontinuité 143
La couleur 145
Permanence du moi et position de latence 148
Permanence du dessin et cohésivité du moi 148
Période de latence. « Position » de latence 150
Le travail de l'analyste 154
La démarche interprétative 155
Symbole et transfert 155
Dessin et mentalisation 157

6

PERSPECTIVES MÉTAPSYCHOLOGIQUES
SUR LE DESSIN-TRANSFÉRENTIEL DE L'ENFANT
par Loïse Barbey

Introduction 161

Le dessin comme enveloppe et figuration du moi 164

Du moi corporel au moi psychique 164

Le dessin comme représentation, comme représentation du processus primaire 179

La figurabilité de la représentation de chose est inscrite dans « l'inconscient corporel » 179

Du processus primaire 183

Le dessin comme travail de symbolisation 190

Le dessin comme fantasme 203

Le dessin comme figurabilité : le dessin comme figure du fantasme 213

Quelques conditions théoriques 215

Conclusion 225

Table des dessins 231

Bibliographie 233

Index 241

INTRODUCTION

Annie ANZIEU

Dans le contexte actuel de la psychanalyse des enfants, l'utilisation du dessin est une pratique courante. Parmi les modes d'expression symbolique à la disposition de l'enfant, le dessin est d'un niveau intermédiaire entre le jeu et la parole.

Une longue expérience m'a permis de constater que bien souvent l'interprétation du dessin des enfants recouvre, pour le thérapeute, une absence de technique analytique véritable.

Il m'est alors venu le désir de collaborer avec ceux qui cherchent, comme moi, à parfaire leurs connaissances et leur technique dans ce domaine.

Dès qu'il a conscience de laisser une trace par l'intermédiaire d'un instrument, l'enfant est capable d'utiliser ce moyen comme équivalent des associations libres utilisées dans l'analyse des adultes.

Anna Freud et Melanie Klein ont, depuis les années vingt, mis au jour ce moyen d'accès à l'inconscient de l'enfant.

J'ai donc moi-même pris l'habitude, quel que soit l'âge de l'enfant et sa capacité de parler, de mettre à sa disposition du papier et des crayons. Il se peut qu'il n'en fasse jamais usage. Certains hésitent avant de s'y intéresser, posent des questions sur la présence de ce matériel. Souvent le discours des enfants est aidé par une illustration imagée. Mais il n'est jamais nécessaire de demander à l'enfant de dessiner : son accès à la manipulation du matériel mis à sa disposition (modelage, jouets, papier, suivant l'âge et la pathologie) dépend de la mise en œuvre du transfert, de la confiance que l'enfant acquiert dans la situation et dans la personne de l'analyste, des mouvements de régression ou de progrès qui entraînent de nouvelles formes de représentation.

À partir de ce moment, le dessin apparaît comme une part de l'expression libre du patient, s'inscrivant dans le déroulement du processus transférentiel. Il doit être interprété seulement dans l'écoute du transfert sur l'analyste et sur le cadre, dont le matériel de dessin fait partie. L'autre source d'interprétation étant l'écho contre-transférentiel. Les détails symboliques du dessin et le commentaire qu'en fait parfois l'enfant sont l'origine des évocations de sens pour l'analyste.

La part peut-être la plus importante de notre travail au profit du jeune patient pour l'aider dans l'évolution positive de ses défenses est le respect du processus de transfert. Le repérage au plus près de notre contre-transfert, souvent mis à l'épreuve, est d'une grande nécessité. L'interprétation des significations symboliques d'un dessin doit être faite avec prudence, dans le moment adéquat, sous une forme admissible pour l'enfant, et dans la perspective de la dynamique psychique repérable à cet instant.

PRÉSENTATION DE L'OUVRAGE

Un peu d'histoire

Ce livre a pris naissance d'un travail de plusieurs décennies accompli, pour une grande part, à l'hôpital de la Salpêtrière, à Paris.

Au début des années soixante, à l'initiative de Daniel Widlöcher, un département de psychanalyse des enfants vit le jour dans le service de psychiatrie alors dirigé, après Georges Heuyer, par le professeur Léon Michaux. Peu après, D. Widlöcher m'en confia la responsabilité, que j'ai assumée jusqu'en 1989.

En 1972, lorsque le professeur Clément Launay prit sa retraite, une partie de son équipe de thérapeutes à l'hôpital Hérold vint se joindre à moi : Simone Daymas avec qui j'ai partagé les responsabilités de la formation. Puis Loïse Barbey (ex-Thurnauer), qui, après 1989, a pris ma succession. L'une et l'autre, membres de la Société psychanalytique de Paris, ont depuis collaboré activement au développement de ce département.

Après Didier J. Duché, Michel Basquin a pris la responsabilité du service de psychiatrie de l'enfant et de l'adolescent. C'est grâce à lui que persiste actuellement la psychanalyse d'enfants à la Salpêtrière. Qu'il trouve ici la marque de notre reconnaissance, puisque grâce à sa bienveillance et à son intérêt pour la psychanalyse, cette discipline peut encore être exercée auprès des enfants en milieu hospitalier.

Fonctionnement du département de psychanalyse de l'enfant de la Salpêtrière

Tous les thérapeutes en activité ou en formation ont été eux-mêmes psychanalysés ou sont encore en analyse. Certains font partie de groupes reconnus par l'Association internationale de psychanalyse. D'autres sont en formation dans ces groupes. D'autres, enfin, n'ont aucune appartenance définie, et bénéficient d'une formation extérieure aux sociétés officielles. Mais les analystes responsables des thérapies des enfants et des supervisions sont tous affiliés à une société reconnue par l'IPA.

Les thérapies ont lieu de préférence au rythme de deux séances de quarante-cinq minutes par semaine, trois séances dans des cas privilégiés.

Chaque enfant accueilli dans ce département a auparavant été reçu avec sa famille par un médecin consultant. C'est ce dernier qui vient nous proposer d'examiner avec lui le dossier. Une discussion de groupe permet d'apprécier si l'enfant est passible d'une psychothérapie, et aussi si l'environnement est susceptible d'accepter et de supporter ce genre de traitement. Dans le cas d'un accord positif, l'enfant est convoqué avec ses parents, pour un premier entretien avec un psychothérapeute disponible à son cas. L'organisation de la cure ambulatoire est alors envisagée. Par la suite, le psychothérapeute de l'enfant recevra de temps à autre les parents selon leurs besoins. Il arrive encore que certains parents soient adressés à un autre analyste pour des entretiens réguliers.

D'autres enfants sont pris en charge par un psychothérapeute pendant leur hospitalisation dans le service, après accord avec le médecin chargé de leur surveillance et des entretiens avec la famille.

Les âges des enfants admis en cure peuvent être très différents. Ils varient à peu près de quatre à vingt ans, les adolescents faisant partie de notre expérience. Il est cependant évident que la plupart des enfants qui consultent développent des symptômes repérables à l'âge scolaire par le fait qu'ils deviennent gênants dans la vie de groupe (agitation, inattention, agressivité incontrôlée, incontinences et troubles du langage, enfermement sur soi-même, etc.). La symptomatologie déclenche alors l'inquiétude des parents et des enseignants. La plupart des enfants nous arrivent par cette voie. Il est souvent regrettable que des manifestations de leur souffrance psychique n'aient pas soulevé plus vite l'attention de leur entourage.

Un grand nombre de thérapeutes d'enfants ont participé aux séminaires de supervision dirigés par les membres de notre équipe. Ma pratique personnelle de la consultation, de l'analyse des enfants et de la supervision m'a affrontée à des expériences multiples et passionnantes, quelquefois éprouvantes. Si le dessin apparaît, au premier regard, comme une technique d'expression paisible parmi celles utilisées bien souvent par les enfants, il n'en reste pas moins vrai que son interprétation doit être judicieusement adaptée aux besoins immédiats de l'enfant, faute de quoi le thérapeute peut se trouver entraîné dans un chaos difficile à surmonter.

La technique d'interprétation de l'analyste est imprégnée par ses conceptions théoriques, ses modèles, mais surtout, je pense, par sa capacité à percevoir et recevoir le transfert de l'enfant. La conscience de ses propres réactions contre-transférentielles et les associations personnelles qu'elles déclenchent doivent parvenir à une élaboration suffisante pour être transformées en une interprétation.

Cet ouvrage est destiné à préciser l'exploitation du dessin des enfants en thérapie analytique afin de faire progresser le processus d'élaboration chez l'analyste et chez l'enfant.

Pour le réaliser, j'ai eu recours à des cas de mon travail personnel et, une nouvelle fois, à la collaboration de l'équipe du département de psychanalyse de la Salpêtrière :
– Loïse Barbey, psychanalyste,
– Simone Daymas, psychanalyste,
– Jocelyne Nez, psychologue, psychothérapeute
et de quelques-uns de nos élèves :
– Martine Boussange, psychothérapeute
– Élisabeth Dejours, psychothérapeute
– Dominique Fessaguet, psychothérapeute

– Christine Signoret-Dalström, psychothérapeute
– Valérie Vichard, psychothérapeute
ont participé à ce travail. Elles savent le plaisir et les questions que nous partageons dans nos efforts communs, et la gratitude que je leur porte. J'ai aussi tiré quelques exemples du travail d'analystes en formation privée auprès de moi, qui ont bien voulu accepter de me livrer le matériel de leur travail.

POUR UNE APPROCHE THÉORICO-CLINIQUE DU DESSIN DE L'ENFANT

Il va de soi que le dessin des enfants varie avec leur âge, leurs capacités motrices et intellectuelles, leurs sens des symboles, leur possibilité de figuration. L'efficience graphique des enfants est très diverse : certains enfants semblent doués, dès leur plus jeune âge, d'un talent particulier à s'exprimer graphiquement, à représenter soit la ressemblance avec la réalité, soit le mouvement, soit encore leur vie fantasmatique. La relation qui lie cette habileté graphique avec l'affectivité inconsciente reste mystérieuse. Quelques peintres ont fourni des renseignements précieux sur leur « inspiration ». Nombre de psychologues et de psychanalystes ont cherché, depuis le début du siècle, à comprendre et expliquer ce phénomène[1].

Le recours au déchiffrage des symboles graphiques ou picturaux est de loin le moyen le plus simple et le plus utilisé pour tenter d'atteindre les racines d'une œuvre. Ce qui nous est communiqué par le détour des symboles reste, sous un mode ou un autre, objet d'interprétation. Les aspects génétiques de l'évolution du dessin font par ailleurs l'objet d'études précises qui servent de base de référence au travail de l'analyste[2].

Mais lorsqu'il s'agit d'un enfant dans la situation de la thérapie analytique, le dessin devient un mode d'expression de l'inconscient,

1. Par exemple, Pierre Luquet qui peint lui-même, fait un très beau travail sur l'esthétique dans les dessins d'enfants (1994).
2. Voir Philippe Wallon, Anne Cambier, Dominique Engelhart, 1990.

équivalent des associations libres par la parole. Il doit alors être considéré comme une mise en acte de l'expérience perceptive et sensori-motrice de l'enfant au même titre que le discours.

Nous pouvons relever trois critères qui déterminent l'usage du dessin par l'enfant :
1) l'âge, et donc les possibilités gestuelles de réalisation psychomotrices ;
2) l'incapacité à s'exprimer de manière satisfaisante par le discours ;
3) le besoin et l'envie d'utiliser un support concret, des instruments médiateurs et le regard de l'analyste, donc un moment du transfert.

1) L'activité de l'enfant en psychothérapie change avec l'âge et le moment de la relation. Elle peut commencer par le jeu ou le modelage qui sont des activités sensorielles tactiles et motrices, pour aboutir à la trace graphique déposée sur une surface. Dans les milieux acculturés les enfants manifestent aux alentours de leur deuxième année l'intention de s'exprimer de cette manière. Les psychologues ont étudié avec précision les changements qui se produisent dans le dessin de l'enfant avec la maturation. Le progrès du développement psychomoteur permet peu à peu à l'enfant de reproduire au plus proche des formes perçues par la vue. Mais si la ressemblance du dessin avec les choses concrètes peut être perçue comme un signe d'intelligence, ou de bon équilibre entre la perception sensorielle et la maîtrise de la représentation graphique, cette adéquation n'est pas forcément le signe d'une bonne évolution psycho-affective.

Par contre, des dessins dont la logique constructive n'apparaît pas ou des dessins très fantaisistes peuvent être le résultat d'une imagination riche en fantasmes et d'une grande liberté à s'exprimer. De toute manière l'analyste, même s'il est sensible à la teneur esthétique du dessin, cherche avant tout à en comprendre le sens dans le rapport transférentiel et à percevoir ce que l'enfant peut émettre de soi par la structuration graphique, le symbolisme, la condensation, en rapport avec ses états conflictuels actuels et passés.

2) Il arrive fréquemment que des enfants, dans la situation de l'analyse, ne parviennent pas à s'exprimer oralement, soit par une inhibition symptomatique, soit par résistance au transfert, soit encore parce que leurs capacités linguistiques sont insuffisantes. Il serait alors blessant pour eux de les « faire parler ». Ce n'est pas le rôle de l'analyste qui se conduirait en ce cas de façon persécutive. Dans cette situation, le thérapeute, sans avoir trop à se culpabiliser d'un « passage à l'acte », peut proposer à l'enfant un matériel parmi lequel

celui-ci peut choisir le papier et les crayons. Certains thérapeutes disposent aussi d'un tableau. M. Klein puis A. Freud ont utilisé la technique du dessin en y ajoutant fréquemment le jeu, pour installer une situation transférentielle entre elles et l'enfant.

Si l'enfant choisit de dessiner, parfois en demandant l'approbation de l'analyste, celui-ci devra toujours évaluer au plus près quel écho transférentiel pourra déclencher un commentaire de sa part sur le dessin. On peut très bien, en effet, laisser se développer cette communication silencieuse jusqu'au mûrissement de la nécessité de verbalisation, si le vécu des séances n'est pas celui d'une anxiété trop lourde. Une approche verbale délicatement menée peut aussi alléger l'angoisse de l'enfant qui fait part de représentations intimes dont il est justifié de signifier que l'analyste les prend en considération. La plupart du temps l'analyste accompagne son jeune patient de ce que Bion appelle la « rêverie maternelle ». En d'autres termes, il construit une image de cet enfant en perpétuelle transformation. Mais il faut bien reconnaître que cette situation provoque un contre-transfert et des interprétations dont la charge affective doit être bien pesée avant de les énoncer, ce qui n'est pas toujours une nécessité. Surtout si elles risquent de pousser l'enfant hors de ses retranchements défensifs[1].

3) Lorsque l'enfant régresse dans sa relation avec son thérapeute, il éprouve le besoin d'un appui concret sur le matériel qui lui est fourni, sur le cadre qui devient le contenant des fantasmes régressifs. C'est alors que la feuille de papier, la table ou encore le tableau prennent des sens groupés autour de l'étayage sensoriel et affectif indispensable à ce moment. Les niveaux d'expression auxquels se trouve alors l'enfant peuvent être fort différents les uns des autres et requérir de son thérapeute beaucoup de patience et d'habileté.

D. Winnicott nous a laissé un modèle de ce travail qui, bien qu'il reste inimitable, permet de comprendre le processus d'étayage graphique par le thérapeute. L'ébauche d'une forme par celui-ci, un *squiggle*, permet à l'enfant d'associer. Le tracé peut être continué par le thérapeute qui facilite ainsi à son jeune patient l'évocation de liaisons qui s'établissent entre différentes parties du soi. La participation de l'analyste à la construction d'une image de soi par l'en-

---

1. Selon J. Gammill : l'enfant joue comment il se sent traité par ses objets internes. On peut retrouver dans le processus créatif du dessin la même organisation ludique avec les objets internes.

fant, permet à celui-ci d'intérioriser le contenant qui lui est ainsi proposé. Bien entendu, il nous est relativement facile de comprendre ce procédé et son efficacité. Mais il est bien difficile de se sentir capable de reproduire la technique de Winnicott dont la délicatesse et l'imagination ont peu d'égales.

Un autre élément contribue au sentiment d'étayage dans le dessin : c'est l'utilisation d'un instrument, crayon, craie, pinceau ou stylo. Cet instrument est investi comme intermédiaire entre le contenu inconscient et la forme que va en prendre la trace. Il est bien souvent manifeste dans une séance que cet instrument est un moyen terme signifiant entre le besoin pulsionnel et les affects qui découlent du conflit des représentations évoquées par lui. L'instrument devient un prolongement de la main, et souvent du corps musculaire total dans l'expression de l'agressivité par exemple. C'est un moyen de transition entre l'affectivité du patient et le regard de l'analyste à qui est destinée la trace des représentations. Dans le geste graphique, l'instrument peut être utilisé soit comme appendice significatif en soi d'un afflux pulsionnel immédiat, lorsqu'il perce la page ou lorsqu'il est jeté par exemple, soit comme moyen de production d'une trace qui est signifiante d'associations plus élaborées et plus liées aux affects.

Chapitre 1

HISTOIRE DU DESSIN EN PSYCHANALYSE D'ENFANT

Annie ANZIEU

LA TECHNIQUE D'ANALYSE DU DESSIN DE L'ENFANT À TRAVERS QUELQUES TEXTES

On peut constater que dès le début de cette discipline particulière de l'analyse qu'est la psychothérapie d'enfant, le langage qui est la base du processus analytique s'est présenté comme un obstacle plus que comme un moyen dans la mesure où l'enfant n'est pas toujours à même de l'utiliser pleinement. Le jeu et le dessin sont très vite apparus comme des substituts de l'expression verbale.

Il m'a donc semblé intéressant de revenir sur les débuts de l'utilisation du dessin dans la thérapie des enfants. Il est surprenant, à mon avis, de découvrir combien le travail et les caractères strictement analytiques du dessin, dans ce mode de relation, sont peu étudiés. La plupart des réflexions sur ce sujet se limitent à une description du dessin et son rapprochement avec des symboles qui représentent les complexes bien connus des analystes : Œdipe, castration, destruction, etc. L'analyste lui-même attache trop souvent un sens à la représentation, qu'il peut percevoir dans le dessin, d'une projection transférentielle de l'enfant de ses images parentales ou de scenarii souvent banalisés plutôt qu'à la dynamique transfert-contre-transfert qui se développe grâce au dessin. Cette situation de l'analyste revient à interpréter le contenu, même s'il est signe de transfert, et à négliger la dynamique du mode d'expression et l'usage de la motricité et d'un matériel concret nécessaire à ce mode d'expression. Car il est bien évident que dans l'acte de dessiner, nous devons prêter attention au fait que le corps est mis en question par le geste et le contact matériel. Ce qui implique l'élaboration de l'usage de la motricité et des instruments intermédiaires de l'expression (crayon, papier, couleur) qui participent eux aussi d'une sensorialité mise en acte. Ce fait suppose aussi chez l'analyste des réactions émotionnelles et contre-transférentielles spécifiques qui sont rarement mises en relief. Nous allons donc pouvoir cheminer dans le passé avec quelques-uns des psychologues et psychanalystes qui ont œuvré, avec les enfants, à comprendre le sens du dessin.

La liste n'en est pas exhaustive. Mon choix limitatif est déterminé par la préoccupation qu'on peut rencontrer chez ces auteurs de comprendre analytiquement la relation établie entre l'analyste et l'enfant grâce au dessin de celui-ci. Voici donc ce rappel du travail de quelques-uns qui m'ont paru parmi les plus représentatifs de cette position.

Les débuts

Georges-Henri Luquet

Un précurseur : en 1927 paraissait un petit livre sur le dessin des enfants (*Le Dessin enfantin*, Delachaux-Niestlé, rééd. 1967) écrit par un philosophe, G.-H. Luquet. Il avait remarqué les dessins de sa propre fille, et la manière dont ils se transformaient au cours du développement de l'enfant. Après avoir étendu le champ de ses observations, il s'appliqua à en déceler et décrire les traits caractéristiques, dont les deux essentiels sont pour lui : le réalisme intellectuel et le réalisme visuel.

Si le réalisme visuel reste lié de manière proche au développement psychomoteur, ce que G.-H. Luquet appelle réalisme intellectuel est déterminé par un « modèle interne » et va influencer l'« interprétation » que l'enfant donne de son dessin. Cette interprétation peut, parfois, s'éloigner largement de l'image matérialisée par le graphisme.

Il ne semble pas que cet auteur ait eu vent des travaux de S. Morgenstern et cependant sa préoccupation le rapproche étrangement de celle des psychanalystes et rend son ouvrage facile à lire et curieux lorsqu'on connaît la suite.

Sophie Morgenstern

Bien longtemps avant nous, Sophie Morgenstern (1875-1940), pionnière de la psychanalyse des enfants en France, a exercé dans ce même hôpital et dans ce même service, alors dirigé par le professeur Georges Heuyer (1925-1940). Elle arrive des pays de l'Est avec déjà une culture psychanalytique. En 1937, à l'époque où Freud publie *Constructions dans l'analyse* et *Analyse terminée, analyse sans fin*, paraît un petit livre, intitulé *Psychanalyse infantile. Symbolisme et valeur clinique des créations imaginatives chez l'enfant* (Denoël). Il est de la main de S. Morgenstern qui a déjà publié sur ce sujet plusieurs articles. La préface est de G. Heuyer. Les expériences que l'auteur raconte ne se rapportent pas seulement au dessin. Elle s'intéresse aux productions spontanées de l'enfant qui peuvent déceler ses rapports avec des conflits inconscients : les rêves, les contes, le dessin. C'est cependant au dessin seulement qu'est consacrée la plus grande partie du livre (pages 51 à 109). Les observations en question ont été pratiquées environ entre 1925 et 1928.

Trente ans plus tard, j'ai eu moi-même le privilège d'assister aux consultations de G. Heuyer, toujours en exercice à la Salpêtrière. Il avait alors pris de la distance par rapport à la psychanalyse, mais laissait des analystes pratiquer autour de lui. J'y suis finalement demeurée. Le souvenir de Freud flottait encore dans le vieil amphithéâtre où il rencontrait Charcot, où la psychanalyse en France prenait son essor. Mais la psychanalyse des enfants en était encore à ses débuts, et avait bien du mal à trouver sa place.

Il est donc fort intéressant de retrouver l'histoire et les idées de Sophie Morgenstern sur le dessin des enfants et la psychanalyse telle qu'elle a pu la concevoir avant 1937.

Dans sa préface élogieuse, G. Heuyer note qu'il avait « vu employer la même méthode » à Londres. Il ne s'explique pas plus à ce sujet. Nous n'ignorons plus, à présent, les débats londoniens de cette époque entre Anna Freud et Mélanie Klein. L'une et l'autre utilisaient le dessin dans l'analyse des enfants. Leur mésentente était liée, entre autres raisons, à des désaccords sur le transfert de l'enfant et sur la technique d'interprétation à utiliser, au sujet en particulier, des représentations sexuelles. Sophie Morgenstern dans son mode de travail, semble proche d'Anna Freud.

G. Heuyer reconnaît, malgré les restrictions qu'il apporte à l'indépendance de la psychanalyse par rapport à la psychiatrie, que le docteur Morgenstern a fait preuve d'innovation technique dans son approche des enfants, et que les résultats en sont bénéfiques.

Parmi les très nombreux cas cités en exemple de l'application aux productions des enfants des notions de la psychanalyse, je citerai le plus longuement développé dans le volumineux chapitre sur le dessin.

La cure de Jacques se déroule entre octobre 1926 et mars 1927. Nous ignorons à quelle fréquence et quel cadre est établi. Jacques est un garçon de neuf ans et demi atteint de mutisme psychogène. Devant cette difficulté G. Heuyer décide de le confier au Dr Morgenstern. L'enfant avait peu à peu perdu la parole deux ans auparavant, à l'occasion, semble-t-il, d'un déménagement. En fait, la suite du traitement permettra de découvrir que l'enfant se masturbait, que son père le menaçait à ce sujet et que le désaccord entre ses parents était pour lui une raison d'anxiété.

Sa mère semble schizoïde, mais nous ne savons rien de plus sur elle.

Jacques est né à huit mois, a souffert de nombreuses maladies infectieuses. À cinq ans, une myopathie le laisse malhabile dans sa motricité. À sept ans, il fait quelques crises comitiales. Ses capacités intellectuelles sont incertaines. Son mutisme et son comportement d'isolement l'ont fait soupçonner de schizophrénie. Durant la première consultation, il se débattit violemment parce que deux personnes le maintenaient sur un lit pour l'examiner. Ceci détermina son hospitalisation à des fins d'observation.

On pensait à l'époque que la psychose ou l'autisme (décrit par Bleuler près de qui Sophie Morgenstern avait exercé avant son arrivée en France) n'apparaissaient qu'à partir de l'adolescence. Jacques se présente comme un enfant « doux, obéissant, timide ; il aime la musique, mais préfère à tout le dessin ». C'est donc le diagnostic assez vague de mutisme psychogène qui fut posé au terme de l'observation de l'enfant.

Devant cette situation Sophie Morgenstern utilise l'activité spontanée de l'enfant qui dessinait en compagnie d'un jeune surveillant du service. Elle propose donc à Jacques de dessiner.

Sur ses premiers dessins Jacques dessine un enfant qui regarde un homme avec un air terrifié : « Dès la première séance nous l'avons fait dessiner. Nous donnions à ces dessins des interprétations que Jacques approuvait ou désapprouvait par des signes de tête » (p. 83). Malgré notre curiosité nous ignorons la teneur des interprétations. Les dessins reproduits n'évoquent ni la schizophrénie, ni la débilité. L'enfant, questionné sur le sens qu'il donne à ses dessins, reste obstinément muet. Il continue à dessiner des scènes qualifiées par l'analyste de « monstrueuses » et « horribles », sans accepter d'en donner d'explication. Il reste silencieux, mais devient « hostile ».

Nous pouvons comprendre que devant ces manifestations négatives du transfert, dans son désarroi contre-transférentiel non reconnu, Sophie Morgenstern « passe à l'acte » : elle apporte à Jacques des chocolats qu'il n'obtiendra que s'il parle.

Mais Jacques dessine toujours silencieusement et rend à l'analyste son cadeau. Sur quoi, à bout de ressource, Sophie Morgenstern l'enferme longuement dans le noir, alors qu'elle le dit devenu « confiant » envers elle. Il dessine des personnages en pleurs, un couteau à la main, qui sont interprétés comme une image du père.

On peut accepter, certes, que l'enfant l'ait entraînée dans son propre comportement sur-moïque, auto-punitif, moralisant et contraignant. La répétition des scènes familiales se produit aussi dans la situation analytique et l'analyste subit et introjecte les projections transférentielles de son patient.

N'obtenant rien de plus au sortir du cachot et malgré ce traitement, l'analyste suspend les séances. Pendant ce délai de punition, Jacques voit son analyste recevoir d'autres enfants et apprend par ailleurs que sa mère est gravement malade. Curieusement insensible au désespoir que peut ressentir le petit garçon, Sophie Morgenstern le menace de ne pas aller voir sa mère s'il ne parle pas. Les dessins de Jacques continuent à exprimer évidemment la castration (jambes coupées), mais aussi une revendication phallique en même temps que des désirs homosexuels sado-masochiques que son analyste ne semble pas percevoir. On dirait qu'il fait tout ce qui est en son pouvoir pour la séduire. Il me semble cependant pouvoir déceler dans certains dessins de ce moment des angoisses de morcellement qui expriment la tension agressive introjectée et mise au jour par le traitement persécuteur subi par l'enfant.

Sophie Morgenstern comprend fort bien l'accumulation dans les dessins des sens relatifs au coït et à la castration. Mais elle reste plus sensible, d'une manière que j'oserais dire défensive, au talent de dessinateur de Jacques, dont les personnages sont très expressifs, qu'à l'angoisse dont il lui fait part. Elle entend bien la peur et la culpabilité, mais les replace dans un contexte familial plutôt que dans une relation transférentielle de personne à personne. Elle semble ne pas analyser le transfert des mouvements pulsionnels sur la personne de l'analyste. Elle met seulement en évidence les sens du transfert œdipien. On peut aller jusqu'à penser de la mise en valeur par l'analyste, séance après séance, de ce sens obsédant, qu'elle a accru « l'obsession » de l'enfant et les confusions régressives dans lesquelles il se perd (retour de l'énurésie, encoprésie passagère, masturbation excessive). Faute de pouvoir être compris, Jacques exprime par une régression formelle un mouvement d'humiliation. Il trouve dans les manifestations érogènes incontrôlables de son corps des équivalents symboliques de ses désirs plus directement expressifs que ses dessins. C'est pourtant à ce moment qu'il recommence à parler : en répondant à voix basse à sa jeune sœur (objet du transfert positif ?). Le dialogue n'est pas rapporté : « Ayant obtenu la guérison complète, nous n'avons pas osé aller plus loin dans la recherche des renseignements concernant les questions sexuelles chez cet enfant d'une intelligence moyenne et d'une imagination très vive » (p. 102).

La critique nous est facile : plus d'un demi-siècle après le travail de Sophie Morgenstern la psychanalyse et ceux qui la pratiquent ont évolué. Nous sommes habitués à penser avec de nouveaux concepts, dans une autre ambiance morale et d'autres représentations. Comme Freud l'a fait dans ses premières analyses, Sophie Morgenstern cherche à conduire son jeune patient à « mémoriser le traumatisme initial » qui serait la source de sa névrose. À l'époque où Freud écrit *Constructions dans l'analyse*, cette technique est encore une nouveauté : l'analyste reconstruit des scènes imaginaires de la vie familiale grâce aux fantasmes évoqués par le patient, de la scène primitive, des désirs œdipiens et de la culpabilité des ressentis pulsionnels.

Chez Jacques, on peut aisément retrouver dans les dessins des réminiscences inconscientes de situations sadiques, de terreurs de castration, qui incluent vraisemblablement les traces narcissiques et auto-érotiques des atteintes somatiques de sa première enfance.

La situation qu'il vit à l'hôpital pendant sa thérapie est sans doute aussi pour lui une sorte de « répétition ».

Rien, cependant, n'est évoqué de ce vécu passé, qui actuellement est pris en compte dans l'interprétation transférentielle du dessin.

Sophie Morgenstern recherche un effet cathartique de l'expression imagée des fantasmes, décryptée symboliquement dans son rapport à la scène primitive et surtout au complexe œdipien. L'insistance qu'elle met sur le sens sexuel des dessins, en rapport avec les liens affectifs aux parents, ne fit qu'augmenter, pendant longtemps chez l'enfant, la résistance des défenses contre l'angoisse.

Il faut noter aussi combien l'accent est mis sur la relation au père réel (comme dans l'analyse du petit Hans) et combien l'image maternelle est peu investie par l'analyste, en dehors des représentations d'objet sexuel.

L'activité psychique de Jacques est sans cesse ramenée à des processus sur-moïques issus de ce que nous nommons, à présent, la paranoïa précoce ou position persécutive. Ce mouvement semble contrecarrer le développement de l'auto-érotisme chez ce jeune patient qui a souffert dans son corps depuis sa naissance. Cette inhibition pourrait bien passer pour le manque de développement intellectuel qu'on lui attribue.

On peut dire que Jacques n'est pas dans une véritable situation analytique[1].

1) Il n'a pas le loisir d'associer *librement :* « le même sujet » nous dit Sophie Morgenstern lui est obstinément rappelé. Il est questionné intensément sur la signification de ses dessins.

2) Le symbolisme sexuel de ses productions est interprété, mais pas la situation transférentielle dans son rapport avec le cadre ni avec l'analyste. Du moins dans ce qui nous en est rapporté.

3) Aucun rapport n'est fait au passé de l'enfant, à ses souffrances psychiques dans les conditions d'hospitalisation où il s'est trouvé, ni à la naissance de sa sœur.

4) Le contre-transfert vivement actif de l'analyste soumet son patient à une violence réelle, qui matérialise et répète ses craintes de persécution.

---

1. Voir les critiques de S. Lebovici (1950) et de Jean Losserand (1991).

5) On peut voir l'effet du transfert vigoureux de Jacques sur son analyste qui tombe dans le piège de la contre-identification projective.

Et cependant le travail de l'analyste sous cette forme n'a pas été inefficace. Quelque chose de bénéfique s'est passé pour Jacques. Il a renoncé à ses symptômes les plus évidents : mutisme et énurésie.

Quels processus peuvent avoir agi en ce sens ? :

- l'intérêt intense que l'analyste lui manifeste lui procure un soutien narcissique ;
- il s'affronte à une image sur-moïque avec laquelle il expérimente les limites de l'usage de la contrainte. Il en est peut-être sécurisé ;
- enfin, l'acharnement de son analyste à le faire parler lui a permis de transférer des images coercitives qu'il a pu élaborer partiellement.

Et sans doute s'est-il passé bien des choses que nous ignorons.

Je voudrais noter que Sophie Morgenstern, parmi les conclusions de son livre, attribue moins d'imagination aux filles qu'aux garçons, les filles étant « asservies à leur instinct maternel et surtout à leur vie affective » (p. 109).

Outre l'écho des idées de Freud sur la féminité, ceci laisserait entendre que les dessins des filles n'exprimeraient pas leur vie affective ; que la sexualité des filles était moins intéressante pour Sophie Morgenstern que celle des garçons ; qu'elle n'avait pas les moyens de prendre conscience de son contre-transfert négatif, comme nous l'avons vu, en présence de Jacques, et surtout peut-être en présence d'une fille.

Quoi qu'il en soit, cette première analyse d'enfant en France nous a laissé un travail fort riche d'enseignement.

Il ne peut échapper à notre étude comment le dessin, qui est un mode caractéristique de l'expression des enfants en thérapie, dans nos cultures, entre 18 mois et l'adolescence, ne semble pas avoir été l'objet de discussions fondamentales dans les groupes analytiques. L'utilisation du jeu spontané, considéré par Mélanie Klein comme un substitut des associations libres de l'adulte, et interprété comme tel, a, par contre, mis le feu aux poudres entre elle et Anna Freud. Le jeu, en effet, peut donner l'image d'une référence plus directe au contact avec les objets, le rapport oral et des situations archaïques qui n'étaient pas le point visé par l'analyse freudienne, celle-ci étant destinée avant tout à la situation œdipienne. Peut-être aussi la labilité des associations ludiques se rapproche-t-elle de la parole, alors que le dessin laisse une trace persistante de la représentation visuelle.

On ne peut pourtant oublier l'usage que fait Freud de la vision tant dans l'analyse des rêves que des souvenirs. Le détour que fait le dessin par un instrument, un objet de transition entre le corps et la pensée, nous entraîne plus, de toute évidence, vers la technique du *squiggle* de Winnicott et sa théorie des espaces transitionnels.

Cependant le dessin a toujours été utilisé comme appui, pour l'analyste, entre lui et l'enfant, comme source de matériel symbolique et transférentiel. Ni Anna Freud, ni Melanie Klein n'en ont fait un moyen spécifique de leur technique.

Anna Freud

Anna Freud fait mention de son utilisation du dessin dans le texte d'une conférence au Xe Congrès international de psychanalyse à Insbrück en 1927. Ce texte est rapporté au chapitre II du livre intitulé : *Le Traitement psychanalytique des enfants* (trad. fr. PUF, 1951). Elle donne des exemples dont elle effleure l'interprétation symbolique (p. 26-27). Rien ne transparaît de l'aspect transférentiel qui peut s'y rattacher, aspect pourtant tellement discuté à cette époque entre Anna Freud et Melanie Klein. Seule la parole donnait sens à une possibilité d'analyse des problèmes de la technique analytique.

Depuis 1926, Anna Freud exposait sa technique de l'analyse des enfants à ses collègues viennois et à des pédagogues. L'essentiel de son projet est d'établir une technique aussi proche que possible de l'analyse de l'adulte. À cette époque, son désaccord avec Melanie Klein sur l'établissement du transfert l'entraîne à donner des preuves que sa méthode, plus volontariste que celle de Melanie Klein, reste proche de l'analyse classique. Elle met en mouvement chez l'enfant des associations d'idées, en particulier par l'analyse des rêves, mais aussi par le dessin. Dans une partie de son livre écrite en 1927, elle parle très rapidement de l'utilisation du dessin (p. 36-37) comme d'un « moyen de communication » certes privilégié, destiné, semble-t-il, à déclencher des associations sur les conflits intrapsychiques de l'enfant. Elle ne donne à ce sujet aucune indication sur sa technique d'interprétation ni sur ce qu'elle aurait pu percevoir du transfert dans le fait que l'enfant utilise le dessin pendant une période précise de son analyse.

Melanie Klein

Le cas de Richard, longuement rapporté par Melanie Klein (*Psychanalyse d'un enfant*, 1961, trad. fr., Tchou, 1973), nous donne par contre une idée enrichissante de l'usage qu'elle a pu faire du dessin, par exemple avec ce jeune garçon psychotique.

> La situation du traitement était particulière, puisque cette analyse s'est déroulée en quatre mois et quatre-vingt-treize séances, à peu près quotidiennes, pendant la guerre de 1940. La mère et l'enfant s'étaient installés à l'hôtel pour la durée de la cure. Mme Klein explique qu'elle était, en effet, pressée par cette situation.
> Richard avait dix ans lorsqu'il lui fut amené. Il ne pouvait plus sortir seul ni aller en classe depuis deux ans. Il était gravement déprimé, et très impressionné par la guerre. Précoce et doué, il essayait d'impressionner les adultes par ses talents, et ne pouvait supporter les autres enfants, dont son frère.
> Après plusieurs séances de traitement, Richard devint angoissé et cessa peu à peu de « parler et penser », comme il avait préféré le faire jusque-là. À la douzième séance (p. 55) il demanda s'il pouvait se servir du papier et des crayons mis à sa disposition. À l'acquiescement de Mme Klein, il dessina une bataille entre les navires de guerre avec lesquels il jouait habituellement, et s'inquiéta de « déranger » Mme Klein. Celle-ci lui répondit qu'il craignait de lui faire mal en dessinant. Richard reprit sa question et s'inquiéta des traces que son dessin avait laissées sur la page suivante du bloc de papier. Mme Klein parla de ses craintes d'un geste destructif à travers la bataille des navires.
> D'autres dessins seront réalisés, acheminant les associations et les interprétations vers la rivalité de Richard avec son frère John, les clivages inconscients et la différence des sexes. Le symbolisme des dessins est utilisé par Melanie Klein, mais plus encore les associations de l'enfant, qui sont riches et mêlées à des allusions transférentielles.

La base sur laquelle repose le travail avec les dessins me semble cependant être la première interprétation de Melanie Klein et l'inquiétude de l'enfant au sujet de ses « traces » et de « déranger » l'analyste. En effet, le support que représente le simple papier matérialise, pour le jeune patient, le support transférentiel qu'il attend de son analyste lorsqu'il projette en lui ses angoisses inconscientes. La trace, alors matérialisée (dans ce cas elle représente les attaques possibles de Richard contre Mme Klein) est rendue supportable pour l'enfant et l'analyste, par l'intermédiaire transitionnel qu'est le dessin, papier et crayon devenant les instruments d'une symbolisation possible. Les symboles figuratifs, visuels et moteurs, servent d'appui, quasi cathartique, aux émotions exprimées inconsciemment par l'enfant. Le réalisme fortuit du dessin porte sur le rapport dynamique entre les symboles représentés plus que sur la forme de leurs représentations.

Melanie Klein relate le matériel de la séance et y joint des commentaires dans lesquels elle analyse d'autre contenus symboliques que ceux dont elle a fait part à Richard, en particulier sur les objets partiels intériorisés, résultats des clivages du moi. Les dessins se multiplieront dans la suite de la cure, bien que la production devienne de plus en plus espacée. Le soixante-quinzième et dernier dessin, lors de la quatre-vingt-dixième séance, représente encore le sous-marin « Salmon » qui, depuis le premier dessin, est l'image du patient tout le long du traitement. Le contenu et la dynamique du dernier dessin sont liés à la séparation proche et expriment l'agressivité et la dépression que celle-ci éveille en Richard.

Tout au long de cet ouvrage, extrêmement riche en documents techniques, Melanie Klein commente son travail avec Richard point par point. Elle explique et répète que la méthode psychanalytique « consiste à sélectionner les aspects les plus urgents du matériel et à les interpréter avec précision ». Ce travail entraîne la perlaboration chez le patient par « les changements qualitatifs et quantitatifs dans les multiples mécanismes de clivage que nous rencontrons même dans les cas de névrose » (p. 15). Elle applique cette méthode à l'analyse des dessins autant qu'au reste du matériel, dont ils ne se séparent pas. Elle raconte, par exemple, comment elle invita Richard à laisser ses dessins dans le lieu de la thérapie : problème fréquent pour tous les thérapeutes d'enfants. Nous voyons aussi comment le retour répétitif des représentations et de leur figuration nécessite de fréquents rappels des séances passées et des dessins accumulés. La technique de Melanie Klein est clairement exposée ici : même si elle nous paraît inimitable, nous pouvons y comprendre les cheminements de sa pensée qui l'ont conduite à écrire *Envie et Gratitude*.

Quelques contemporains

Françoise Dolto

La guerre de 1939-1945 interrompt en France les intérêts pour l'analyse de l'enfant et ses techniques.

Dans les années cinquante, peu d'analystes enseignaient dans notre pays l'analyse des enfants. De 1954 à 1959, j'ai, fidèlement et avec intérêt, assisté au séminaire de Françoise Dolto qu'elle tenait rue Cujas. Elle y parlait essentiellement de son intérêt pour les dessins des enfants.

Il est vrai qu'ayant été interne à la Salpêtrière en 1936, dans le service de G. Heuyer, elle avait profité de l'enseignement de Sophie Morgenstern qui avait supervisé ses premières psychothérapies. Je retrouvais donc là un point d'intérêt qui fut capital lors de mes débuts dans l'analyse des enfants.

Cependant, malgré son génie pour décrypter les symptômes des enfants dans le symbolisme de leurs dessins, Françoise Dolto ne m'a pas enseigné une technique analytique. Je recherchais alors non seulement une théorie de ma pratique, mais les moyens de comprendre le processus qui fonctionne lorsque l'enfant se met à dessiner près de moi, ce qu'il dit d'intime à travers les formes et les couleurs qu'il utilise et comment lui faire signe par ma parole que j'ai compris quelque chose de ce qu'il me confie. Françoise Dolto décelait quasi magiquement, dans les détails du dessin, la souffrance de l'enfant, et plus particulièrement les places de son corps où cette souffrance se manifestait – ou encore la forme du comportement aberrant qui handicapait le développement de l'enfant en question.

Par exemple, un soir où je lui montrais deux dessins d'un petit garçon, elle me dit tout à coup : « Cet enfant a un phimosis. » Ce qui fut confirmé. Mais je n'obtins pas d'éclaircissement sur mes interventions éventuelles pour aider l'enfant à assumer les sentiments qu'il éprouvait quant à ses fantasmes de castration.

Sans doute Françoise Dolto était-elle trop imprégnée par les notions que Lacan développait alors sur l'importance du symbole. Elle restait ainsi dans la ligne de pensée de Sophie Morgenstern. Il n'était guère possible, dans cette optique, de prendre en considération les manifestations formelles du transfert, d'en aborder l'écho contre-transférentiel, ni l'interprétation dynamique du sens de la relation que représente le dessin. Elle a pourtant ébauché un travail fort intéressant sur le rapport entre la personne et l'image du corps. Travail qui n'a pas donné lieu à un développement que certains d'entre nous ont beaucoup attendu. Malgré un article sur le dessin d'enfant paru en 1956.

Dans le regret que j'avais, peut-être idéalisant, de l'absence d'un enseignement de la technique de l'analyse des enfants par le dessin, j'ai quitté avec nostalgie le séminaire de Françoise Dolto.

Il est vrai qu'entre-temps, avaient été publiés les travaux d'Anna Freud et de Melanie Klein qui ouvraient de nouveaux horizons, parfois contradictoires, sur le travail analytique avec les enfants. Mais l'une et l'autre utilisaient le dessin.

Françoise Dolto, en réalité, traitait de manière assez personnelle de l'utilisation qu'elle faisait du dessin en thérapie de l'enfant. Un article intitulé « Rapport sur l'interprétation psychanalytique des dessins au cours des traitements psychothérapeutiques », paru en 1948 dans la revue *Psyché* (vol. 1, n° 17, p. 324-346), expose comment elle conçoit l'usage et le rôle du dessin dans une cure d'enfant et les théories qui lui servent de base. Françoise Dolto rappelle, dans ce texte, qu'elle a été initiée à la technique d'analyse du dessin des enfants par Sophie Morgenstern. Nous retrouvons, dans le présent exposé, les échos de cet enseignement, dont j'ai auparavant exposé les principes. Nous pouvons cependant apprécier la justesse de son jugement lorsqu'elle considère le dessin comme « un instantané de l'état affectif » du patient, ou encore « un auto-portrait inconscient ». Ce sont en effet deux conceptions de l'expression graphique avec lesquelles nous pouvons travailler dans la cure d'un enfant qui dessine. Ce texte met en valeur l'importance du dessin comme équivalent de l'association libre, ou d'un rêve qui émerge du souvenir au décours de la séance. Il me semble cependant que la notion de liberté se heurte à l'énoncé du procédé « simple » qu'utilise Françoise Dolto pour mettre l'enfant en situation : « Fais-moi un *beau* dessin : ce que *tu veux, n'importe quoi ; pas un dessin d'école*, un dessin qui *te fait plaisir.* »

Cette demande, quelles qu'en soient les intentions (qui peuvent être rapprochées de celles d'Anna Freud lorsqu'elle met en place le transfert), contient, à mon avis, plusieurs injonctions, dont certaines paradoxales.

1) Le dessin demandé, ce qui n'est déjà pas une liberté laissée à l'enfant, doit être *beau*. L'enfant peut ressentir là une exigence à laquelle sa réponse dépendra soit d'un sentiment d'impuissance, soit de l'émergence d'une opposition agressive, soit encore d'un sentiment mégalomaniaque suscité par la séduction, soit de toute autre réaction plus ou moins prévisible.

2) *Ce que tu veux* peut éveiller, au contraire chez l'enfant, le sentiment qu'il doit répondre au désir de l'adulte. Cette attente pressentie par lui peut le paralyser. Ou encore, il entendra inconsciemment que ce qu'il va produire sera l'expression de ses désirs les plus intimes. Il est encore possible que le terme *faire* soit un appel inconscient à la production anale et entraîne une relation d'inhibition ou de maîtrise.

3) *N'importe quoi* entre en opposition avec *un beau dessin*. Même si l'on peut comprendre que le sujet du dessin reste libre, on peut

aussi entendre qu'il n'a pas d'importance, que le choix fait par l'enfant est négligeable, etc. L'enfant peut se sentir dévalorisé et désinvestir la relation, ou l'investir négativement. Sa situation devient paradoxale.

4) D'autant plus que *pas un dessin d'école* insiste sur le sens de dévalorisation de ce que l'enfant peut produire s'il cherche à faire preuve d'un certain savoir. Et, après tout, s'il choisit de faire un dessin d'école, c'est l'expression immédiate d'une réaction qui n'est certes pas négligeable. On peut, par ailleurs, se demander ce qu'est « un dessin d'école ».

5) *Un dessin qui te fera plaisir*: cette proposition est celle d'une projection de l'analyste qui attend ce plaisir de la part de l'enfant. On peut y percevoir aussi la séduction que l'enfant est susceptible de ressentir de la part d'un adulte qui lui offre de montrer son plaisir. Cette ambiguïté place le jeune patient dans une situation de transfert fort équivoque qui risque bien d'entraîner une résistance immédiate. Celle-ci peut s'inscrire dans le dessin : ligne du tracé, répartition des formes, choix du sujet, absence de couleur, etc. Ou même on peut s'attendre avec certains enfants à une inhibition totale. D'autres, par contre, sensibles positivement à l'offre de l'analyste, manifestent le débordement d'excitation produit en eux par le moyen d'une prolifération exhibitionniste de leur expression graphique.

De toute évidence, face à cette formulation, l'enfant ne se trouve pas dans les conditions nécessaires pour réaliser un dessin « libre », qui découlerait de ses seules associations déclenchées par une ébauche de transfert. Il est vrai que la situation où se place Françoise Dolto n'est pas non plus exactement celle de la cure, mais plutôt celle d'une sorte de consultation thérapeutique. Lorsque l'analyste a ainsi obtenu un dessin, l'auteur en est « poussé par le médecin » à associer. Ce qui donne l'impression d'un entretien médical pendant lequel le malade est « poussé » à décrire ses symptômes pour éclairer l'observateur.

Françoise Dolto avait cependant évolué dans ses positions théoriques par rapport à l'enseignement de S. Morgenstern. Les idées développées à l'époque par Lacan, dont elle fut longtemps une fidèle, ont leur écho dans sa conception du dessin comme « rébus symbolique » de l'état affectif ou encore comme représentant de la « structure psychologique autonome du sujet ». Elle espère en extraire « les lois générales de la traduction symbolique de la structure de la personnalité ». L'influence du structuralisme alors à l'honneur à cette époque, détourne l'attention de l'analyste vers une ambition théorique psychologique généralisante, qui n'est certes pas inutile. Mais la technique d'utilisation de l'expression picturale de l'enfant dans son rapport à l'analyste en subit les conséquences. Il ressort du texte de cet article une impression de curiosité qui expliquerait la technique un peu coercitive de l'analyste en position « d'observateur ». Alors que la position intérieure qui me semble nécessaire à l'analyste d'enfant est celle d'un contenant aussi libre que possible, en situation d'accueil. Comme une matrice prête à recevoir le germe d'un nouvel enfant et à lui donner, aussi généreusement que possible, l'aide d'un placenta nourricier, quelle que soit la « structure » qui se révèle alors grâce à l'emploi fait par le patient de sa relation transférentielle à l'analyste et au cadre.

En ce qui concerne l'étude psychologique du dessin, en tant que représentation figurative, Françoise Dolto relève des éléments importants. Il est plus simple et plus juste de lui laisser la parole :

> « Il nous faut considérer la composition, intrinsèque par rapport au papier.
> Les bases du dessin sont-elles tracées ? (C'est-à-dire prend-il racine sur quelque chose de solide et de réel dans le vie ?)
> Le dessin est-il tracé sur un même plan ou d'après plusieurs axes différents ? (N'y a-t-il pas une scission dans la personnalité du sujet ?)
> Le dessin a-t-il un cadre délimité ? (Le sujet vit-il dans la réalité et dans une certaine harmonie avec le monde ambiant ?)
> Quelle est la grandeur du dessin, sa situation par rapport à l'ensemble ? (Le sujet est-il sûr de lui, ose-t-il s'exprimer, ne fuit-il pas une partie de lui-même ?)
> Y a-t-il absence totale de personnages, cette absence est-elle constante ? (Le sujet participe-t-il au monde des humains ou vit-il en lui-même ?).
> Quels sont les animaux représentés et quelle peut être leur signification ? (Est-ce la traduction d'instincts agressifs ou la libération d'instincts trop violents qui effrayent le sujet ?)
> Aime-t-il le monde végétal ? Ses arbres et ses fleurs sont-ils enracinés, coupés, en pleine terre ? etc. Les dessins ci-après vous feront, mieux qu'un long questionnaire, saisir la variété des problèmes qui se posent…
> Nous devons envisager encore le graphisme, les traits faibles ou forts révèlent selon les circonstances la timidité, l'inquiétude, ou bien la violence, l'assurance de soi ou bien encore un désir de s'affirmer et d'être.
> Les couleurs nous renseignent sur la tonalité affective du sujet. Elles seront sombres ou claires, effacées ou violentes ; les premières correspondant généralement à un état dépressif, les secondes à une humeur moins morose. Les associations affectives que le sujet donne sur les couleurs sont souvent très importantes dans l'interprétation, couleurs « fille »

ou couleurs « garçon », couleur vilaine, triste, méchante, que j'aime, que j'aime pas et qu'un tel trouve bien, etc.
Les éléments qui se trouvent représentés nous révèlent la situation du sujet par rapport à lui-même et au monde, tandis que son dynamisme propre se dégage à travers l'expression générale du dessin. » (p. 325.)

Les problèmes que nous pose un dessin dérivent effectivement de toutes ces questions. La réponse que nous pouvons y apporter n'est pourtant pas la forme d'interprétation qui assure et mobilise la relation *hic et nunc* à l'analyste.

Françoise Dolto a mis en valeur la fixation des « documents » apportés par l'enfant, et semblait alors prête à discuter la valeur de cette immobilisation des représentations d'affects. Les considérations rapportées ici décrivent plus le caractère psychologique d'un enfant que ses conflits intrapsychiques avec et entre ses objets internes. Pourtant dans le cours du texte, Françoise Dolto fait aussi du dessin l'équivalent d'un rêve. Elle s'en tient encore là à une équivalence descriptive et étudie la symbolique. La construction d'un dessin en présence d'un analyste en qui se dépose le transfert me paraît plus proche du « déroulement » du rêve et des processus de sa « fabrication » inconsciente, par exemple l'apparition des restes diurnes et de leurs transformations qui se font sous notre regard.

L'intentionnalité du travail paraît ici plus pédagogique qu'analytique. Le premier but est un diagnostic psychologique qui est peu utile à l'analyste en présence des formes transférentielles que prennent les conflits internes du patient. Il s'agit d'une mise au point entre la sexualité et la morale, et d'une adaptation meilleure à la vie sociale, d'une prise de conscience par l'enfant de la « réalité ». Donc la visée première est la disparition des symptômes plutôt que des changements profonds et imprévisibles de l'organisation du moi avec ses objets. La consultation s'accompagne souvent de conseils aux parents et aux éducateurs, ce qui peut, aujourd'hui, être envisagé comme un débordement du cadre analytique, même si la situation de l'enfant conduit inévitablement l'analyste à « écouter » les proches de l'enfant.

De cet article se dégage la sensibilité de Françoise Dolto à la vie pulsionnelle et sensorielle de l'enfant, qui fut l'une de ses qualités majeures. Elle savait aussi prêter attention au transfert et à ses manifestations. Nous regrettons de savoir seulement de sa technique d'analyse du transfert qu'« on l'étudie avec lui » (l'enfant). Peut-être pourrait-on souhaiter, comme pour tant d'autres analystes, qu'elle ait pu dans une plus large mesure, contrôler son désir de savoir par la proximité de son contre-transfert. Mais ce n'était pas l'orientation des psychanalystes à cette époque.

Si j'ai développé longuement l'étude de ce texte de Françoise Dolto c'est parce qu'elle a le mérite très rare d'avoir non seulement compris la valeur du dessin dans les modes d'expression de l'enfant mais aussi d'avoir osé écrire sur ce sujet dans le contexte de cette époque où l'analyse ne pouvait être qu'orale. Les restrictions que j'ai pu apporter à la manière dont elle envisage l'usage du dessin dans la thérapie des enfants, ne sont destinées qu'à marquer la différence avec mes conceptions, prises dans l'état d'esprit et les connaissances actuelles – influencées par les analystes anglais – qui se sont développées au sujet des enfants.

Par la suite, en 1961 et 1984[1], Françoise Dolto publie des textes dans lesquels elle a repris et élaboré ses observations concernant la représentation de l'image du corps. Elle a fait fructifier son expérience de la psychothérapie des enfants et de l'observation des dessins en les reliant à la théorie freudienne de la libido des trois instances : ça-moi-surmoi et du développement de la sexualité en rapport avec l'investissement des zones érogènes. « L'image du corps semble donc découler d'expériences symboliques des rapports émotionnels avec les deux parents et non des rapports sensoriels en tant que tels avec eux[2]. » Quelles que soient les critiques qu'on peut actuellement adresser à une telle conception, il faut reconnaître que Françoise Dolto met en lumière l'importance des relations « émotionnelles » dans les représentations graphiques que l'enfant fait de soi-même. Dans son livre sur *L'Image inconsciente du corps*[3] elle met en valeur les aspects dynamiques de l'image du corps. Elle explore les liens qui existent entre les investissements de base des zones érogènes et la pulsion de vie héritée de la mère. Mais nous continuerons à regretter qu'elle ne nous ait pas laissé des exemples plus précis de sa technique d'utilisation des dessins dans les cures d'enfants et des rapports de cette technique avec sa conception de la vie pulsionnelle.

---

1. F. Dolto, 1961, p. 54-92.
2. F. Dolto, 1961, p. 72.
3. F. Dolto, 1984.

Fanchette Lefebure

Un petit livre récent de Fanchette Lefebure (*Le Dessin de l'enfant. Langage sans parole,* Masson, 1993) rend hommage à Françoise Dolto. Elle y donne une lecture claire et facile des formes que prend le dessin de l'enfant au fur et à mesure de son développement (environ de 18 mois à 18 ans).

Elle insiste sur le fait que Françoise Dolto a mis en valeur le témoignage personnel d'un vécu particulier qu'est un dessin d'enfant en situation thérapeutique.

Il n'est cependant pas fait mention de la position analytique ni de l'utilisation des dessins par Françoise Dolto dans cette situation.

F. Lefebure se réfère à la notion freudienne de « stades » du développement et étudie la signification symbolique du dessin en rapport avec les étapes communes de l'évolution psychomotrice et affective de l'enfant.

Le point le plus intéressant de cet ouvrage est sans doute la référence à l'image du corps et au développement de la pulsion orale qui ont été l'essentiel de l'enseignement de Françoise Dolto, en rapport avec le dessin.

On trouve là une description intelligente de l'évolution du dessin chez l'enfant, qui explique par des théories psychologiques la forme que prend le dessin. Le concept de « stade », qui implique une notion de stabilité, est à présent un peu abandonné, sans doute sous l'influence des théories kleiniennes. L'idée psychanalytique d'un conflit dynamique, reproduit dans le transfert par le dessin de l'enfant, n'est pas prise en considération.

Daniel Widlöcher

Daniel Widlöcher fut incité à écrire par le matériel recueilli lors de nombreuses consultations d'enfants, et par les psychothérapies qui se déroulaient déjà dans le département de la Salpêtrière.

Son ouvrage intitulé *L'Interprétation des dessins d'enfants,* paru en 1965, fut l'occasion de rassembler des connaissances éparpillées sur le développement graphique de l'enfant. L'histoire de l'intérêt que les adultes portent au dessin enfantin semble débuter à la fin du XIXe siècle. Depuis les psychologues ont observé l'évolution de l'expression graphique avec l'âge de l'enfant. Le signe émis par l'enfant dans son dessin est soumis à la capacité de symbolisation du dessinateur. D. Widlöcher rapproche l'interprétation d'un dessin de celle d'un rêve, qui transpose la réalité sensible en images verbales.

Dans tout cela, la place réservée à l'interprétation des dessins pendant la psychothérapie d'un enfant se trouve bien restreinte. Il est cependant important de relire les pages où D. Widlöcher expose les malentendus qui se manifestent autour de l'interprétation du dessin en psychothérapie : de l'effet cathartique à l'interprétation des expressions transférentielles, le thérapeute doit choisir l'orientation de son travail et apprendre les bases théoriques et techniques d'une discipline qui suppose un contexte personnel et qui s'inclut dans le déroulement d'une cure. La réaction contre-transférentielle se produit devant un dessin comme dans tout autre genre de mise en évidence d'une expression de l'inconscient. Le thérapeute doit donc, afin de pouvoir interpréter les dessins des enfants, avoir vécu lui-même l'expérience de la psychanalyse et une formation au travail avec les enfants.

Geneviève Haag

Parmi les analystes français contemporains, Geneviève Haag explore le dessin des enfants, très jeunes, psychotiques ou autistes. Les interprétations dont elle ouvre la voie sont marquées d'une compréhension profonde de l'expression graphique la plus primitive.

L'article dont je rapporte ici le contenu qui me semble des plus fructueux pour notre travail, est issu d'une conférence faite en 1988 aux Journées occitanes de psychanalyse de Toulouse. (« Le dessin préfiguratif de l'enfant : quel niveau de représentation », *Journal de la psychanalyse de l'enfant*, 1990, n° 8, p. 91-115).

Geneviève Haag a fait, comme moi, l'expérience que des psychothérapeutes peuvent ne pas comprendre le sens du « dessinage » des enfants, en se précipitant sur une interprétation sauvage. Cette erreur technique peut porter préjudice non seulement au processus analytique, mais encore à l'enfant lui-même dans sa tentative de créer un lien avec son thérapeute. Pour tenter d'y remédier, Geneviève Haag nous fait part de ses réflexions et constructions à partir des dessins les plus élémentaires dans le développement humain. Elle rapproche souvent, au cours de ce texte, les premières traces produites par l'enfant entre deux et trois ans. Elle pense que ces premières représentations graphiques sont plutôt rythmiques que formelles, c'est-à-dire se reproduisent de façon répétitive.

Le support de la trace représente le lieu de la projection/introjection : le feuillet interne de la peau psychique, qui doit être d'abord constitué pour que la trace soit possible. Ce feuillet interne sert donc de support à la trace « biogénétiquement "préprogrammée" [...] le représentant, en quelque sorte, du jeu de la projection identificatoire "utile" [...] » (p. 95).

Au fil des exemples cliniques l'auteur étudie précisément les traces possibles à l'enfant, dans leur forme et son évolution. Ainsi les traces rythmiques (balayage – pointillage – dents de scie), les courbes et les spirales, les axes et leurs croisements.

On peut reconnaître, dans l'évolution formelle de la trace « les transformations du pulsionnel en émotionnel primitif ».

Je rejoins ici tout spécialement la pensée de Geneviève Haag en ce qu'il me paraît que c'est bien en ces termes qu'on peut exprimer l'un des sens fondamentaux du dessin de l'enfant en thérapie. Je dirais à ma manière que lorsqu'il peut tracer une forme quelle qu'elle soit, en dehors de toute représentation « réaliste », l'enfant est parvenu à exprimer de manière symbolique les pulsions qu'il a agies jusqu'alors. La force pulsionnelle maîtrisée en partie, est transformée par l'usage de l'instrument utilisé dans le but de tracer la marque de la pulsion. L'instrument devient le lieu de représentation de l'objet de la pulsion. Pour reprendre les termes de Geneviève Haag, l'instrument devient le représentant du « feuillet interne de la peau psychique ». On peut encore dire que la part dynamique et musculaire de la pulsion passe dans l'instrument et produit la trace, dans laquelle est déplacé le contact avec la peau du thérapeute, elle-même représentée par le support du dessin (papier, tableau, mur).

Les hypothèses de Geneviève Haag sur les traces graphiques la conduisent à étudier le point et les sens qu'il peut prendre dans l'expression graphique précoce. Par exemple les notions de pénétration, de premier contenu et d'objet projeté, en rapport avec le fond ressenti comme le conteneur des premiers éléments émotionnels (des objets partiels pourrait-on dire). Mais elle n'attache pas, apparemment, d'importance à l'instrument qui est le point de transit entre la pulsion dans le corps physique et psychique de l'enfant et celui de l'analyste. Les formes enroulées, par la suite, témoignent des expériences rythmiques biologiques (respiration – cœur – tétée) et de l'importance des ressentis buccaux vers la main dans leurs composantes d'érectilité et d'élasticité. Ces remarques fort intéressantes se rapprochent de mon point de vue sur l'importance de l'objet instrumental qui peut être considéré comme le prolongement de la main, substitut du mamelon ou du pénis selon le contexte psychique, point de liaison contenant/contenu établi avec l'analyste, échange bucco-visuel qui se précise dans une perspective utilisable par l'interprétation.

D'après les observations de Geneviève Haag, les formes graphiques deviennent peu à peu un cercle fermé : le motif se « décolle » par rapport au fond qui s'établit donc comme « introjection du contenant et des liens » (p. 104) et « peut être assimilé sans doute à la toile de fond des pensées et à l'écran des rêves » (D. Anzieu).

La profondeur et ses charnières prennent forme de plis, dont la pliure et le creux du pli ont le même rappport entre eux que le cadre et le fond. Ainsi les oiseaux en V remplissent souvent un paysage comme la pliure d'un fond fragile. Enfin, le contour paraît l'un des éléments qui unit la forme et le fond.

Quelques remarques sur l'écriture

Les psychologues ont observé qu'avant d'écrire et pour imiter l'écriture, les petits enfants remplissent des pages de loops, formes arrondies qui s'enchaînent. Sans faire allusion à ce fait bien connu, Geneviève Haag signale les formes arrondies de nos voyelles alors que les jambages des consonnes paraissent plus fermés. J'ai souvent pensé moi-même que le symbolisme du tracé des consonnes représente, parmi bien d'autres choses, le contact et la pression musculaires que nécessite leur articulation phonique.

Dans la clinique du dessin, j'ai pu noter que le trait vertical arrive comme un représentant phallique dans la bisexualité précoce, et s'apparente à la verticalité acquise par le corps. Si le trait horizontal, bien que considéré comme féminin, est moins nettement défini, la croix, par contre (qui se montre parfois dans l'intérieur des fenêtres, par exemple) signifie chez les petits, non pas la mort, mais au contraire le soutien, par un squelette interne, de la peau psychique. C'est le signe que les clivages précoces sont alors réduits (F. Tustin). Si l'enfant qui sort ainsi de son grand désarroi psychique, de sa psychose, ne s'accroche pas trop obsessionnellement à ce signe, il pourra envisager, à partir de ce repère fixe, le déroulement linéaire du temps et abandonner son éternel retour sur soi.

Chapitre 2

LE DESSIN EN CONSULTATION PSYCHOSOMATIQUE D'ENFANTS

Annie Anzieu, Jocelyne Bernard-Nez, Élisabeth Dejours

Dans la situation de consultation le psychologue, ou le médecin, même si par ailleurs il est psychanalyste, ne dispose pas des éléments de transfert que fera apparaître l'établissement d'un cadre défini tel qu'il l'est dans une psychothérapie.

Les symptômes dits psychosomatiques laissent supposer qu'ils se manifestent à la place d'autres modes d'expression, plus symboliques, dont le patient n'a pas la liberté. Les conflits qui affectent l'espace et l'organisation psychique de l'enfant qui souffre d'allergie sont d'ordre très précoce, sans doute de l'époque précédant le langage. On peut donc faire l'hypothèse que les dessins produits par des enfants dans ce genre de consultation révèlent des angoisses susceptibles de provoquer des formes graphiques plus ou moins éclatées ou morcelées.

Frances Tustin, lorsqu'elle décrit les angoisses psychotiques des tout-petits, rapporte des images qui peuvent, par certains de leurs éléments, se rattacher à des dessins tels que ceux dont il est ici question.

En effet, par exemple dans la consultation d'allergologie dont il va être question, l'enfant est pris dans une succession d'examens médicaux qui le conduisent à être interrogé, piqué, exploré. Quel que soit, chez les intervenants, le souci du bien-être affectif de leur petit patient, il est inévitable que cette situation provoque des réactions persécutives inconscientes dont l'écho peut se retrouver dans le dessin, et risque d'être interprété comme base des réactions de l'enfant plutôt que comme conséquence immédiate de sa situation *hic et nunc*.

Il faut donc recommander beaucoup de réserves sur les relations qu'on peut établir entre les significations symboliques repérées sur un dessin et les symptômes qui ont amené l'enfant à la consultation. Ce qui apparaît dans un seul dessin peut n'être que momentané. Les fondements de l'angoisse pathologique, même s'ils filtrent dans un dessin lors d'une première rencontre, restent longtemps mystérieux. L'interprétation possible dans ce cas pour un analyste, ne représente qu'un ensemble d'hypothèses qui permettront éventuellement de décider si l'enfant est susceptible d'entreprendre une psychothérapie.

Ce mode d'approche peut se rattacher à l'utilisation du dessin que faisait Françoise Dolto lors de ses propres consultations. Il faut remarquer que les enfants dont nous parlons ici sont placés dans une situation médicale caractérisée et ne consultent pas, en fait, pour des symptômes apparemment psychiques.

Dans la perspective psychanalytique qui est ici la nôtre, nous ne devons pas non plus négliger la part sur-moïque que suppose la situation présente. Le dessin est « libre » mais proposé, donc pas « spontané » comme il peut l'être pendant une séance de psychanalyse. Les représentations qu'on peut attribuer aux images parentales sont donc surchargées par cette injonction. La part d'angoisse révélée par le dessin ainsi produit comporte aussi l'effacement du moi, ou son exhibition devant les figures parentales que représentent les médecins et le psychologue.

Malgré toutes ces réserves, nous présentons donc ici des dessins de consultation dont l'intérêt est justement, dans une situation précise et en fonction de leur unicité, de manifester certains caractères remarquables de l'état psychique d'enfants atteints de souffrance somatique.

UN CAS D'ÉPILEPSIE : GUSTAVE

par Élisabeth Dejours

Lorsque Gustave est présenté à la consultation, il a six ans et demi. Il a souffert d'asthme dans les dix-huit premiers mois de sa vie. Après cela il a subi une greffe de peau à la suite d'une brûlure. Enfin, à deux ans, une voiture le renverse et provoque un traumatisme crânien. À la suite de quoi on décèle un petit mal qui provoque des troubles de la conscience et nécessite un traitement qui s'équilibre mal.

À l'école, on note des « troubles de la mémoire, de l'attention et de la concentration, et une hyperactivité ».

Compte rendu du médecin-psychothérapeute, Élisabeth Dejours, qui examine Gustave :
« Seul avec moi, sans hésitation, Gustave a dessiné sur mon invitation. Sans mot dire d'abord, puis expliquant un peu tout en rajoutant et faisant évoluer ce dessin qui se déroulait devant moi comme la mise en figuration d'une crise épileptique. Très calme pourtant sur sa chaise, sans aucune participation ludique ou jubilatoire, Gustave paraissait parler un peu timidement, zozotant légèrement.
Le grand trait noir coupant la feuille a été tracé en premier. Puis les nuages barrant le haut de la feuille, le protégeant aussi de moi ; puis le soleil et la petite maison bancale. À l'intérieur un bonhomme, à l'extérieur une dame. Puis les petits traits rouges de la pluie qui tombe, sur le trait noir. J'interviens, il me semble à ce moment, pour demander des commentaires. Il me répond un peu laconiquement mais peu à peu la maison est touchée malgré la barrière parapluie (pare-excitation) dont elle se recouvre. Les personnages sont atteints, recouverts, et l'influx se propage à l'autre côté de la feuille de façon désordonnée, avec différents points d'appel ou de concentration, un petit bonhomme au centre du rayonnement et une forme aérienne à visage humain qui paraît s'échapper du corps matériel pour voler dans les airs.
Assez étonnée, je suis très interpellée par ce dessin, qui me donne envie d'aider Gustave "à s'y retrouver". Comme si j'avais été prise à partie, ou comme si cet enfant avait pris la parole pour exposer sa souffrance et ses difficultés d'intégration, pour représenter les discontinuités dans le vécu psychique spatio-temporel auquel il est soumis. Je lui parle d'ailleurs du mélange où il a l'air de se trouver à l'occasion de ce que l'on appelle ses crises et de l'aide qu'il voudrait peut-être trouver à ce sujet.
Je demande donc à le revoir après le bilan psychomoteur que la mère demande... »

Nous savons aussi que Gustave est aidé depuis un an par une orthophoniste. É. Dejours n'a pas encore décidé d'une psychothérapie, mais est très influencée par une sorte d'appel au secours lors de cette consultation.

Commentaire descriptif du dessin — Annie Anzieu

Le premier temps du dessin (2.1) partage le plan spatial en deux d'une manière catégorique, sans passage dans ce mur noir, d'un côté à l'autre. On sait que le traumatisme crânien a porté sur le côté gauche : celui dans lequel se logent donc imaginairement les représentations d'agitation, d'excitation et d'angoisse. Comme le remarque Élisabeth Dejours, la petite maison est bancale : on peut même remarquer qu'elle penche du côté gauche, le côté blessé. C'est aussi le côté où se trouve la dame, comme un soutien nécessaire. Même si le bonhomme est très enfermé par un trait noir épais, à la Rouault, il est en communication avec cette dame. L'autre côté reste vide : celui où la pensée pourrait peut-être s'élaborer est le côté du vide, de la dépression, peut-être même du néant de l'« absence » de soi.

La pluie rouge tombe sur le côté droit, celui qui dessine. Comme une pluie de feu, qui se répand dans le toit-tête de la maison. J'ai fréquemment remarqué ces traces de feu dans les dessins d'enfants épileptiques. Elles sont toujours placées dans la toiture d'une maison ou la tête d'un personnage. Elles évoquent irrésistiblement la brûlure de la crise, bien entendu. Mais aussi le feu de l'excitation. Chez Gustave on peut encore penser qu'il y a là une allusion inconsciente à la souffrance ressentie par la brûlure sur le corps à l'âge de dix-huit mois, qui a enfermé le « bonhomme » dans un chaos affectif où est englobée la dame.

La seconde moitié du dessin est régressive et chaotique. Élisabeth Dejours en donne une description très parlante. Nous allons voir comment nous pouvons le comprendre, après la première partie, dans une perspective analytique.

Commentaire analytique — Annie Anzieu

Un entretien avec la mère de Gustave révèle une femme accablée, d'aspect très dépressif. Le contexte familial laisse penser à un manque

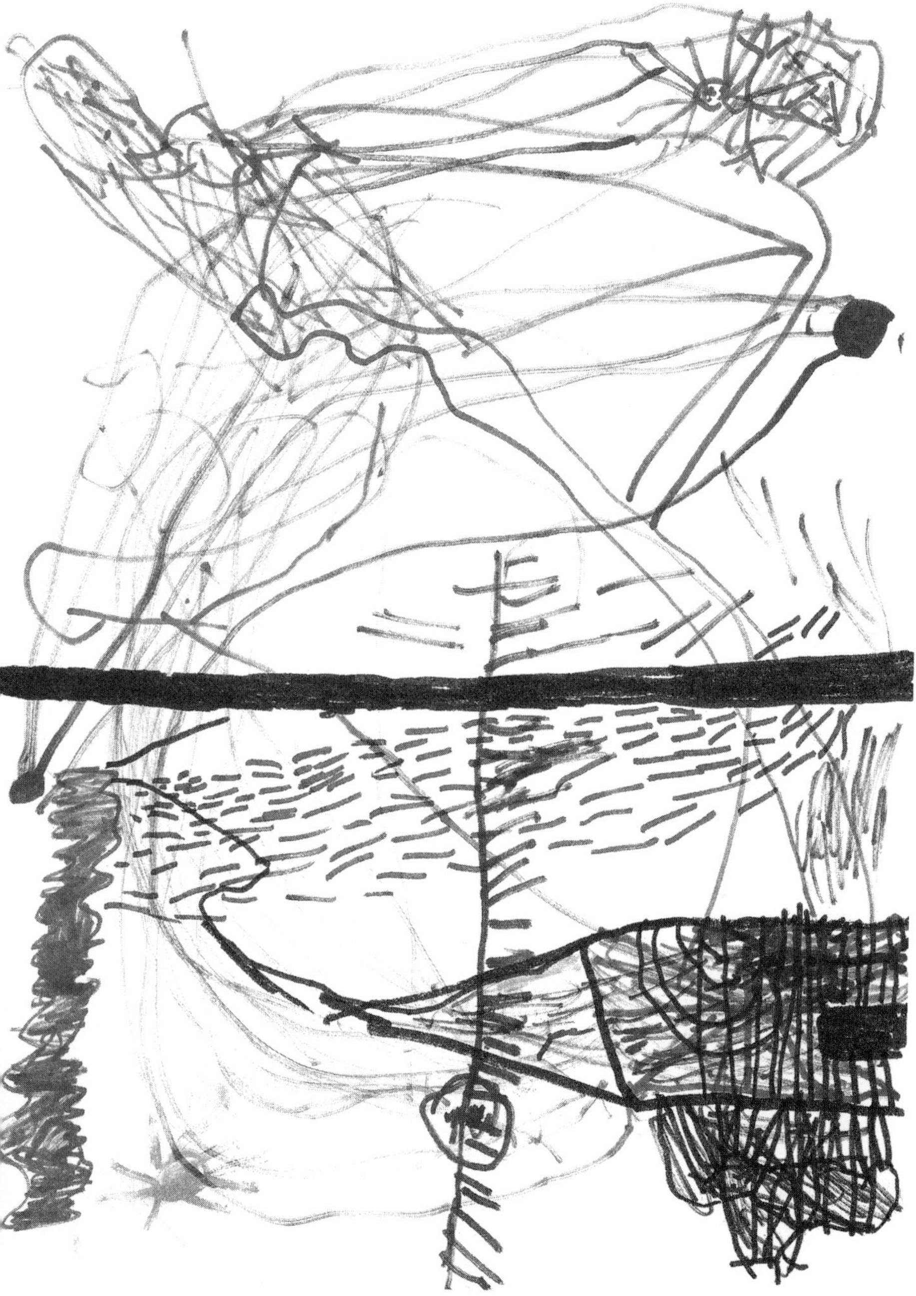

de vigilance à l'égard de l'enfant. Si l'on se permet alors d'interpréter le dessin de Gustave comme un appel transférentiel, on peut comprendre les liens verts très marqués qui encerclent à la fois la dame et la maison où se réfugie le bonhomme, comme le signe d'une relation étroite déjà établie avec une image maternelle proche, mais peut-être génératrice d'un trouble affectif chaotique. Ce chaos serait représenté par la mêlée inextricable des couleurs dans la maison. É. Dejours semble d'ailleurs avoir ressenti cet appel puisqu'elle dit « ne pas regretter son insistance » à ne pas prendre une décision de traitement non analytique qui lui paraît trop rapide.

On peut espérer que la « barrière-parapluie », si elle ne parvient pas à arrêter la pluie/excitation brûlante, n'empêchera cependant pas une tentative d'ascension phallique de Gustave vers des pensées plus solides : le bleu du ciel auquel il se rattache par une sorte de cordon, et le soleil paternel, espoir que peut lui inspirer la présence tutélaire d'Élisabeth Dejours.

L'évidence du transfert est nettement marquée par la réaction à la question posée par le médecin : on peut comprendre au moins de deux manières l'évolution du dessin. D'abord, si la pluie pénètre dans la maison, elle peut signifier que la parole a pénétré dans la tête de manière intrusive, excitante, inquiétante. On peut aussi voir dans ce tracé coloré la réaction de l'enfant, « touché » par l'intérêt de l'analyste, mais aussi débordé par cette sollicitude, peut-être maternelle.

C'est alors que la « crise » éclate : tout se brouille dans la maison, le mur est franchi, la régression se développe, les représentations se décomposent. Si le bleu manifeste un attachement à la mère, peut-être un effort pour renouer un lien qui le retiendrait dans la vie et la réalité, l'enfant est cependant pris dans des fils inextricables. Si Gustave ne répond verbalement pas à la question de É. Dejours, s'il ne peut répondre que par des « traces », c'est qu'il évoque de cette manière sous le regard qui l'observe, des réminiscences inconscientes passées et actuelles, toujours réactivées, d'une absence de protection qu'il vit très souvent et qui garde la forme sous laquelle il l'a éprouvée, avant de pouvoir la verbaliser, dans sa toute petite enfance. La pensée s'échappe du petit bonhomme échevelé, coincé dans le coin droit de l'espace intérieur, et que les fils verts, échappés du noyau central ont bien du mal à retenir.

Le plan prend sens d'enveloppe partielle, mais déjà d'étai transférentiel grâce à quoi le contenu affectif peut prendre forme. Si l'on se réfère aux observations de Geneviève Haag[1] sur les productions de la spirale chez le jeune enfant et « l'enroulement du corps de la droite vers la gauche », nous retrouvons les remarques faites précédemment sur le symbolisme du dessin de Gustave. Le vide du côté droit, que Geneviève Haag considère comme « maternel » exprime la dépression à laquelle est identifié l'enfant. C'est le côté qui ne révèle pas de contenu investi dans ce premier contact avec l'analyste. Mais la parole de celui-ci fournit une enveloppe sensorielle sonore qui rétablit une continuité interne et des images de moi corporel. On voit apparaître des spirales bleues dans le coin droit supérieur, l'ensemble s'enroule sur soi-même, puis s'ouvre et se rattache. L'investissement de soi s'établit, sur un fond neutre, inconnu, mais présent et continu d'un côté à l'autre du schème psycho-somatique diffus ainsi manifesté.

Élisabeth Dejours a sans doute ressenti contre-transférentiellement ce besoin de liaison, au sens amoureux du terme, et de limitation pulsionnelle. On peut en effet estimer qu'un mouvement transférentiel aussi fort puisse se développer utilement dans une situation de psychothérapie analytique.

LE DESSIN EN CONSULTATION D'ALLERGOLOGIE

Jocelyne Bernard-Nez

Psychothérapeute au département de psychanalyse de la Salpêtrière, je suis par ailleurs psychologue-consultante dans un service d'allergologie. C'est en référence à cette dernière pratique que j'articule ma réflexion. Le texte présenté ici est issu d'une communication faite le 19 mars 1994 lors d'une journée de réflexion consacrée aux dessins d'enfants[2].

1. Geneviève Haag, 1994, p. 63-87.
2. Service du professeur Basquin hôpital de la Salpêtrière.

Les dessins dont il va être question ont été sélectionnés parmi plus d'un millier qui constituent le fonds de la consultation d'allergologie. Cette sélection s'est inspirée de l'extrême richesse fantasmatique déployée dans ces dessins, des éléments symboliques qui s'y font jour, liés aux motions pulsionnelles et affectives elles-mêmes liées à la pathologie en cause et pour laquelle les enfants et leur famille ont été amenés à consulter à l'hôpital de jour [1].

La rencontre systématique de l'enfant et de ses parents avec la psychologue clinicienne fait partie du bilan global proposé et organisé en une journée d'hospitalisation. Cette journée unique, grâce à la permanence d'une relation avec le médecin « chargé du dossier », entraîne dès l'arrivée l'immersion de la famille dans l'histoire pathologique de l'enfant.

Le consultant va dès lors participer de sa vue, de son ouïe, de son corps tout entier, à l'investigation des différents intervenants et sera conduit à être interrogé, examiné, exploré. Ceci jusqu'au déjeuner pris avec les parents. Ce moment de détente impose une limite aux actions purement médicales, en même temps qu'il introduit l'exploration psychopathologique.

La diversité des interventions de la matinée mobilise le jeune patient et sa famille dans une recherche qui sera reprise dans l'entretien avec le psychologue clinicien. Elle conditionne pour une part, à partir du dessin produit librement et point fort de la consultation, la relation associative entre l'analyste et l'enfant.

Après avoir pris connaissance dans le dossier des faits cliniques pour lesquels les parents conduisent leur enfant à la consultation et qui comprennent la généalogie, l'histoire pré- et post-natale, l'entrée dans la maladie et l'étendue des allergies, le psychologue rencontre l'enfant. C'est le moment pour celui-ci de communiquer quelque chose de son histoire conflictuelle, affective et fantasmatique en même temps qu'il pourra éventuellement parler et réagir aux examens de la matinée.

Parfois, l'enfant n'est pas à l'aise dans la relation verbale. On lui demande alors de faire un beau dessin, celui qu'il veut et qui lui fait plaisir ; ce dessin permet d'établir un premier contact et favorise, au-delà de l'aspect défensif, l'émergence de quelque chose de pulsionnel.

---

1. Unité d'allergologie du professeur de Montis, hôpital Saint-Vincent-de-Paul.

L'originalité de cette consultation tient à ce qu'ici un dessin unique est utilisé à des fins diagnostiques au sens large, qui peuvent conduire à une décision de psychothérapie. Parallèlement, l'entretien avec l'enfant l'amènera à exprimer librement les raisons de sa présence en consultation, son vécu lié aux symptômes, son sommeil, ses rêves, etc.

Les parents seront reçus à la suite, dans le but d'une part de préciser l'enquête anamnestique et de rechercher d'autre part les éléments qui auraient pu favoriser le déclenchement du symptôme. L'entretien s'appuie aussi sur la représentation imagée et les commentaires fournis par l'enfant. Il prend également en compte la configuration familiale et sa pathologie apparente.

Le dessin produit dans ces conditions apparaît très souvent comme la première séance d'une cure analytique, comme un premier rêve en analyse. Il donne une représentation paradigmatique de la situation psychique de l'enfant qui permet par exemple de préciser une indication de thérapie.

Il est vrai que cette forme d'examen psychologique engage le psychologue analyste dans une écoute contre-transférentielle déjà prédisposée par le cadre dans lequel elle se situe. Les caractères particuliers du dessin unique de chaque enfant placé dans cette situation révèlent en effet les bases et la forme de ses conflits affectifs, la dimension traumatique, avec une évidence parfois surprenante.

Cette technique permet de retrouver un mode d'utilisation organisatrice des principales données révélées sur l'état psychique de l'enfant.

La nouveauté de cette approche par rapport aux nombreux travaux sur les dessins d'enfants en psychothérapie, est que le sujet est ici placé dans une situation médicale caractérisée et que la recherche thérapeutique qui le concerne n'est pas uniquement d'ordre psychologique puisque les symptômes allergiques sont mis en avant.

Bien entendu, les commentaires des dessins que le lecteur trouvera ici ont été influencés à la fois par les dires de l'enfant, par les informations reçues des parents, par ce qui en a été dit depuis et par l'élaboration en synthèse des décisions prises à partir de ces dessins.

J'ai choisi de présenter quatre cas remarquables de ce genre d'expérience.

Trois cas d'asthme : Delphine - Vincent - Denis
Un cas d'eczéma : Dominique

Dessin n° 1 : Delphine

Delphine, âgée de six ans, est la seconde d'une fratrie de trois filles. Cette deuxième grossesse a donné lieu à un alitement prolongé de la mère. Nourrie au lait maternel pendant quatre mois et élevée au foyer, Delphine vient de rentrer en cours préparatoire. Elle pratique le violon.

Depuis l'âge de deux ans, elle est atteinte d'un asthme qui s'aggrave progressivement et fait l'objet de la consultation.

La fillette paraît dynamique, à l'aise dans la relation duelle. Elle parle avec complaisance des bénéfices secondaires liés à ses symptômes ; à chacune de ses crises, sa mère lui fait des cadeaux qui provoquent l'envie et la jalousie de sa sœur aînée. Elle ne fait aucune allusion à la maladie asthmatique, mais parle de son « rhume ».

Elle prend un évident plaisir à dessiner.

Description du dessin

La caractéristique première de ce dessin est sans doute le sentiment qu'il donne d'un enfermement entre un ciel bleu, certes, mais d'une pesanteur oppressante et un sol sombre divisé sur la longueur de la feuille en trois parties de couleur de plus en plus foncée. Entre ces deux limites solidifiées, l'ensemble est dynamique, vivant et le commentaire que l'enfant fournit au fur et à mesure, plutôt harmonieux. L'espace est largement occupé par des formes colorées, sauf dans une « marge », à droite, qui reste blanche, signe déjà évocateur d'un transfert de l'état émotionnel de l'enfant qui met « en marge » sa dépression.

Le soleil, à gauche, ne rayonne pas. Il est caché par une énorme tache noire, tache inquiétante figurant quelque chose de morbide.

Les trois parties de la base peuvent représenter trois espaces-temps inscrits dans une chronologie : à gauche, en jaune, les bébés de la fratrie, dans un espace coloré, passé commun des trois sœurs. Puis la petite maison grise évoque les fantasmes liés à l'image maternelle actuelle : vide, fragile, dévitalisée. Image sans doute aussi en rapport avec certains aspects dépressifs de l'enfant elle-même, chargée de fantasmes évoqués par l'escargot et d'angoisse dépressive.

Enfin la troisième partie, dont le socle est noir mais les objets colorés : feux lumineux barrant le passage, déménageur aux teintes vivement maternelles, jeune femme blonde, camion dont l'intérieur enfin est occupé.

Dans tout cela, tout va par deux : les personnages (un homme et une femme), les papillons (dits par Delphine comme père et fille), les étoiles, les escargots, la neige et le soleil.

Ensuite je vois la mère. Certains points de l'enquête anamnestique sont repris ainsi que des éléments dévoilés par le dessin. Rapidement la mère parle du mélanome du père apparu il y a quatre ans, lequel a été opéré et traité par la chimiothérapie.

Cette évocation réactive chez la mère une grande émotion qui l'amène à formuler un souhait : celui de ne pas reparler de ce passé qu'elle dit encore très angoissant. Elle ajoute : « Je ne pensais pas Delphine atteinte par ce drame, d'autant qu'elle manifestait gaieté et dynamisme. J'imaginais que son jeune âge la protégeait. »

Elle montre combien ces événements ont modifié, d'une manière importante, la dynamique familiale et elle décrit le couple père-fille associé dans la maladie et limité dans l'expression de leur joie de vivre. Elle saura, en dépit de la charge anxieuse liée à la maladie de son époux, garder une certaine distance et une maîtrise face à la situation traumatique.

Commentaires

Nous apprenons de la mère de l'enfant que le déclenchement de la première crise d'asthme de Delphine a coïncidé avec l'opération du mélanome.

Il est facile d'imaginer que la fillette dit quelque chose de son anxiété avec son propre symptôme et évoque la grande tristesse qu'elle ressent en voilant l'éclat du soleil paternel d'une tache opaque. De même, cette tache noire sur le soleil qui a perdu son pouvoir rayonnant nous renvoie au mélanome paternel.

Noter également au sol, la petite maison triste, vide, d'aspect fragile, peu ouverte sur l'extérieur. Représente-t-elle le ressenti de la dépression maternelle ou sa propre dépression ? À côté, l'escargot manifeste son hermaphrodisme, porteur d'indifférenciation sexuelle, redupliquée sur l'ouverture de la maison. Serait-ce l'insistance d'un aménagement défensif à l'image de la morosité du gris ?

La troisième partie, dont le socle est bien noir, comme une base de tristesse et d'angoisse sur laquelle va se dérouler la vie, comporte déjà des éléments particulièrement éclairants.

Le mur orné de trois feux vivement colorés est l'image même de l'opposition à un passé chargé en éléments dépressifs et le souhait d'un présent ou l'effusion affective s'exprime par la richesse des couleurs.

Les personnages en couple se déploient dans cet espace de renouveau connoté de réalité (un déménagement a effectivement eu lieu). Delphine nous apprend en effet que l'homme est un déménageur, solidement campé au sol et riche des attributs de la virilité. Cette représentation s'oppose à celle de la mère, plus évanescente mais féminine et tout entière enrobée de gris. Son visage est pratiquement absent, comme le corps, image béante sans assise véritable. Protégée sous un parapluie couleur de soleil, la mère se dirige, suivie du déménageur, dans un ailleurs moins exposé aux intempéries.

On se rappelle que les crises d'asthme se sont aggravées dans l'après-coup de l'opération du père. Delphine commente avec une certaine complaisance : « Les deux papillons sont père et fille. » L'intensité du rose qui leur est commun est remarquable. De même, le nuage vers lequel les papillons s'envolent amoureusement est clos dans la même couleur excitante à l'acmé de l'effusion œdipienne sous-jacente. L'intérieur pourtant reste gris, comme dévitalisé. Les deux papillons, pour rejoindre les autres, « dans un lieu où il fait bien chaud », traversent la pluie, la neige, le froid. La richesse des couleurs déployées montre l'intensité ambivalente des sentiments dont la mère est isolée sous son parapluie.

La dynamique des mouvements et des couleurs inscrite dans ce dessin peut signifier la reprise d'une expression pulsionnelle contre la dépression susceptible de détourner la souffrance du corps vers la pensée.

Conclusion

Nous avons vu, au décours de la maladie du père et de la désorganisation des relations familiales, la souffrance narcissique de Delphine. Elle indique avec son symptôme que la réalité traumatique dans laquelle elle est immergée dépasse largement ses capacités d'intégration. Aujourd'hui, dans le dessin de l'enfant qui a grandi et qui m'est adressé, le cadre est bien marqué comme si Delphine devait assurer la suppléance d'un cadre défaillant. Puis, partant de la position dépressive, symbolisée par la neige, la pluie, le froid, elle tente de retrouver l'objet œdipien.

L'inscription, dans le dessin, de la dynamique pulsionnelle et des fantasmes qui lui sont associés, ainsi que les capacités associatives de l'enfant, sous-tendues par des éléments transférentiels, permettent d'espérer que des réaménagements intra-psychiques puissent s'opérer.

L'indication de psychothérapie posée, elle sera proposée à la mère avec laquelle nous envisageons qu'elle soit l'objet d'un travail préalable de maturation.

Dessin n° 2 : Vincent

Vincent est un garçon de huit ans qui consulte pour la récidive d'un asthme apparu lorsqu'il avait trois ans. C'est un garçon réservé, inhibé même, mais il parle très simplement de sa phobie du noir et des cambrioleurs, ainsi que de sa difficulté à s'endormir. Il a deux sœurs plus âgées que lui.

Description du dessin

Pour nous en tenir à la symbolique des objets et de leur situation dans l'espace, nous pouvons remarquer que le dessin de Vincent est rythmé par un flux coloré dont il dit : « C'est un torrent, eau qui coule dans la terre, poissons. » Mais deux niveaux de représentation s'opposent nettement :
– la terre où circule la rivière et dans laquelle ne sont pas enracinés de petits arbres coniques dont le tronc est coupé net vers le haut, évocateurs d'un étouffement de la virilité de ce petit garçon ;
– en bas du dessin, une rivière dans laquelle sont précipités, de manière vertigineuse, trois petits poissons. Ces derniers se retrouvent nageant dans l'eau, deux d'entre eux sautent, le troisième leur tourne le dos (les trois enfants de la famille). Le torrent qui précipite les trois « enfants » dans le courant souterrain peut représenter le refoulement des questions très prégnantes sur la naissance, mais aussi à un niveau plus intuitif, la possible figuration d'une pathologie circulatoire concernant le père.

À moins d'entendre l'insistance phallique des arbres répétés dans leur forme pour une allusion à des identifications paternelles, aucun indice de ce dessin ne révèle la présence du père dans les représentations de Vincent. Le grand vide blanc poserait-il alors une question à ce sujet ?

Il est non moins frappant que le tumulte du torrent traverse de même un immense espace vide, sans aucune image humaine.

L'entretien avec la mère m'apprendra l'accident vasculaire cérébral du père, son hospitalisation et les troubles mnésiques consécutifs qui le plongent dans une dépression profonde.

Est alors décrite une période de désorganisation familiale, accompagnée d'une perte de repères : la mère passant la journée au chevet de son époux et chaque enfant ayant dû être hébergé dans un lieu différent. Les troubles de la mémoire et la dépression paternelle entraînent des plaintes de la part de cette mère qui se sent seule et démunie pour affronter la famille. C'est dans cette conjoncture que sont réapparus les troubles respiratoires de Vincent. Le vide blanc central et l'absence d'image paternelle dans le dessin peuvent alors prendre sens.

Commentaire

L'enquête anamnestique ne dit rien de la maladie du père, en revanche le thème général du dessin indique la participation active de trois poissons (qui représentent la fratrie), seuls éléments vivants pris dans un flux qui peut faire penser, au premier abord, à une histoire de circulation, comme si cet enfant confronté au risque de perdre l'objet, avait l'exigence de représenter l'irreprésentable. La mère dans l'entretien qui suivra annonce la maladie du père et confirme du même coup cette intuition première.

Dans le haut du dessin, il n'y a pas de ciel, mais une rangée de petits arbres qui s'appuie sur une large bande de terre, suggérant une écorce « terrestre » ou « cérébrale » traversée par une « artère » dans laquelle un élément liquide circule. Cette barre fait limite entre un dehors très réduit et irrespirable et un dedans vivant et actif, elle est incluse dans un contour noir qui empêche, au dehors, l'enracinement des arbres et figure en quelque sorte la pathologie des interfaces entre le moi et l'extérieur. Il n'y a là que respiration bloquée et absence de pensée à l'image d'une part, du trouble respiratoire et de l'inhibition de Vincent, d'autre part.

En aval, le jaillissement du « torrent qui alimente la rivière » selon les dires du garçon, permet d'imaginer au plan métaphorique la figuration de l'anévrisme rompu enfermé sous l'écorce, comme le sont les enfants dans l'histoire traumatique.

Le bleu de la rivière plus calme renvoie à une identification à la castration maternelle qui permet à Vincent d'obtenir sa part d'amour (cet enfant n'était pas désiré par la mère). En revanche, l'investissement précoce du père n'est pas soutenu dans la réalité et l'identification à ce dernier ne représente pas actuellement une assurance sur sa virilité à venir. Cependant, les couleurs du dessin sont vives, elles évoquent l'intensité des affects qui s'oppose au grand blanc central de la résonance psychique de Vincent menacé de dépression.

Conclusion

Vincent est l'enfant avec lequel le père entretient une relation privilégiée ; relation établie en résonance avec un élément inducteur inscrit dans la séquence anté-natale qui a permis que cet enfant occupe une place singulière. L'absence du père dans le dessin renvoie là encore à l'inhibition de Vincent et à sa détresse comme si, face aux événements traumatiques et à l'angoisse de séparation, il ne pouvait vivre qu'en lui-même.

La mère, encore en état de choc, ne nous a pas semblé mobilisable pour soutenir son fils dans un éventuel travail psychothérapeutique, elle n'a d'ailleurs pas manifesté de demande particulière à ce sujet.

Dessin n° 3 : Dominique

Dominique a neuf ans. Elle est en cours moyen première année. Elle pratique le piano et la danse classique.

Depuis l'âge de deux ans, elle souffre d'eczéma.

Lors de la consultation, elle dessine puis commente : « C'est un chemin qui va à la mer, dans les pays chauds. Les gens marchent sur le chemin où il y a une affiche avec une piscine et des personnages. »

Description du dessin

À la vue de ce dessin, la première impression est celle de sécheresse et de pauvreté, de dispersion et de répétition, malgré une problématique affective en activité. La symbolique est élémentaire.

Le centre de l'espace est occupé par l'affiche qui semble annoncer un spectacle. On pense tout de suite à une piscine-ventre où nagent quatre bébés, dans une enveloppe matricielle renforcée d'une double paroi et encadrée, faiblement éclairée par un soleil atrophié, pâle, au rayonnement inhibé. Dans la partie inférieure de l'affiche, la même matrice englobe deux poissons (Dominique et sa sœur ?) dans des couleurs vives et sous un soleil radieux.

L'avion a quatre hublots vides, comme un transport troué qui n'aurait pas ou plus d'occupants. Les quatre personnages, sur la route, n'ont pas de visage et marchent à l'extérieur.

Il y a d'évidence quelque chose à comprendre de la répétition du chiffre quatre et du vide de l'avion, des têtes de personnages et du ventre-piscine.

Seuls la fleur et le palmier semblent vigoureux. Peut-être sont-ils une allusion à la pulsion d'auto-conservation de la fillette : ils émergent plus ou moins timidement d'une base ignorée pour tenter de se dresser dans la vie, comme les oiseaux multicolores jaillissent dans l'espace vide. Le personnage rouge, seul à droite sur la route, est sans doute une image du corps de la petite fille agitée par la brûlure eczémateuse « dans un pays chaud ».

À gauche du ventre maternel « affiché », les images sont assez différentes ; le rose du personnage, identique à celui des oiseaux, fait probablement référence au dynamisme de la seconde enfant vivante du couple de parents, ces derniers peuvent être les personnages en vert représentés de face, l'un d'eux participe par ses yeux au contact avec l'environnement.

L'anamnèse révèle les sources anxiogènes de l'état affectif de Dominique : elle est née après deux IVG, une fausse-couche, un avortement thérapeutique et enfin une sœur aînée. Mais cette dernière est décédée à quatre ans d'un neuroblastome, deux ans après la naissance de Dominique. Une nouvelle fille est née lorsque Dominique avait elle-même quatre ans. L'eczéma qui apparaît chez Dominique semble lié à la maladie de sa sœur aînée et à la naissance de sa sœur cadette.

Tout cela est sans doute inscrit dans le dessin : les quatre bébés du haut de l'affiche peuvent représenter cet univers clos des quatre enfants « manqués » ou morts avant Dominique. Elle se représente elle-même dans le personnage rouge, qui se dirige en premier vers la mer, et dans la fleur sans visage mais bien vivante avec sa collerette rose.

Dominique dessine donc une image de sa situation affective actuelle selon la structure qui rassemble les différents éléments de sa vie intérieure. L'ensemble est statique et laisse une impression figée, liée semble-t-il à l'angoisse qui enferme les quatre bébés de l'affiche dans une poche solidement fermée. La mort des quatre enfants, dont elle a entendu l'histoire, reste pour elle de l'ordre du fantasme. En revanche, qu'en est-il de l'aînée, décédée à quatre ans et dont on ne trouve aucune trace dans le dessin sinon dans ce fond blanc qui pourrait être la marque d'un refoulement ?

La mère, non sans une certaine aisance d'expression, évoquera ses échecs de grossesse en précisant « que ça n'a aucun intérêt puisque les enfants sont morts ». Elle laisse néanmoins perçer sa peine liée à la perte de son garçon lors de l'avortement thérapeutique. Cette évocation semble raviver une blessure plus profonde en relation avec la mort de son père.

Elle décrit Dominique – rescapée d'une grossesse menacée d'accouchement prématuré – comme une enfant modèle, calme et raisonnable, qui sait se dominer. Elle précise que la sœur cadette de Dominique, vive, active et drôle, est « plus gratifiante » et lui « fait de l'ombre ».

Enfin, elle nous dit sa dépression lors de la maladie et du décès de sa fille aînée dont elle s'occupait exclusivement, ainsi que son désarroi lorsqu'est apparu l'eczéma de Dominique dans l'après-coup de cet événement traumatique.

Commentaire

Dans cet ensemble figé sur ce grand fond blanc a la signification incertaine, l'absence de relation entre les personnages contraste avec les quelques figurations dynamiques présentes dans le dessin (les deux personnages rose et rouge en marche et le vol des oiseaux). Dominique, agitée par l'excitation eczémateuse – qui tient lieu ici d'espace de communication hors langage entre la mère et l'enfant –, tente de s'échapper de cet univers angoissant.

À présent, aînée de la fratrie, Dominique est la première à se diriger vers la mer(e) comme si elle cherchait à obtenir de cette dernière la même attention que celle dont avait bénéficié sa sœur aînée malade alors qu'elle était encore bébé.

Les couleurs rose vif et rouge dominantes dans le dessin rappellent l'intensité des charges pulsionnelles et émotionnelles de l'enfant, à base de revendication affective.

La répétition d'éléments sur ce ciel vide, l'immobilité du décor dans son ensemble, évoquent la dépression maternelle, liée pour une part à la maladie et au décès de la sœur aînée – non représentée dans le dessin – dans laquelle Dominique se sent prise ; ils marquent également l'apparition de l'eczéma en place de l'angoisse de séparation non élaborée.

De même le passage de l'avion avec ses quatre hublots vides renvoie aux bébés « perdus », aussi à la figure paternelle très investie mais dont la présence à éclipses est source de souffrance pour Dominique.

Conclusion

Dès la naissance de Dominique, on a le sentiment que la rencontre mère-enfant est pour une part manquée. Comment s'est ancrée dès lors la relation au corps devenu malade à son tour et comment s'est-elle nouée antérieurement ? Nous avons vu l'investissement et les soins de la mère, dans un rapport d'exclusivité, à la sœur aînée atteinte d'une maladie létale, ceux-ci au détriment de Dominique.

Le surcroît d'excitation interne induit par la perception de cette situation déborde l'appareil psychique de l'enfant dans sa mission homéostatique. La dimension de cruauté dans la relation mère-enfant est ici bien présente.

L'apparition de l'eczéma dans l'après-coup du décès de sa sœur se manifeste en cohérence avec les relations précoces mère-Dominique.

L'atteinte de la peau exprime ici un état de besoin exigeant la satisfaction. Elle indique également un défaut dans les premières constructions du moi.

La peau lésée dans ce cas représente une surface de séparation, voire de réparation entre la mère et l'enfant. Dans cette perspective, elle montre les ratés de cette relation dans la construction du pare-excitation.

Cette enfant restée dans un registre d'expression unique (agressivité inhibée) a déployé des efforts importants pour « maîtriser » tout ce qui se passait autour d'elle. Elle essaye de sauvegarder un certain équilibre familial qui, déstabilisé, la mettrait en danger.

Dans son dessin, Dominique nous dit ce qui souffre en elle, en affichant son histoire à laquelle elle n'avait jamais eu accès auparavant.

Un travail psychothérapeutique ne nous a pas paru opportun en raison même des résistances maternelles.

Dessin n° 4 : Denis

Denis a six ans lorsqu'il consulte à l'hôpital de jour : il souffre, depuis l'âge de un an, d'un asthme qui s'est ajouté à un herpès néonatal intra et extra corporel.

Avant de dessiner, Denis confie à voix basse, comme s'il s'agissait d'un secret : « Tu sais, j'ai deux maisons. Ma vraie maison c'est celle de C., là où on habite avec ma mère. » Puis il parle de son père, mort dans un accident de voiture : « J'y vais souvent, je sais où il est. Avec mon pépé on arrose les plantes. » Pendant cet élan de confidence, il commence à tracer « un petit ciel », un fin trait bleu, en haut de la page blanche et « un soleil en feu d'artifice ». L'arbre abrite « la maison des écureuils ». La fonction symbolique semble donc bien établie chez David qui associe spontanément la parole au dessin, qu'il commente au fur et à mesure de son exécution.

Description du dessin

D'une manière étonnante, l'enfant utilise la feuille dans sa verticalité, ce qui est peu fréquent. L'objet qui s'impose le plus est sans doute cet arbre gigantesque dans sa rigidité anale, accentuée par les orifices de la base (pour les écureuils), évocateur des confusions et des théories sexuelles infantiles.

La couleur brune du tronc de l'arbre et la tête ampoulée verte divisée en cinq doigts, comme une main, coupée nettement au tronc, signifient que la tête du petit garçon est sans doute préoccupée de soucis masturbatoires culpabilisés. Cette évocation de la castration peut aussi faire penser à l'étroitesse du champ respiratoire : la ramure est mince et parcimonieuse et ne prend pas l'air ; ce corps arborescent est complètement clos vers le haut.

Le personnage unique est bien structuré et renvoie à l'image de soi : « Je me suis fait d'une façon humoristique. Je m'approche de la fleur pour la cueillir et la mettre dans un vase. Si maman était avec Jean [le père], je n'aurais plus de maman, plus de papa. » On pense alors aux fleurs qu'il dépose sur la tombe de son père.

La densité colorée du dessin contraste avec le petit nombre des figurations réparties dans un espace, qui laisse un grand vide entre le personnage et les autres éléments. L'éclatement « du soleil en feu d'artifice » évoque immédiatement l'image paternelle céleste, toute-puissante par sa luminosité rayonnante mais éclatée, morcelée et marquée de rouge sang.

Le personnage qui figure l'enfant est exagérément rouge à l'image de l'excitation herpétique. L'on perçoit également une parenté dans les séquences de couleurs et leur contenu entre le personnage représenté et l'arbre : le chapeau vert aux larges bords (destiné à maintenir les pensées) et le marron du cou-cavum (siège du début de l'infection herpétique) en identification au phallus anal que représente l'arbre.

Sexe viril et produit fécal sont représentés et confondus l'un avec l'autre. L'abdomen du petit personnage contient l'image de ses préoccupations sur la grossesse (orifices identifiés à ceux ménagés pour les écureuils) et la confusion fantasmatique entre le ventre maternel et les vésicules de la septicémie herpétique qui gonflent la peau au dedans et au dehors.

Les bras, peu visibles et sans mains, signent la culpabilité masturbatoire.

Quant à la petite fleur, avec son pétale atrophié comme un organe abîmé, elle représente une image symbolique de mère idéalisée et inaccessible mais qu'il désire protéger. En la cueillant, risque-t-il de la perdre aussi ?

Lors de l'entretien avec la mère particulièrement difficile, cette dernière manifeste d'emblée des réticences à dévoiler quelque chose de son histoire. Elle ne souhaite pas dire « des choses qu'elle a eu beaucoup de mal à surmonter » et déclare « ne pas être enchantée par cette forme de bilan. Je suis là, dit-elle, pour Denis, et non pour moi ».

Ainsi, elle évoque sa relation avec son enfant bébé : « L'herpès l'empêchait de se nourrir, il s'épuisait à boire, j'étais démoralisée. »

Nous apprenons l'hospitalisation de Denis neuf jours après sa naissance, l'infection herpétique généralisée entravant toute prise de nourriture. Au retour de l'enfant, deux mois plus tard, les difficultés importantes du couple amènent la mère à confier Denis aux grands-parents maternels jusqu'à l'âge de dix-huit mois : le père, improductif socialement et alcoolique, décède à cette époque dans des circonstances qu'elle tait.

La disparition de la mère pendant une année supplémentaire reste énigmatique.

Cette absence gardera l'opacité d'un secret. Captif, on se demande alors quelles sont les possibilités pour Denis d'accéder au statut de sujet.

Commentaire

Dans ce tableau, on est tout d'abord saisi par la représentation symbolique de ce père « en feu d'artifice », dessiné en première intention. Elle renvoie à quelque chose d'explosif, d'insolite, de fragmenté, une figuration de soleil couleur de soufre et perlée de rouge sang qui condense des fantasmes sur le décès énigmatique du père. Père éclaté auquel l'enfant s'identifie par un éclatement sensoriel de sa peau et de ses muqueuses. L'excitation herpétique, violente, soude ici le premier lien corporel avec la mère et met à mal la qualité de l'équilibre homéostatique du fonctionnement corporel de l'enfant. La verticalité de l'image, le lieu identitaire entre la figuration de l'arbre et celle du personnage, solidement ancrés au sol, font écho aux exigences pulsionnelles de l'enfant dans sa recherche de points d'appui sécurisants.

Le vide dépressif important entre les éléments du dessin liés à la fois à la perte d'objets et aux séparations sont à mettre en rapport avec l'apparition de l'asthme pour lequel l'enfant consulte. On sait que le déclenchement de l'asthme apparaît lors d'événements impliquant une séparation alors que le fantasme de non-séparation n'est plus suffisamment soutenu dans la réalité.

L'histoire traumatique de l'enfant, frappée de secret et enfouie jusqu'à cette consultation, est revécue et reconstruite en partie dans la narration graphique surréaliste (comme le dirait F. Dolto), grâce au support narcissisant et bienveillant du cadre.

Les capacités d'association et d'élaboration figurative que manifeste Denis pendant qu'il dessine, la confiance avec laquelle il se livre dans la relation, laissent à penser qu'il a pu construire des assises narcissiques dans le soutien et la protection de ses grands-parents maternels suffisamment bons et contenants.

L'attitude de la mère empêchera toute proposition de traitement analytique.

Conclusion

L'intérêt et l'importance de cette investigation globale restitués au patient et à sa famille sous forme de synthèse, à la fin de la journée, créeront une dynamique entre médecin, psychologue et patient.

Pour ce qui concerne Denis, c'est dans l'après-coup de la synthèse que cette mère pourra confier son histoire pathétique : forcée par son mari à des relations sexuelles avec des hommes de passage qu'il choisissait, elle a contracté un herpès vaginal qu'elle a transmis à son fils au moment de la délivrance. Lors du retour de l'enfant à la maison, après deux mois d'hospitalisation, la dépression et le désespoir de voir que son mari ne supporte pas la présence du bébé la conduisent à tuer le père d'un coup de fusil. Incarcérée, elle retrouve son enfant à l'âge de deux ans et demi.

Le dessin de l'enfant, la figuration du soleil inhabituelle, en impact de balle, nous conduit au cœur d'une histoire dramatique.

On sait que le déclenchement de l'asthme survient lors d'événements impliquant une séparation, il est comme le révélateur des rapports que l'organisme engage avec son environnement. On pense à une pathologie des interfaces entre le moi et l'extérieur.

Comme nous l'avons vu, l'image dessinée de l'enfant permet de partir à la découverte d'une histoire, celle du sujet à construire, comme à retrouver à travers ce que l'enfant va vivre, dire et suggérer de ses conflits psychiques partiellement intériorisés, de ses attentes, et de ses relations exposées ou cachées.

Ces quatres observations illustrent la façon dont le travail sur le dessin de l'enfant, dans son cadre de référence, favorise la compréhension du déclenchement des symptômes asthmatiques et eczémateux.

Commentaires analytiques

Annie Anzieu

L'importance des observations rassemblées par É. Dejours et J. Bernard-Nez à l'occasion de consultations d'enfants présentant des symptômes somatiques, m'a donné l'occasion de quelques réflexions sur le rapport du dessin avec la compréhension psychanalytique dans cette circonstance.

Dessin n° 1 : Delphine

Que pouvons-nous comprendre de ce dessin-roman ? Nous apprenons par l'entretien qui suit que le père de Delphine a été opéré récemment d'un mélanome. Il est donc facile d'imaginer que la fillette évoque la grande tristesse qu'elle ressent en voilant l'éclat du soleil paternel d'une énorme tache noire. On peut aussi penser, étant donnée l'importance qu'elle attribue aux objets en couple, qu'elle souhaite inconsciemment masquer à Mme Nez le rayonnement en elle-même de ce soleil paternel. De même, au sol, la petite maison triste peut-elle représenter le ressenti de la dépression maternelle aussi bien qu'elle peut signifier à la psychologue la dépression propre à l'enfant. Ce vide intérieur pouvant être interprété encore comme le résultat de sentiments dépressifs et agressifs éprouvés par Delphine lors de la naissance de sa petite sœur.

L'espace psychique, figuré par l'intérieur de la maisonnette, ne « respire » pas. L'unique fenêtre du coin supérieur droit ne semble qu'un clin d'œil à la personne présente. La relation à la féminité corporelle est mise en question par cette maison sans issue, et aussi par l'escargot, replié sur soi-même, qui a du mal à atteindre un espace plus vaste. Peut-être Delphine ressent-elle la nécessité de se défendre contre les identifications souhaitées à une image maternelle dont elle rencontre actuellement les côtés dépressifs intensifiés. L'escargot note l'indéfini de la sexualité, la difficulté de s'ouvrir vers l'extérieur.

La troisième partie, dont le socle est bien sombre, comme une base de tristesse et d'angoisse, sur laquelle va se dérouler la vie, contient peut-être déjà des éléments de transfert. La faveur d'une attention particulière accordée par la psychologue à l'occasion de cette consultation révèle l'aspect de bénéfice narcissique que provoquent les symptômes somatiques. Sur ce sol sombre mais solide, dont l'épaisseur augmente dans la direction de l'image de soi et de l'espace maternel, un mur orné de feux vivement colorés met des personnages à l'abri des mouvements dépressifs. La dynamique affective se marque par la richesse des couleurs. Delphine nous apprend que l'homme n'est autre qu'un déménageur que je prendrais volontiers comme un aspect de la psychologue qui vient déplacer des objets psychiques bien rangés par Delphine contre sa dépression et les conflits antérieurs. À un niveau plus superficiel, cet homme volumineux évoque le besoin d'une image paternelle solide, en opposition à l'image maternelle peu substantielle. Il fait aussi allusion à un déménagement récent dans la réalité, qui peut avoir accentué la perte des repères de la fillette dans l'angoisse familiale actuelle et les sentiments de la castration paternelle liés à la maladie.

L'image féminine qui côtoie l'homme n'a pas de visage. Elle porte cependant un parapluie de la couleur du soleil et s'oriente dans la même direction que l'homme. On peut y reconnaître une image de soi que Delphine indique au témoin neutre à qui elle adresse son dessin, image que sans doute elle cherche à voir valorisée mais dont elle efface toute expression de désir (pas de visage). La petite voiture avec son occupant peut représenter une timide image identificatoire à la mère. Transférentiellement elle signifie aussi l'occupation d'un espace en mouvement contenant une personne couleur de soleil : Delphine dans la tête de l'analyste, ou inversement l'analyste qui s'installe en Delphine. Ou encore un enfant/phallus qui ébauche les préoccupations œdipiennes de la fillette.

On se rappelle alors que les crises d'asthme se sont accentuées lorsque son père a dû être opéré. Delphine explique aussi à Mme Nez, avec une certaine complaisance, que les deux papillons sont père et fille : l'intensité du rose qui leur est commun est remarquable. De même que le nuage vers lequel ils s'envolent amoureusement est bien clos dans la même couleur excitante. L'intérieur, pourtant, reste gris. Certes, malgré ce soleil, il neige et il fait froid : la crainte de la froideur maternelle apparaît malgré l'intensité des sentiments qui n'atteignent pas la mère : le jaune du personnage féminin est peut-être un parapluie.

On peut remarquer que la situation présente est très investie par Delphine par le fait qu'elle est le seul objet d'attention de Mme Nez. Il n'est jamais question de ses sœurs dans les associations de la fillette sur son dessin.

La dynamique des mouvements et des couleurs inscrite dans ce dessin peut signifier la reprise d'une expression pulsionnelle contre la dépression susceptible de détourner la souffrance du corps vers la pensée.

Nous pouvons donc tirer du dessin de Delphine plusieurs conclusions la concernant.

1. Son image de soi révèle la souffrance d'un narcissisme un peu affaibli ou insuffisamment instauré. D'après les colorations multiples de la neige, on peut faire l'hypothèse d'une érotisation

maniaque précoce de la relation à la mère, érotisation défensive contre la dépression primaire.

Comme dans un rêve, Delphine exprime l'envol des papillons père et fille, un ressenti orgasmique (élationnel) qui confirme la défense contre les tendances dépressives identificatoires à l'image maternelle.

2. Le conflit œdipien est loin d'être résolu. On peut supposer des problèmes précoces entre Delphine et sa mère. Le rapport de la fillette à sa mère reste problématique du fait de ses relations précoces mal élaborées et d'une rivalité importante à ses sœurs. La dépression familiale liée à la maladie du père n'est qu'une répétition d'occasions douloureuses accumulées entre Delphine et ses parents. La neige décrit un élément important de sa relation à son environnement : les papillons lui permettent de retrouver la proximité avec son père dans un milieu maternel (et fraternel ?) froid et inquiétant.

3. Cette enfant indique à la personne à qui elle adresse son dessin comment elle est capable de construire ses propres défenses (limites nettes des formes), la richesse de ses fantasmes et de ses affects, une dynamique pulsionnelle en éveil. Cet ensemble permet d'espérer une restructuration narcissique et une évolution positive du conflit œdipien. Des éléments transférentiels évidents peuvent influencer la décision thérapeutique.

Dessin n° 2 : Vincent

Par ses éléments formels et le barrage qu'il constitue, le haut du dessin renvoie à l'absence de pensée qui se manifeste chez Vincent par son comportement inhibé habituel. Les racines non accrochées au sol évoquent une identification paternelle mal étayée et morcelée si l'on considère la multiplication de l'image. Les arbres-têtes sont recouverts d'un chapeau conique dont la couleur vigoureuse est maintenue solidement par la forme. Les couleurs marron et bleu évoquent le caca-pipi qui limite les significations sexuelles.

Le bleu jaillissant vers le bas évoque justement la pulsion sexuelle et son rapport au bleu maternel, ainsi que les confusions avec la poussée urétrale qu'entraîne ce ressenti à l'âge de Vincent. Son jaillissement brutal vers un niveau inférieur, sorte de rivière souterraine, indique qu'il n'est pas question de faire allusion à des érections inquiétantes. Dans le même sens, les chapeaux coupent la pousse des arbres. La vivacité des couleurs laisse cependant deviner une activité affective intense autour de ces émotions prises dans le corps, et qui s'échappe en symptômes somatiques : il faut étouffer tout cela. La situation actuelle de son père interdit pour l'instant à Vincent de manifester quelque rivalité œdipienne sous peine de perdre ce père. La culpabilité de tels désirs inconscients fait préférer à l'enfant une identification à la castration maternelle (et peut-être paternelle dans l'occurrence actuelle), qui lui permet de conserver à la fois l'amour de ses parents et les bénéfices de leur attention prouvée par la consultation dont il est aujourd'hui l'objet. Le narcissisme du petit garçon est mis à rude épreuve : des investissements précoces sans doute intenses de la part des parents (il est le seul garçon) ont été battus en brèche par la mauvaise intégration des différences sexuelles. Ces identifications actuelles à son père ne peuvent lui donner aucune assurance sur sa propre virilité à venir. Le torrent qui précipite les trois « enfants » dans le courant souterrain peut représenter le refoulement de questions très prégnantes sur la naissance. Sans doute aussi sur la sexualité, si l'on prend en considération que cette partie du dessin s'oppose mais complète le paysage des arbres terriens (rapport impossible au corps maternel, rapport fantasmé mais barré).

Il semble que cette expression imagée des angoisses de Vincent nous permette de comprendre l'organisation défensive qu'il a construite pour se protéger d'un traumatisme très récent : la maladie de son père et la désorganisation familiale consécutive. Il raconte ici à quelqu'un, qui est là pour le comprendre, comment des angoisses plus anciennes sont revenues, liées au conflit œdipien tel qu'il l'a vécu vers trois ans (l'apparition de l'asthme). Il doit refouler actuellement les questions qui se posent à lui sur la naissance et la sexualité, accompagnées de fantasmes violents de mort et de castration.

Les couleurs vives du dessin laissent penser que cet enfant dispose d'une vie affective intense mais clivée entre la « surface », le comportement inhibé, et le fond inconscient agité, perplexe et tendu par l'angoisse. Il se sent menacé par la dépression ambiante qui remplit de blanc tout son espace psychique et il ne trouve pas d'autre moyen, pour maîtriser les difficultés de l'évolution des séparations qu'il subit, que de refouler intensément ses émotions.

Il semble donc que, lors de cette consultation, Vincent exprime avec confiance sa situation psychique actuelle, en état de traumatisme dû aux angoisses réelles vécues par la famille. Je le pense débordé par des émotions trop intenses qui se sont transformées en angoisses respiratoires, faute de pouvoir être verbalisées. Sans doute retrouve-t-il ce qu'il a ressenti vers l'âge de trois ans, en des circonstances que nous ignorons, mais qui lui ont vraisemblablement posé le problème du choix préférentiel de l'un de ses parents.

Si l'un des petits poissons semble s'éloigner des deux autres, c'est peut-être pour signifier les angoisses de solitude. Mais l'âge actuel et le développement psychique normal de cet âge évoquent chez Vincent une « position de latence » que renforce le caractère habituel de son environnement, accentué par les circonstances présentes.

De ce dessin, nous pouvons conclure :

1. que Vincent dispose d'une certaine violence pulsionnelle qui doit être, pour l'instant, durement refoulée, faute de quoi sa culpabilité lui ferait craindre la perte de ses objets d'amour et donc une profonde dépression ;

2. que la situation actuelle de ce petit garçon est de l'ordre du vécu traumatique ; on peut faire l'hypothèse que l'aggravation de ses symptômes n'est que transitoire ;

3. qu'il trouve finalement, dans sa dynamique propre, des moyens de lutte tout à fait appréciables, mais au prix d'un affaiblissement narcissique qui est l'effet de sa « position de latence » actuelle.

J'aurais, quant à moi, envie de surveiller l'évolution de Vincent, de loin en loin, jusqu'au moment où il pourra peut-être de soi-même recourir à l'aide d'un analyste.

Dessin n° 3 : Dominique

Le peu de figuration dynamique présente dans ce dessin (les deux bébés rose et rouge en marche et le vol des oiseaux) laisse deviner malgré tout que Dominique cherche à s'échapper de ce passage figé par l'excitation eczémateuse, l'agressivité inhibée dans un corps mal érotisé, et dans l'obsession de prendre la place de sa sœur aînée, morte d'une tumeur cancéreuse. Dominique est à présent l'aînée et cherche à obtenir de la part de sa mère la même attention que celle-ci adressait à la première fille, malade pendant que Dominique était encore bébé. L'enfant modèle, toujours sage, telle que la décrit sa mère, ressemble à la petite fleur qui s'épanouit, bien raide, à gauche du dessin, abritée sous le grand palmier paternel dont elle recherche le voisinage. Le seul personnage en mouvement est ce bébé à gauche, devenu rouge à droite, qui semble s'enfuir de l'espace ici représenté, comme si la page sur laquelle se trace le dessin figurait un espace interne dans lequel se développe la dynamique d'un discours inexprimable par des mots. Sans doute parce que les premières traces mnésiques qui sont gravées dans cet espace n'ont pu être enregistrées que par des émotions sensorielles et perceptives. Les premières images délivrées par la mère ont pu être incorporées, peut-être introjectées mais pas transformées en identifications par un moi encore trop immature. Elles sont demeurées en surface, sous forme d'excitation intensive de la peau.

L'atmosphère du dessin est inquiétante malgré les jolies couleurs égrenées dans le vol des oiseaux, petits objets piquants qui morcellent l'espace supérieur, la pensée peut-être. La multiplicité de ces couleurs rappelle les différentes sources de l'excitation superficielle de la peau tendue sur un intérieur vide. Le ciel reste vide malgré eux. Le décor est immobile. Cette image évoque pour moi une « position de latence » figée, des renoncements précoces mal supportés par le moi fragile de l'enfant, l'attente d'un devenir incertain quant aux défenses nécessaires contre la dépression.

Que nous signifie Dominique par cette image de soi ?

1. Qu'elle éprouve une angoisse liée aux activités mortifères de l'intérieur maternel avec lequel il est préférable de ne pas communiquer. Elle ferme à double tour l'enveloppe défensive qui le circonscrit. Ce qui se passe dans la tête (le haut de l'affiche) ne doit être mis en communication ni avec la vie extérieure, ni avec l'enveloppe inférieure où vivent deux enfants. Est-ce ce dont il ne faut pas parler sous peine de déprimer maman ?

2. Le symptôme d'excitation eczémateuse est donc bien une fuite corporelle devant l'angoisse de destruction que Dominique a connue à la mort de sa sœur aînée, et retrouvée à la naissance de sa plus jeune sœur. C'est le signe d'un contact douloureux sinon impossible de sa propre peau avec le corps maternel, désiré mais dangereux. C'est aussi une manière de se sentir vivre, et d'investir son propre corps. Peut-être aussi une identification phallique est-elle évoquée par le tronc rouge du palmier.

3. L'éloignement spatial entre les différentes composantes du dessin témoigne d'un processus de distanciation plus généralisée qui explique la difficulté de Dominique à entrer en contact avec qui que ce soit. L'inhibition affective liée au refoulement de l'agressivité

détermine l'incapacité de penser : penser sa souffrance anxieuse serait peut-être plus douloureux que son symptôme somatique.

4. Cette fillette a besoin d'une aide psychologique. Mais il est à craindre que ses défenses déjà solides contre la dépression ne l'empêchent d'y accéder. Le vide blanc du fond signifie peut-être ce qui reste de non représentable : la dépression maternelle dans laquelle elle se sent prise, et les enfants morts dans un passé qui n'est pas le sien.

5. La petite fleur bien sage près d'un palmier paternel protecteur, suggère l'idée qu'une partie d'elle conserve une activité œdipienne discrète mais sûre qui compense en partie dans sa recherche d'identité, les identifications à la dépression maternelle qui font d'elle une enfant malade.

On pourrait multiplier les sens des symboles de ce premier dessin, les relier entre eux d'autres manières. Contentons-nous de penser que ce jour-là, Dominique a pu dessiner ce qui souffre en elle et comment elle essaie de s'échapper d'une partie de son histoire « affichée », à laquelle elle n'avait jamais eu accès jusqu'alors. Mais ceci n'est peut-être pas pour autant l'accès à une possibilité de psychothérapie.

Dessin n° 4 : Denis

On comprend facilement la symbolisation de ce père en feu d'artifice. Image paternelle céleste, lumineuse, rayonnante. Père éclaté, auquel l'enfant s'identifie par un éclatement sensoriel de sa peau et de ses muqueuses (le rouge). Si cette excitation, désespérément violente, est aussi le premier lien qu'il a conservé avec le corps maternel, c'est aussi une défense vigoureusement masochiste contre un rapport tactile agréable et doux.

La verticalité du tableau confirme un désir d'éclatement sensoriel déjà sexualisé, qui contraste avec la pesanteur terrestre de la base anale des fantasmes. L'enfant est pris dans une opposition agressive inhibée qui le maintient dans une situation masochiste.

Le dessin de l'arbre nous apprend que les appendices et les orifices de son corps ne sont pas encore nettement différenciés par Denis. L'excitation qu'ils suscitent se retrouve sur la surface cutanée et fait rougir Denis aussi de confusion. N'oublions pas que l'excitation sexuelle chez un enfant jeune est au centre de ses préoccupations avant son entrée en latence. On peut ainsi repérer dans ce dessin l'investissement de l'analité et la confusion du sexe viril et du produit fécal. Le corps de l'enfant lui-même est imagé de telle manière qu'on peut l'identifier à une image féminine autant que masculine. Ces confusions, si elles n'ont rien de strictement pathologique à l'âge de Denis, prennent ici un accent assez violent pour signifier que l'enfant en est tourmenté.

Ce dessin-tableau pourrait être celui de la psychose : on y retrouve la dissémination des objets, le vide énorme de la dépression et des séparations, des objets « perdus ». Cependant, les traumatismes répétitifs, enfouis jusqu'à cette consultation, sont revécus sous la forme d'une image quasi onirique, grâce au soutien narcissisant d'une présence tutélaire. La capacité d'association que manifeste Denis, sa recherche inconsciente de l'historicité de son symptôme, la confiance avec laquelle il se livre, font penser qu'une présence maternelle substitutive (sans doute les grands-parents) a préservé l'essentiel d'un noyau narcissique pourtant bien blessé.

La petite fleur, un peu penchée vers l'image paternelle sombre durement plantée en terre, semble le laisser sidéré, peut-être par son attrait. Comme une image de mère idéalisée et inaccessible, ou une partie de soi, aimable mais châtrée. En espérant la cueillir, il confie à la psychologue un désir de rapprochement transférentiel désespéré. Va-t-il aussi perdre sa mère dans ce geste ?

Dans la figuration qu'il fait de soi-même, Denis réussit à unifier son image, à maintenir une identification phallique par le fait de se tenir droit, à se poser dans un conflit de forme œdipienne semble-t-il. Même si les pensées qui jaillissent de sa tête en feu ressemblent à ce feu d'artifice, objet de sa fascination.

Il est à noter que, dans ses associations, il pose le problème de la disparition de sa mère : à l'âge qu'il avait lors de l'emprisonnement de sa mère, cette disparition équivalait à la mort. Et que pouvons-nous penser des souhaits de mort de cette mère à l'égard de son bébé ? Et encore des craintes de l'enfant de voir mourir ses grands-parents ? Et de ce que l'enfant peut en avoir intériorisé ?

Dans un pareil contexte environnemental, ce dessin témoigne d'une bonne capacité d'élaboration figurative. Cet enfant utilise de manière ingénieuse les moyens à sa disposition pour trouver un équilibre intérieur entre un environnement, dont la pathologie le traumatise, et le désir très vif de défendre sa structure narcissique. Le compromis instauré par le maintien des symptômes somatiques exprime la nécessité de distanciation (par le souffle et le toucher) dans laquelle il se débat, sans la protection paternelle. Il conserve par ailleurs une image idéalisée d'une scène primitive incendiaire sur laquelle est centrée son angoisse.

Les commentaires qu'il fait de son dessin peuvent être compris comme un désir de parler plus avant, ou, au contraire, comme une intention de condenser des représentations trop anxiogènes dans la représentation de leur plus simple expression. Peut-être encore fait-il part de cette façon à son examinateur d'une angoisse innommable. De toute manière l'attitude de sa mère empêche toute proposition de traitement analytique.

Conclusions théorico-cliniques

Annie Anzieu

Le constat commun à ces dessins est d'être chacun unique. Il s'agit d'une observation limitée dans le temps, à l'occasion d'une consultation motivée par des symptômes somatiques. Dans un premier temps, ces symptômes ont été la cause d'examens divers, dans lesquels l'enfant restait passif, soumis à de multiples intrusions, nécessitées par la recherche médicale concernant ses difficultés somatiques.

Puis il se retrouve avec une personne bienveillante devant laquelle il va pouvoir tenter une réunification narcissique de son moi, par l'activité figurative que lui fournit le dessin. La densité des affects et des fantasmes qui apparaît à l'étude des dessins, fait de ceux-ci une sorte de photographie instantanée de l'organisation psychique de l'enfant mis dans une situation particulièrement centrée sur lui.

Il est évident que nous sommes en possession d'éléments figuratifs révélateurs d'une structure névrotique déjà établie chez ces enfants. Nous y constatons :
- la densité des affects et des fantasmes ;
- les conflits avec l'environnement ;
- la trace des traumatismes cumulés ;
- les relations conflictuelles avec les objets internes ;
- la pathologie des défenses en construction contre l'insécurité narcissique.

Ces différentes données sont sans doute mises en valeur par l'opposition entre la situation médicale dont l'enfant a subi les exigences et la neutralité bienveillante du psychologue. L'importance des symptômes somatiques est renforcée par leur investissement accidentel et intensifie l'expression des angoisses sous-jacentes.

Nous obtenons donc un dessin diagnostique qui permet de repérer l'économie et la dynamique psychiques actuelles de l'enfant, dans un contexte dont il a nécessairement perçu la visée thérapeutique.

Le tracé et la couleur utilisés par le dessinateur expriment suffisamment sa dynamique affective et pulsionnelle pour nous permettre d'évaluer approximativement ses chances d'évolution dans une relation psychanalytique éventuelle, et d'apprécier si celle-ci est souhaitable, actuellement ou dans l'avenir.

Les dessins étudiés ici ont été choisis parce que tout particulièrement éloquents. Il est clair que le mode d'utilisation par un analyste de ces dessins uniques est très différent de celui qui prend effet dans une relation thérapeutique continue où les échanges sont influencés par le processus transféro-contre-transférentiel.

Or il est à remarquer que sur les cinq enfants présentés, quatre souffrent d'asthme (Gustave, Delphine, Vincent, Denis). Une étude critique de dessins plus nombreux d'enfants consultant pour des troubles psycho-somatiques et allergiques permettrait sans doute de découvrir des traits communs dans leurs modes d'expression figuratifs, symboliques d'une forme de souffrance précise. Il suffit pour le penser de constater ici les similitudes rapprochant les dessins des enfants asthmatiques : les dessins ont ceci de commun, repérable dès le premier regard, qu'un vide spatial central (ou sur la moitié de la surface dans le premier stade du dessin de Gustave), blanc en majeure partie, semble signifier le vide intérieur, qui pourrait être celui de la dépression, ou plutôt celui d'un espace interne, une cavité somato-psychique, dont la vacuité est obsédante. De part et d'autre, en haut et en bas de ce vide central, dans le dessin de Delphine et celui de Vincent, des masses colorées, plus ou moins animées, limitent fortement l'espace. Une sensation d'étouffement, d'enfermement est évoquée par ces frontières épaisses. Dans le dessin vertical de Denis, on retrouve cette sensation dans la verticalité du dessin lui-même et de l'imposant obstacle brun que figure l'arbre de gauche.

L'anamnèse qui complète le premier contact individuel et « aveugle » avec ces enfants a permis de découvrir d'autres similitudes entre eux :

– la proximité de leur âge (6-8 et 9 ans) ;
– l'inhibition manifeste, surtout chez les deux plus âgés ;
– la maladie ou la disparition du père – la désorganisation familiale
– la dépression et l'anxiété maternelles ;
– enfin la résurgence de quelque chose de personnel, dans leurs relations avec l'environnement, qui renforce le symptôme respiratoire datant de la première enfance (2-3 ans).

Il est possible de comprendre par la symbolisation d'une souffrance dans le dessin que la pensée de ces enfants est narcissiquement mal investie, que leurs objets internes ne peuvent s'y représenter et s'y mouvoir, que l'espace de leur pensée est maintenu dans des frontières insuffisamment mobiles et extensibles pour que la douleur psychique soit limitée et supportable.

En quelque sorte, ces dessins sont fournis à notre observation comme des points de repère d'une fragilité particulièrement marquée chez ces enfants à l'époque de la consultation, puisqu'elle a éveillé l'attention de l'entourage. À ce moment, l'enfant sait que sa souffrance est entendue. La réunification narcissique qui peut s'exprimer dans le dessin (par exemple le cas de Gustave) serait le signe d'une capacité d'unification du moi qui peut influencer une décision, plus ou moins proche, de psychothérapie. De même la tendance spontanée à associer librement au cours de la rencontre avec le psychologue est un signe favorable à cette décision.

Peut-on en conclure que ces dessins nous révèlent chez ces enfants quelque chose de ce que j'appelle la « position de latence[1] » ? C'est-à-dire qu'ils sont soumis, lors de la consultation, à la difficulté de devoir abandonner leurs symptômes, à renoncer aux compromis qu'ils ont pu échafauder pour faire face à la douleur psychique. Pour supporter ces situations infantiles intolérables dans lesquelles ils se trouvent et qui répètent des traumatismes plus précoces, ils ont trouvé des moyens pour protéger leur narcissisme battu en brèche, des identifications plus ou moins douloureuses mais qui conservent la présence de leurs objets d'amour. Ils ont utilisé leur corps pour laisser s'échapper le trop-plein insupportable et ce moyen de sauvetage narcissique est remis en question. Leurs dessins nous montrent comment ils construisent d'ingénieux stratagèmes de défense pour sau-

---

1. J'ai parlé ailleurs de cette notion de « position de latence », par rapprochement de cette situation affective avec la notion des « positions précoces » de M. Klein. *Cf.* A. Anzieu, 1994.

vegarder leur intimité profonde et la dynamique agressive et amoureuse qui les fait vivre.

Ce que nous déchiffrons dans ces « cryptogrammes » (selon le terme utilisé par P. Aulagnier) peut nous aider à envisager l'avenir des systèmes de défenses construits par ces enfants et l'usage que nous pouvons peut-être les aider à en faire.

Quant à l'utilisation du dessin dans la technique analytique auprès des enfants, le mode d'investigation qui vient d'être exposé me donne l'occasion d'insister sur le fait que les interprétations de l'analyste, qu'elles soient ou non énoncées au patient, doivent porter uniquement sur le rapport qui se déroule entre l'enfant et le thérapeute. La connaissance de faits extérieurs à la situation analytique, ce que peut savoir l'analyste de la situation familiale, des traumatismes de toutes sortes, des dépressions parentales et du passé de l'enfant, cette connaissance doit, autant que possible, être maintenue à l'écart, être prise en compte comme part du contre-transfert et des identifications possibles de l'analyste et ne faire l'objet, si c'est nécessaire, que de rapprochements rares et exprimés avec réserve.

Avec un enfant, plus encore qu'avec un adulte, et en ce qui concerne l'interprétation d'un dessin, qui fige partiellement des représentations qui restent à déchiffrer, nous avons affaire au rapport uniquement actuel, *hic et nunc*, de la relation analytique, limitée par le rapport transférentiel qui est l'objet de l'analyse.

Les faits qui déterminent la souffrance ou même les plaisirs des enfants, sources du malaise qui nous met en leur présence, ont laissé dans le psychisme des traces qui, faute d'avoir pu être intégrées à leur moi trop précocement atteint, réapparaissent sous forme, par exemple, de symptômes somatiques dont il vient d'être traité. Ces traces pourront se transformer par leur projection dans le conteneur vivant de la psyché d'un analyste. Elles vont nous apparaître, matérialisées sous forme symbolique, dans des figures dessinées et colorées, dont la dynamique qu'elles manifestent, parfois aidée du discours, nous permettra de percevoir la configuration actuelle du conflit intra-psychique chez l'enfant dessinant.

Le psychanalyste ne doit pas oublier que c'est à l'utilisation de ces seules traces qu'il a à faire face à un dessin, et non à une remémoration, la plupart du temps impossible, d'un événement ayant précédé la parole.

I

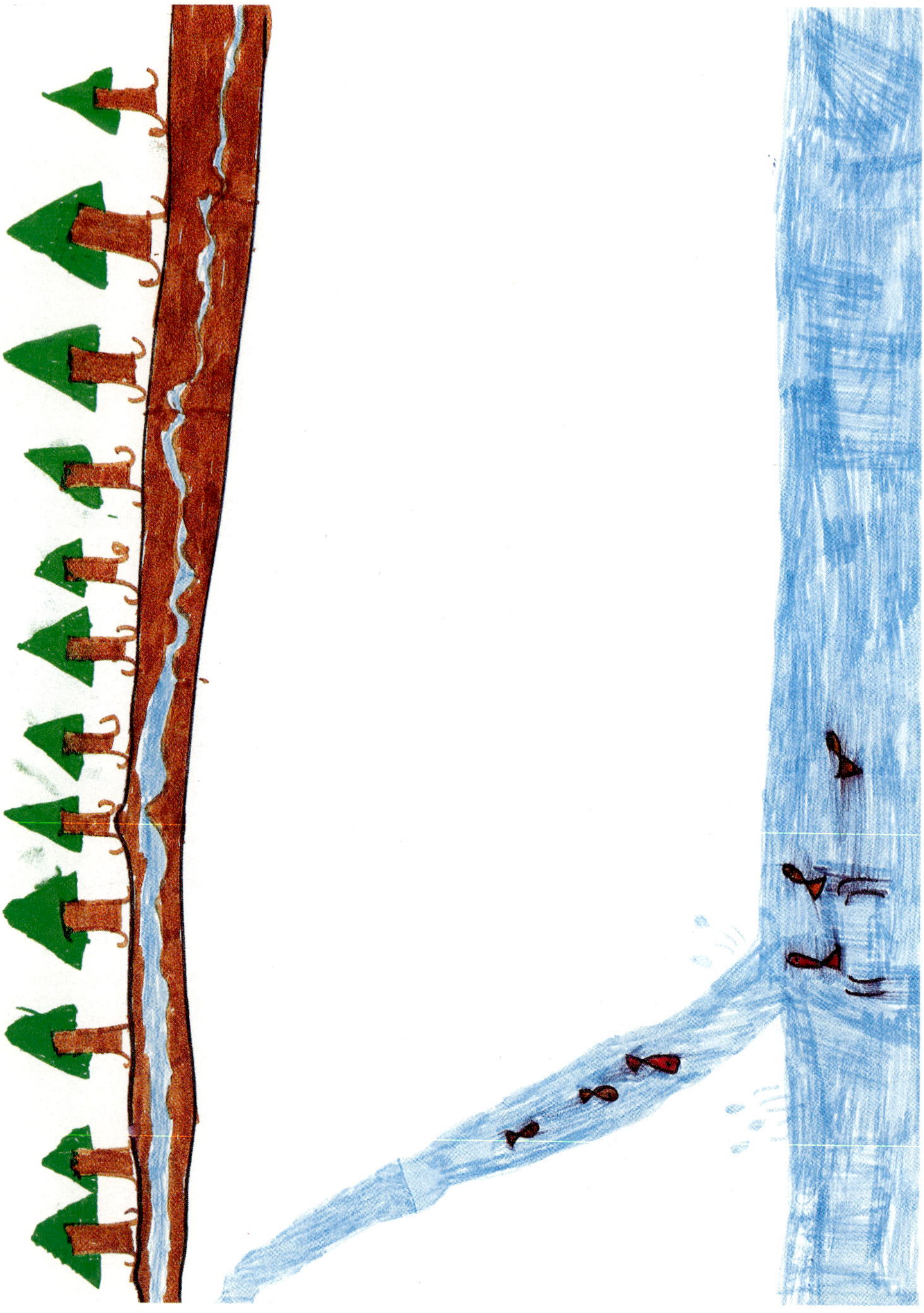

II

III

IV

Chapitre 3

DESSIN ET PSYCHOSE

Annie ANZIEU et Simone DAYMAS*

L'UTILISATION DU DESSIN DANS LA CURE DE L'ENFANT PSYCHOTIQUE

L'autisme de Benoît

Le département de psychanalyse n'existait pas encore. Benoît fut l'une de mes premières expériences de l'autisme.

Il était hospitalisé depuis plus de six mois lorsqu'un chef de clinique l'amena dans mon bureau en me disant qu'il était « audimutique » (c'était le terme qui diagnostiquait ce que nous nommons autisme à présent) et très agressif dans le service comme dans sa famille. De celle-ci je savais seulement qu'elle habitait une campagne proche de Paris, que ses parents étaient des paysans qui élevaient sept enfants. Le médecin ne savait plus que faire de cet enfant et me le conduisait en dernier recours, si je voulais tenter sur lui quelque chose avec la psychanalyse.

Le petit garçon avait cinq ans et demi, un regard égaré, plutôt craintif, des cheveux noirs et drus, un corps fluet, raide. Il ne par-

* Dans ce chapitre Simone Daymas relate le cas de Claire (p. 77 à 83), Annie Anzieu relate les cas de Benoît, Antoine et Thérèse et a rédigé la partie théorique.

lait pas, ne bougeait pas, ne regardait pas. Une infirmière l'amenait dans mon bureau chaque matin, quatre fois dans la semaine, à la même heure, ce que j'avais décidé pour que l'enfant ait un repère possible du lieu et du temps. Il s'asseyait, immobile, muet, figé. Après avoir cherché à le mobiliser, à court d'imagination, je lui donnai de la pâte à modeler : je touchais la pâte en l'incitant à la toucher aussi, ce à quoi il accéda lentement. Le contact de ce matériau souple lui devint peu à peu familier, peut-être agréable. Il faisait de longues ficelles en roulant la pâte sous sa main : une sorte de lien continu, très long.

À bout de patience, un matin, je construisis un personnage que je mis sous les yeux de Benoît. À mon grand émerveillement, il entoura soigneusement la tête, les oreilles, la bouche puis tout le corps du bonhomme avec des bandelettes qu'il avait roulées sous ses doigts. J'avais sous les yeux la momie-Benoît, les oreilles, la bouche et tout le corps inutilisables, ficelés, ce que je dis à l'enfant. Mais les jours suivants, le bonhomme resta sur la table, délaissé, sans intérêt manifeste. Je décidai alors de dessiner le bonhomme, de lui donner un visage. Mais Benoît n'y prit pas garde. Un matin, pourtant, il s'empara d'un crayon et traça sur la feuille blanche des sortes de montagnes en ligne ; puis il posa le crayon, les yeux toujours baissés. Je parlai de hautes montagnes. Il me venait bien des images de corps : dents, seins. Mais je n'avais pas encore le maniement des théories kleiniennes.

Cependant, comme le dessin se répétait d'un jour à l'autre, je commençai à parler de grandes dents inquiétantes qui pouvaient être les miennes ou celles de Benoît. Celui-ci s'activait de plus en plus à répéter sa denture aiguë, avec, à présent, une satisfaction manifeste. Un matin, Benoît commença à faire des boulettes de pâte à modeler. Je m'enhardis à parler de mots-caca que j'avais pu laisser sortir de ma bouche, que les dents du dessin pouvaient me mordre, comme un bébé qui tète sa maman ou le biberon. Benoît se mit alors à jeter les boulettes par le vasistas ouvert au-dessus de la fenêtre. Je ne sais plus quels commentaires je fis de ce geste. Mais comme il se renouvelait lors des séances suivantes, j'osais parler un jour de bébé-caca, de petit frère qu'on envoyait loin pour s'en débarrasser. Benoît me sourit pour la première fois, il prit dans ses mains notre « bonhomme-momie » et le regarda longuement. Puis il tenta d'en modeler la forme. Peut-être, à ce moment, s'est aménagée une relation entre la sensation tactile, l'intériorisation de l'image visuelle et le geste créateur d'une projection-reproduction de soi. Je me demandai aussi, sur le moment, si Benoît n'aurait pas projeté sur le bonhomme modelé des intentions castratrices destinées à l'un de ses frères. Mais sans doute n'en était-il pas encore à ce point de symbolisation. Quelques jours plus tard, je fus accueillie à la consultation par une infirmière réjouie qui m'annonça que Benoît parlait. Mais pas avec moi. Il avait entrepris des relations avec les enfants de son groupe, bien qu'il restât assez violent par moments. Il n'y avait pas deux mois que je le connaissais.

Je reçus les parents de Benoît qui l'avaient trouvé très changé lorsqu'ils le voyaient pendant les week-ends, et m'apprirent qu'en effet une petite fille était née quelques mois auparavant, naissance qui avait augmenté les comportements violemment agressifs de Benoît et déterminé son hospitalisation. La thérapie continua quelques mois. Avec moi, Benoît ne parlait toujours pas, il jouait.

Par la suite Benoît a suivi une scolarité normale. Il reste renfermé mais calme et actif. Il m'a très peu parlé, de classe et de chiffres – et ne dessinait plus.

Son dessin fut donc transitoire, le passage du toucher sensuel au toucher instrumental : la trace dentue de ses dessins figurait intuitivement des mouvements affectifs dont la ressemblance n'était que sensori-motrice. C'est le mouvement des objets internes décrit par la configuration graphique que mes « interprétations » ont mis en valeur. Mes mots, bien que jetés un peu au hasard dans cette situation précise, ont organisé les représentations d'objets et leurs relations. Le support tactile a été fondamental, d'abord par la malléabilité de la pâte à modeler, puis par l'appui du crayon sur une surface stable, représentative de la fiabilité de ma présence quotidienne, sur laquelle l'agressivité orale et anale pouvait laisser une trace sans détruire ma présence ni le lien du regard. Cette surface était aussi, pour Benoît, une surface de peau sur laquelle s'étaient étayées les sensations de parties du corps et distingués des orifices du corps tels que oreilles, bouche, œil, ou encore les dents et les seins autour desquels s'est construit l'espace corporel, en même temps que son espace psychique. Benoît a pu utiliser mes paroles qui nommaient les « choses » en les liant à des émotions et des affects. Elles ont servi d'organisateurs de son moi au sens que Spitz donne à ce terme. Les représentations que je lui ai fournies ainsi se sont rattachées à son vécu affectif refoulé par l'intermédiaire des traces figurées sur le papier.

Un corps pour Antoine

Antoine est une illustration de la proximité sensorielle qui s'exprime par le dessin entre les « choses » de la réalité, par exemple les produits du corps, et la structure psychique de l'enfant.

Il n'avait pas encore quatre ans lorsque je l'ai connu. Il ne parlait pas et montrait tous les signes de l'autisme : beauté angélique, regard perdu, absence de contact, fixation fascinée sur certains objets, tout particulièrement les crayons. Mais ce n'est qu'après trois ans de travail par la verbalisation de mon hypothétique compréhension et le contact corporel entre nous qu'un jour, délaissant ses chers crayons dont il fixait habituellement les arêtes avec obstination, Antoine prit le pinceau, les couleurs et partit, à ma grande surprise, chercher de l'eau pour peindre. Il utilisa pour cela le verre dont il ingurgitait avidement le contenu lors des séances précédentes. Il peignit ensuite intégralement la surface d'une feuille blanche, avec minutie, d'un enduit jaune. Puis il resta devant sa peinture, immobile, sans lever les yeux, les bras ballants le long du corps. Ma première surprise passée et ma première association dissipée, devant l'activité utile d'Antoine, j'associai immédiatement la couleur jaunâtre qui se déployait au pipi qui revenait souvent, lorsqu'Antoine avait bu force verres d'eau, au cours des séances antérieures. La première fois qu'il avait uriné, c'était sur mes genoux[1]. J'avais donc, de manière défensive de ma part, associé la surface jaune à la couleur du mur de la pièce peinte par l'enfant comme le mur élevé entre lui et moi, le mur du silence, le mur que j'élevais moi-même contre l'acte d'uriner. Mais à présent, le dessin reprenait, par la maîtrise de la main et du regard, un contact et une maîtrise qui avaient alors été inconscients. Ce jour-là, je fis part à Antoine de mon association pipi-couleur. Il ne manifesta rien, resta immobile encore un instant. Mais peu après, sans avoir beaucoup bougé, il peignit la surface d'une nouvelle feuille en marron ! Le dessin-trace se précisait donc, se solidifiait d'urétral en anal. Comme je parlais de cette précision, Antoine se mit à jubiler,

1. J'ai rapporté ailleurs (A. Anzieu, 1993) le sentiment que j'éprouvais moi-même par empathie avec l'enfant lorsque l'eau circulait entre sa bouche et son pénis. Cette circulation me paraissait rassembler des sensations autour d'un axe interne et se répandre à l'intérieur d'une enveloppe suscitée par l'échange sensuel entre le corps d'Antoine et mon propre corps. C'était comme un éveil libidinal, une tendance auto-érotique, issue du soutien de mes bras qu'Antoine recherchait pour entrer dans la pièce où il me retrouvait.

poings serrés, piétinant sur place et émettant des bruits de gorge. Comme s'il avait ressenti l'intériorisation tutélaire de la contenance du cadre signifié par la feuille de papier, les murs de la pièce et la parole de l'analyste. Ou encore le plaisir d'une excitation partagée.

Quelques jours après, il disait pendant une séance : « crayon ! » Puis d'autres mots isolés, et m'appelait maman. Je n'ai pas été en mesure de voir évoluer les dessins d'Antoine. S'apercevant que l'enfant me parlait, sa mère l'a repris : « S'il parle, qu'est-ce qu'il va dire ? » a-t-elle demandé. Je n'ai pas revu Antoine. C'est après coup seulement que je perçus le saut qu'Antoine avait fait dans la symbolisation. Est-ce lui qui a intentionnellement (il serait peut-être plus juste d'écrire : compulsivement) déplacé le ressenti de la miction au ressenti du contenant visuel de la couleur jaune ? La couleur, pour Antoine, est devenue l'expression d'une forme sans objet, telle qu'elle apparaît à Kandinsky, qui voit aussi dans le jaune une tendance à se rapprocher du spectateur. L'objet est « fondu » dans la couleur.

Il faut aussi rattacher à la couleur, donc à l'affect émis, la mobilisation musculaire du geste et le détour par l'instrument qu'est le pinceau. Ou bien est-ce moi qui, en verbalisant mon association pipi/jaune, ai déclenché la trace symbolique ? Je ne saurais le dire. Mais il faut croire que notre travail avait ouvert pour Antoine la voie de la symbolisation entre des perceptions sensorielles indistinctes au départ et la représentation. La main traçant la marque d'une sensation, laissée par un produit du corps, a de peu précédé la parole. Comme si celle-ci avait été libérée de l'inscription corporelle par le geste graphique. Il faut peut-être aussi comprendre dans cet incident d'une cure d'enfant psychotique, que le symbole est bien le partage d'un objet concret dont la relation réunit les deux parties séparées. Le dessin d'Antoine est le chemin entre les deux parties de l'objet/maman qui devient objet libidinal. C'est sans doute ce que la mère de chair et d'os d'Antoine n'a pas pu supporter.

J'ai, plus tard, retrouvé chez F. Tustin[1] la notion que « les substances corporelles sont des "faiseurs de formes" [...] Les "formes nouvelles" normales sont les éléments de base du fonctionnement affectif, esthétique et cognitif. Si les choses se passent mal à ce stade, alors on peut s'attendre à d'énormes problèmes. C'est ce qui est arrivé aux enfants autistes ». C'est ce qui est arrivé à Antoine. Le geste de dessin semble en être la preuve.

1. F. Tustin, 1989, p. 71.

La qualité de la couleur telle que la note Kandinsky, met en place la spatio-temporalité. Le spectateur est rapproché ou mis à distance par la nuance chaude (jaune) ou froide de l'élément coloré. Antoine est entré en « contact » avec mon propre corps par l'émission d'urine et passé du silence à la parole par la nuance visuelle mise en commun et verbalisée par moi.

Nous verrons, avec l'histoire de deux autres enfants, qu'en effet le dessin, chez l'enfant psychotique, est avant tout la recherche d'une « forme » sensorielle qui délimiterait un espace où loger les émotions ressenties par le corps. Cet espace n'est défini que par l'adjonction de la parole de l'analyste qui pose des noms d'affects sur les formes qui apparaissent et les délimite ainsi dans un espace psychique qui prend forme, lui aussi. L'analyste nomme aussi les choses ou les personnes auxquelles sont liés les émotions et les affects et qui peuvent ainsi parvenir à la représentation mentale.

La peau vide de Thérèse

À six ans, Thérèse, malgré une intelligence qui paraît normale, parle si mal qu'elle est incompréhensible en dépit d'un langage normalement structuré. Elle est instable, agressive, énurétique, opposante à l'école. « On ne peut rien en faire. » Il est vrai que sa mère, elle-même fort peu équilibrée, n'en a jamais rien fait : elle l'a mise, dès sa naissance, chez une nourrice d'où Thérèse est revenue à quinze mois rachitique, ne marchant pas et ne parlant pas. En quelques mois ce retard fut rattrapé. Mais la présence d'un nouveau petit frère à son retour au foyer, suscita chez la fillette une énorme agressivité. Après une fessée, se déclare une crise convulsive, unique. Mais à deux ans elle souffre d'une ostéomyélite qui la sépare à nouveau de la famille. Peu après son retour à la maison, naît un nouveau frère. Thérèse est si insupportable qu'on la place deux mois dans un centre pour enfants.

Dès les premières séances Thérèse s'accroche à moi dans un transfert narcissique idéalisant : elle recherche mon intérêt avec la même intensité, la même exigence que je l'ai vue avoir avec sa mère. Le fait que ma réponse soit positive exarcerbait sa revendication avide et pendant plusieurs mois, je travaillai à canaliser son agressivité et son avidité insatiable. Sa parole était devenue rapidement limpide.

Puis, un jour, elle s'est emparée de la peinture et du papier, toujours à disposition (les feutres n'existaient pas encore).

16 janvier. Thérèse n'est pas venue à la séance précédente. Elle arrive aujourd'hui très agressive dans ses attitudes, brusque, renfrognée.
Thérèse : « Tu ne m'as mis que deux feuilles. Où est mon dessin de l'autre fois ?» Elle n'avait encore jamais dessiné. On dirait qu'après son absence, elle veut retrouver une trace d'elle-même dans mon espace. Ce que je lui dis. Mais elle veut fuir, puis revient pour me frapper. Je dis qu'elle m'en veut parce qu'elle ne m'a pas vue à l'heure de la dernière séance et qu'elle cherche comment me retrouver. Elle répond qu'elle a tous les droits, et me provoque par des mots et des gestes agressifs. À quoi je réponds qu'elle a le droit, en effet, de dire et de dessiner puisqu'elle semble en avoir envie. Mais qu'elle n'a pas le droit de me frapper pour de bon, comme ça se passe à la maison. Je glisse cette allusion car elle me semble justifiée par son impulsivité qui déplace les actes au lieu de les transformer symboliquement, et les marques violettes qu'elle porte sur le bras. Comme elle veut partir, j'ajoute : « Si tu sors, tu ne me verras plus, et moi non plus, je ne pourrai plus te parler. »
Thérèse (effarée) : « Je ne viendrai plus ?»
A. Anzieu : « Tu as bien compris que si tu ne peux pas te contenter de faire semblant, comme on a dit, c'est comme si tu ne pouvais plus revenir parce que ça casse tout. »
Thérèse : « Alors on ne peut pas, sans le dire à maman...» Silence. Elle s'assoit et prend le pinceau. Elle dessine les deux maisons.
A. Anzieu : « C'est peut-être toi et moi, ou toi et maman...»
Thérèse recommence à râler : « On peut pas te dessiner. Tu dépasses la feuille !»
A. Anzieu : « Je suis assez grande pour te mettre dans ma tête et penser à toi. Ça peut tenir sur cette feuille. »
Thérèse raconte une histoire de malades dans sa famille (otites, angines), puis dessine sa mère, en noir – couleur qu'elle déteste, dit-elle.
Thérèse : « Elle est maig' maman. Ma sœur aussi le dit ; elle a pas un gros ventre, elle est pas costaud. »
A. Anzieu : « Tu crois qu'elle n'est pas comme Mme A., qu'elle n'est pas assez costaud pour te garder dans elle ?»
Thérèse réfléchit, puis reprend : « Je sais pas pourquoi je lui ai fait une robe noire, elle en a pas. Je dessine le bout de sa culotte, j'ai cru que c'était mon...»
A. Anzieu : « Ton papa ?»
Thérèse : « Oui, ça sera mon papa. J'ai mal à l'oreille. Regarde mon bonnet (qu'elle n'a pas quitté) est collé (ce qui est vrai). Mon père a une glande ici. » Elle montre son cou et s'approche tout contre moi et me raconte à voix très basse des choses sur sa sœur. Que je ne comprends

pas : une histoire de puces qui me fait penser, d'après ses gestes, à la masturbation. Je parle alors maladroitement de s'exciter avec sa sœur. Thérèse explose de rage : « Il faut tout dire, et tout de suite. Attends un autre jour ! On ne peut pas tout dire à la fois ; il faut du temps ; c'est comme pour grandir... etc. Je sais bien que tu comprends ça, c'est comme quand je suis en retard, tu attends. »
A. Anzieu : « J'attendrai aussi que tu puisses dire les choses. »
Thérèse se lève pour partir : « Au revoir... Merci... J'étais en retard ?»
A. Anzieu : « Oui un peu. Je t'ai attendue. »
Thérèse : « Ah, un peu seulement... au revoir. Merci. » Thérèse part en souriant.

Dessin 3.1 – Thérèse

Commentaire

Dans cette séance, le dessin sert évidemment de support aux associations. Il s'y manifeste d'abord le désir de cet appui concret qu'on retrouve dans le rapprochement corporel vers la fin de la séance : les deux maisons se touchent ; le papier, pour la première fois, étaye la trace de cette image de deux espaces clos avoisinants. L'une d'elles a une petite fenêtre noire, œil ouvert sur la tristesse, le noir de la réalité.

L'idéalisation de l'analyste ne peut être plus manifeste : « On peut pas te dessiner : tu dépasses la feuille. » C'est aussi un espace illimité dans lequel on peut loger le petit espace de l'enfant. Ce que répond A. Anzieu.

Puis apparaît, en contraste, la réalité maternelle, avec une main atrophiée, une autre hypertrophiée : peut-être celle qui frappe. Tout est noir du côté maternel. Thérèse n'apparaît pas si folle que ça lorsqu'elle se demande pourquoi elle a mis une robe noire à sa mère. Son inconscient se manifeste bien là: la noirceur de la réalité maternelle perce dans ses sentiments, ignorés encore, à l'égard de cette mère qu'elle ne sent pas assez « costaud » pour s'attaquer à elle.

Elle cherche alors un appui du côté paternel, d'une ébauche de triangulation. Mais l'échec est immédiat : il faudrait abandonner le rêve d'être aimée de sa mère. De toute manière, son père est tout à fait absent. Je n'ai donc rien relevé d'une possible dépression qu'elle ne soutiendrait pas encore.

De là pourtant, apparaît l'excitation (les puces) dont j'ai sans doute parlé de manière inacceptable pour l'enfant alors qu'elle s'était

approchée physiquement de moi. Peut-être mon contre-transfert m'a-t-il poussée inconsciemment à la mettre à distance. L'effet n'est pourtant pas négatif puisque la rage d'être incomprise semble faire surgir la logique imperturbable de la partie saine du moi : une vraie relation s'établit entre Thérèse et moi, Thérèse qui peut me demander, de manière stupéfiante de l'aider patiemment à grandir, et qui se fait confirmer par ma parole que je peux l'attendre, même si elle est un peu agressive, ou désespérée peut-être, par ses retards. Ce changement d'attitude pouvait me faire beaucoup espérer. Cependant, le clivage du moi qui apparaît dans cette séance n'a jamais permis aux deux maisons de se confondre en une seule.

Dessin 3.2 – Thérèse

Un an et demi plus tard, Thérèse refait ce dessin. Les maisons accolées sont toujours aussi vides, mais bleues. L'une d'elles s'est enrichie d'un toit marron, sans doute objet anal donc peut-être transformable, et d'une serrure d'où part un ruisseau ombilical chaotique jusqu'à son terme qui a débordé du côté où je suis assise. Le ciel est bleu. On dirait que le lien maternel s'est adouci, mais reste incertain. Pendant tout le temps de ce dessin dont elle ne parle pas, Thérèse qui a maintenant presque huit ans n'arrête pas de me critiquer, sans me laisser la place d'une parole, s'oppose à tous ceux dont elle parle, revendique vertement de prendre ma place, de faire avec moi ce que je fais avec elle (être sadique), de commander, de pouvoir me faire du mal. Elle ne met plus en actes, sauf oralement, ses identifications à un agresseur manifestement maternel. Mais les nœuds et les angles que le pinceau forme, comme des chaos, dans ce ruisseau bleu, sont autant de chaos à cette intentionnalité de bien-être infantile.

Je me contente d'écouter en approuvant de temps en temps, de supporter, sans forcer Thérèse à entendre une parole qu'elle ne peut accepter aujourd'hui. Puis, lorsque je signale l'heure de nous quitter, Thérèse reprend son sourire, comme moi, et me dit tranquillement au revoir, comme c'est à peu près l'habitude à présent.

Commentaire

Thérèse avait changé. Après plus de deux ans de psychothérapie, elle était devenue presque calme, acceptable à l'école où ses résultats n'étaient pas mauvais. L'énurésie avait disparu. Quant à sa parole,

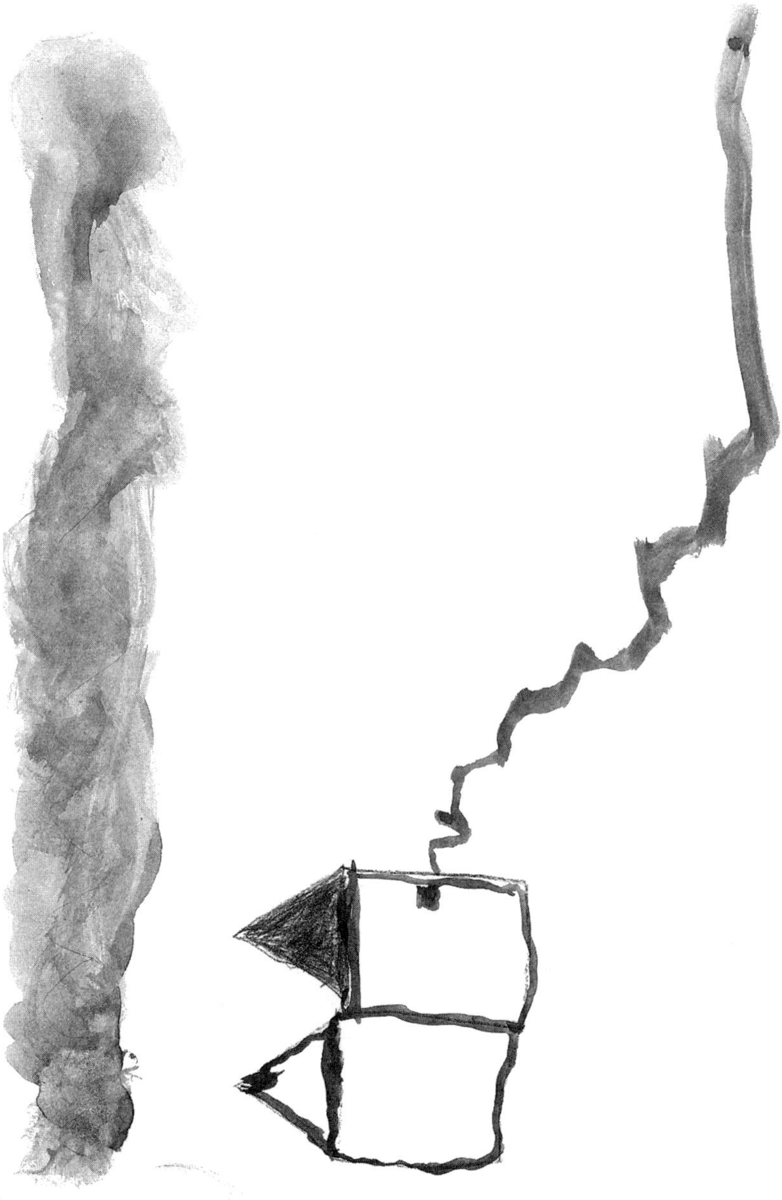

elle n'était plus dans le souvenir de personne comme la cause des premières consultations. Sa mère évoluait mal, vers une décompensation dans laquelle personne ne pouvait l'aider. Je savais qu'elle persistait dans sa violence envers la petite fille qui venait souvent avec des traces de coups dont elle ne parlait pas, sinon pour dire : « Les garçons m'ont encore tapée !» Elle semblait se réfugier près de moi, avec le poids d'un non-dit qu'il me fallait respecter, malgré une inquiétude qui gênait mon contre-transfert. Après les grandes vacances, Thérèse n'est pas revenue, malgré les tentatives faites auprès de sa mère.

D'emblée Thérèse avait pris la couleur et le pinceau comme des instruments de trace. Le dessin a exprimé pour elle l'en-deçà de la parole qui n'avait pas pu prendre forme auparavant. Seules les émotions sont expulsées, en particulier la violence agressive, le morcellement par coupure, sectionnement, chocs. L'écrasement aussi, que je comprendrai beaucoup plus tard. Devenue jeune adulte, Thérèse m'a retrouvée lors d'un congrès dans lequel elle avait réussi à s'introduire. Nous avons parlé d'elle et elle me raconta que sa mère la piétinait pour l'empêcher de venir à ses séances avec moi. Cette mère brutale craignait sans doute que la fillette ne dévoile les mauvais traitements qu'elle subissait, et que d'ailleurs j'avais soupçonnés. Mais l'enfant gardait bien le secret et ne me transmettait, à travers les malformations et les couleurs violentes de ses dessins, que ce qu'elle avait en commun avec sa mère : cet échange de violences, ce rejet réciproque qui les liait étroitement. Elle transférait sur ma personne la petite part de continence et de bien-être qu'elle pouvait préserver. Il n'était donc pas question d'y toucher. En parler aurait été la faire voler en éclats, à nouveau. Seule la trace peinte, en écrasant le pinceau pour bien la ressentir et l'affirmer, pouvait demeurer sous ma garde, lorsqu'elle me confiait dans son innocence et jusqu'à chaque nouvelle séance, une petite fille au regard bleu, infiniment triste, dans un entourage violemment rouge et noir.

Bien longtemps après, j'ai eu par trois fois l'occasion de rencontrer Thérèse. Elle arrivait à vivre, toujours avec cet objet maternel clivé : une Mme Anzieu idéale, peut-être restée telle grâce au transfert partiellement utilisé, et une mère vigoureusement détestée qui avait trouvé refuge à l'hôpital psychiatrique. Le moi de Thérèse, autant que j'aie pu le percevoir, restait tel que les deux maisons accolées, adhérant aux deux images dont l'une était la mienne idéalisée.

Commentaire

Il est caractéristique de la psychose de retrouver presque deux ans après le premier dessin, la même structure dans un dessin dont les variations sont minimes : la noirceur maternelle du dessin n° 1 paraît être remplacée par le cordon ombilical bleu, couleur de tendresse. Mais il reste bien problématique dans sa forme. Les deux maisons, les deux intérieurs, ne peuvent se confondre : l'image d'un intérieur féminin, maternel, n'est pas, pour l'instant, unifié dans l'espace psychique de Thérèse. Il reste douteux qu'il le soit jamais. Le clivage de l'espace interne ne semble pas réparable.

Le comportement et le discours de la fillette confirment cette situation : les traits d'entourage des espaces internes ne sont pas encore affermis, sauf en traits marron, là où une serrure peut fermer la porte. Comme si le sur-moi contraignant que Thérèse a intériorisé restait au niveau de l'analité, clivé du moi qui reste vide pour ne pas lui être soumis.

C'est cette parcelle de vide que protège Thérèse par ses défenses agressives et la projection à l'extérieur de ses contraintes internes qu'elle maîtrise peu à peu en intériorisant, dans sa thérapie, une bonne image partielle. Elle peut ainsi se socialiser au minimum et devenir acceptable pour les autres. À condition, me semble-t-il, de ne pas toucher au vide psychique qui n'est qu'un semblant : il dissimule les objets d'amour, plus ou moins morcelés sans doute, mais avec lesquels le rapport de la partie folle de Thérèse reste très étroit. La perte de cette union serait une dépression catastrophique, l'image de la non-existence originelle de Thérèse qu'elle retrouverait.

Claire et les grues[1] — Simone Daymas

Claire a vingt ans. Incitée par une mère artiste qui reconnaît et admire ses « dons artistiques », elle fréquente assidûment un atelier de gravure. Ses gravures étonnent, plaisent, sont trouvées belles et inquiétantes. Mais elles n'inspirent à Claire aucune considération

1. Le cas de Claire est rapporté ici par le Dr Simone Daymas, membre de la Société de psychanalyse de Paris, et responsable de la formation du psychodrame dans le département de psychanalyse de l'hôpital de la Salpêtrière, service du Pr Basquin.

particulière ; jamais hésitées ni retouchées elles sont livrées avec désinvolture. Ce sont pour elle des productions soulageantes, exonérations anales, aussi vite mortifiées que produites. Pour le psychanalyste s'expriment avec évidence dans ces dessins des fantasmes psychotiques proches de manifestations hallucinatoires sous-tendues par une maîtrise parfaite du trait et de la perspective.

Claire avait trois ans quand j'ai commencé sa psychothérapie. Cette psychothérapie a duré plus de dix ans et a créé entre nous une relation affective telle que cela nous permet, lors de ses visites actuelles (deux ou trois par an) de revivre les étapes de ces temps de séances, toujours au présent chez elle, du registre du souvenir chez moi. « Raconte-moi la sculpture », dit-elle par exemple. Il s'agit d'une sculpture en pierre dans mon bureau qu'elle vivait comme une poitrine dévorante.

J'ai gardé de cette époque quelques notes, des dessins, le sentiment d'un échange très érotisé avec l'impression d'avoir été – comme souvent dans le commerce avec des autistes – en deçà de sa créativité.

J'ai le souvenir d'un petit être diaphane, au regard lointain, déambulant avec une plume ou un fil. Quand nous avons fait « connaissance » à l'âge de trois ans, elle était indéfinie, assemblage de morceaux incohérents. Elle était transparente, sans contours, aussi nos premières relations furent de regarder ensemble, inlassablement, à travers des perles de verre transparentes, et aussi de faire émerger sous la pulpe du doigt des crins d'un fauteuil, que nous exhibions mutuellement, petite chose dure, qui naissait sous son doigt, à la limite du visible, sans dehors ni dedans, et qu'elle flairait avec jubilation.

Ce furent nos premiers jalons, dans l'évanescence. Elle était quasiment sans langage mais le langage apparut rapidement et d'emblée élaboré avec des périodes de mutisme durant plusieurs semaines.

Quand notre lieu de rencontre fut apprivoisé avec ses repères (objets d'attirance ou de répulsion), je proposai la feuille de papier et le crayon. Elle refusa assez longtemps puis me demanda : « Dessine. » Cette demande était l'équivalent de l'habituelle demande de l'enfant psychotique de prendre la main de l'adulte à sa place pour agir, mais le dessin, à la différence, laisse une trace et une temporalité; elle s'enhardissait : « Dessine Claire dans son lit, dessine Claire qui grogne, qui a des cauchemars. » Je dessinais et elle jetait un regard furtif sur le dessin. Puis elle prit le crayon avec toujours beaucoup d'excitation et d'inquiétude. Les dessins devinrent notre lien et le support de mon commentaire, qui essayait de canaliser ses bouffées d'affects désorganisateurs : elle criait, se tapait la tête, s'arrachait les cheveux.

Dessin 3.3 – Claire

Au cours de ces années elle ne pourra dessiner qu'elle-même, sans relation avec le monde environnant, mais avec moi la reconnaissant comme être pensant. Un de ses premiers dessins fut effectivement une forme humaine avec une grosse tête et un corps informe, sans limite, chaos morcelé ou intérieur anal sans contenant. Le dessin lui permit peu à peu d'exprimer ses fantasmes. Ceux-ci devinrent moins dangereux car, partagés avec moi, ils purent être laissés sur le papier puis regardés avec un début de distanciation.

> « Dessine Claire qui se coupe avec la vitre (elle avait, au cours d'une grande agitation, cassé une vitre avec son poing) ; dessine le sang, dessine aussi le sang de la vitre, les larmes de la vitre ; Claire est un raccommodage ; elle n'est pas morte mais vivante ; il y a un grand trou qui saigne. »
> « Dessine Claire ; elle devient rien du tout ; elle devient grande. » Je participe au dessin. « Docdoc (c'est ainsi qu'elle me nomme) devient rien du tout ; pauvre docdoc, elle redevient grande, elle va brûler au radiateur, elle devient rien du tout. » L'excitation monte au cours du tracé qui devient violent et meurtrier. Ceci semble lui permettre d'instaurer une ébauche de refoulement, ce qu'elle exprime en termes de temporalité : « Quand elle était petite, Claire ne voyait pas ; les bébés ne voient pas. Elle n'écoutait pas (en montrant ses oreilles) ; les bébés ne parlent pas. Elle était toujours tournée. Elle était sortie. Elle avait peur que l'os se casse. Elle est toujours solide maintenant, Claire. »

Dessin 3.4 – Claire

Cette évolution est contemporaine d'une période de mutisme et de refus du dessin jusqu'au moment où, dessinant moi-même un personnage morcelé, elle prend le crayon, rattachant soigneusement les membres en disant « bien attachés ». Les préoccupations hypochondriaques se manifestent alors dans des dessins qu'elle colle sur la feuille, comme si, collée à moi ou appuyée contre moi, elle se découvrait un intérieur. Elle dessine un visage avec une bouche-anus ; ce sont des têtes qui crachent, qui font caca ; elle ne supporte aucune allusion à l'allaitement au sein, elle ne veut pas boire, refuse de faire ses besoins aux w.c.

Elle peut dire : « Je fais pas assez de salive dans mon ventre ; j'ai la langue sèche. La voix est là (en montrant sa gorge), elle peut pas sortir, il y a la luette. » Autour du corps, dans ses dessins, il y a maintenant une peau, mais l'intérieur n'est qu'excréments. « Claire c'est de la crotte, Maman c'est une crotte, Docdoc c'est une saleté » (en riant). Apparut ensuite la « corne », soit accrochée à son visage, soit en appendice, soit dans son ventre, soit « la corne de Papa », attribut d'autant plus phallique que Claire l'associe aux « bouts dehors » des voiliers dont elle a la phobie et l'obsession, évitant de s'approcher des maquettes de voiliers dont son père fait la collection. Nous n'étions pas dans le registre d'une constellation œdipienne mais dans celui de l'incorporation, ébauche de structuration narcissique sans véritable intériorisation.

L'écriture (et même la lecture) fut acquise très facilement. Elle écrivait avec jubilation mais ne traçait que son prénom. Les lettres étaient aussi corporelles que son image et devenaient des morceaux vivants d'elle-même dont elle découvrait qu'elle pouvait jouer à volonté. Ainsi, « le A saigne, dit-elle, le I fait rire, le L est la corne de Papa... ».

Suivit toute une période où le psychisme de Claire fut entièrement envahi de « bestioles ». Elle les dessinait sans trêve, vers de terre ou méduses à longs appendices. « Ce sont des bestioles lourdes... elles ont de grandes dents... Elles ne mordent pas. Elles détestent me mordre, dit-elle, tout en essayant, en riant, de me mordre la tête ! J'ai peur d'être dans l'eau et de ne plus voir clair. » Elle paraissait avoir acquis le pouvoir de maîtriser toutes ces bestioles, c'est-à-dire de pouvoir projeter au dehors, multipliées et minimisées, ses angoisses de morcellement et de destruction.

Claire semblait avoir acquis une certaine identité mais le niveau pulsionnel restait (et sans doute reste toujours) auto-érotique. Pas d'instance sur-moïque, pas de place dans une suite transgénérationnelle, même si par moments elle pouvait dire : « Qui empêche de revenir en arrière, de rapetisser ? » et, condescendante : « Il faut que je fasse attention, qu'il y ait un petit enfant pour que Daymas ne s'ennuie pas. » Puis, un peu déprimée : « Tu ne sers à rien quand je monte en haut de la tour Eiffel. » À ce moment-là son moi devint grandiose, mégalomane. Rien n'était assez haut pour elle. Elle se dessinait « Claire sur la tête de Dieu ».

Quelque temps plus tard, toujours soumise à ce moi idéal exacerbé, elle grimpait (à la sauvette) en haut de grues de chantier, ou de mâtures de voiliers et elle allait déféquer tout en haut. Elle dessina longtemps ces grues.

Ces quelques séquences s'étalent sur les quatre premières années de la psychothérapie. J'en ai isolé artificiellement des moments où le dessin participe à la construction du moi non seulement par ce qu'il apporte au thérapeute de confirmation théorique, de support au contre-transfert, mais aussi par lui-même.

Comment définir dans cette cure d'enfant gravement psychotique la place spécifique du dessin et sa valeur thérapeutique ?

Le dessin est d'abord, pour le patient, une décharge sensorimotrice ; il n'y place aucune image d'autrui ou de soi-même. Ce premier trait est l'analogue du cri. Le cri, décharge d'excitation, signe d'effroi, n'a pas de contenu représentatif. Mais à la différence du regard, qui peut faire disparaître à volonté, l'oreille ne peut se soustraire à l'agression sonore.

Le dessin est de l'ordre du visuel mais, chez l'enfant psychotique, encore loin de l'image et de la représentation. Pourtant il laisse une trace et l'effort de l'analyste est de vivifier cette trace, de lui donner un sens pulsionnel, de s'y nommer comme objet et d'organiser ainsi une ébauche de représentation. Ceci n'est possible que lorsque le dessin devient un trait d'union entre le patient et son analyste : la feuille de papier est le cadre sécurisant de la relation, le contenu, une complicité affective et la suite des dessins une histoire qui peut être contée.

Commentaire

Annie Anzieu

Le cas rapporté ici par S. Daymas illustre clairement certaines situations de l'enfant psychotique.

Celui-ci a incorporé des sensations, dans son développement précoce. Mais, soit qu'un incident traumatisant ait arrêté ce développement, soit que l'environnement n'ait pas été capable d'en soutenir le processus, l'enfant n'a pas pu continuer le développement harmonieux de son moi. Les sensations ont gardé leur valeur corporelle sans pouvoir être liées aux objets qui les ont déclenchées, ni aux affects qu'elles auraient provoqués : elles n'ont pas amassé une nouvelle couche au moi, elles ne se sont pas intériorisées.

Lorsque Claire monte en haut d'une grue de plusieurs dizaines de mètres, elle éprouve des sensations érotiques si fortes qu'elles annulent le vertige. Ce n'est bien sûr pas la grue métallique en soi qui provoque l'émotion de la jeune fille : c'est l'idée qu'elle va prendre la place du grutier, ou plus exactement « jouir » du grutier. Cette jouissance, qui n'est pas mentalisée mais corporellement ressentie, laisse son objet à l'extérieur de la conscience, le déplace sur un représentant qu'on peut dire symbolique (la grue objet phallique) et finalement se traduit par une défécation dans laquelle l'objet phallique est ramené à l'objet anal, dévalorisé et éjecté. Rien ne reste à Claire de cette expérience substitutive d'un coït fantasmatique avec son père. Elle n'en fait aucune relation avec les objets d'amour. Ses propres frontières corporelles ne sont pas définies dans cet acte : « pas localisées dans l'espace extérieur » comme l'écrit F. Tustin. Elle éprouve seulement une jubilation infantile à reconstruire cet espace fantasmatique avec son analyste comme à s'auto-générer avec le soutien concret de la personne de l'analyste. Elle en dessine les traces, aussi précises que possible, comme à la recherche d'un contenant visible qu'elle pourrait ainsi intérioriser pour rassembler les parcelles de soi liées aux sensations. Seule l'analyste, par son propre regard et sa parole peuvent, en fait, fournir ce contenant, encore qu'instable, comme volatile, qu'il faut remettre en « forme » à chaque séance. Même la parole qui décrit les choses et tente de décrire l'expérience vécue n'est pas une « forme » adéquate. Circonstance qui confirme que le langage exprime un niveau formel de symbolisation plus évolué que le dessin. Il n'y a pas de différence essentielle entre la technique d'analyse qui s'applique à la psychose et celle qui concerne la névrose ou les pathologies narcissiques. L'interprétation est placée à un niveau précoce de structuration du moi. Elle doit, comme dans toute psychanalyse, intégrer le mode transférentiel actuel. Il faut cependant pouvoir mesurer l'impact de ce transfert sur le contre-transfert de l'analyste. Le transfert psychotique dans sa violence suppose chez l'analyste à la fois plus d'empathie avec les souffrances précoces, et de distance dans l'appréciation du ressenti du patient et la formulation utile qui peut lui en être retournée. Il suppose aussi la longue patience pour que se tisse l'enveloppe dont l'intérieur fécond peut lier entre elles les parties éparses et fragmentaires d'un psychisme éclaté. Lorsqu'Antoine peint une surface jaune, que signifie-t-il à mon regard attentif ? On peut faire l'hypothèse avec G. Haag qu'une partie clivée du soi, le fond, peut parvenir à figuration. Alors que la figure elle-même reste clivée, cachée, inaccessible, la substance affleure de la carapace autistique, comme un surinvestissement, sur un vecteur urétral inconscient, que la main maîtrise vaguement. Comme l'émergence d'un auto-érotisme.

En ce qui concerne le dessin des enfants psychotiques, le niveau d'intégration du moi, souvent très élémentaire, détermine le mode d'interprétation. Il est caractéristique de l'enfant psychotique de ne pas avoir les moyens de la représentation symbolique, sans doute parce que les pulsions qui effractent l'enveloppe ne peuvent être qu'agies ou déniées, mais pas refoulées faute d'un pare-excitation à l'origine. La position de la triangulation œdipienne ne fait donc pas partie des fantasmes exprimés et interprétables pour l'enfant psychotique, sauf sous des formes parcellaires qu'il faut bien se garder d'interpréter dans le registre habituel à la névrose. Ce genre d'interprétation, dont l'analyste peut éprouver l'envie sous l'effet d'un contre-transfert « normalisateur », ne peut entraîner que des dégâts : soit par exemple une réaction d'opposition violente immédiate, soit encore la construction d'un faux self abusivement «œdipifié ». Des interprétations hâtives, au-dessus du niveau d'intégration du moi d'un enfant, renforcent les angoisses et les structures défensives pathologiques en insistant sur la nécessité des clivages.

Nous avons pu constater que le dessin psychotique ne change pas de thème malgré l'évolution apparente de l'enfant dans sa psychothérapie. Le fantasme fondamental, objet de la jouissance délirante et de l'angoisse de la partie saine du moi, reste exprimé dans les mêmes formes après des mois de travail. Les variations perçues tiennent à la mise en conteneur des objets internes peu à peu extraits du chaos initial, à leur rassemblement, partiellement logique, partiellement incohérent, à leur mise en communication par des liens devenus repérables.

L'expérience nous apprend que l'interprétation de l'analyste, quels que soient le soin qu'il y apporte et son habileté, ne modifie pas la structure initiale du moi déjà établie lorsque l'enfant la manifeste en dessinant. Freud écrivait déjà en 1915[1], lorsqu'il rédigea ses réflexions sur l'analyse de l'homme aux loups, qu'« il ne faut pas mettre à la disposition de l'enfant trop de mots et de pensée… ». Et cependant il pensait qu'il ne s'agissait que de la névrose infantile du seul patient adulte qui lui ait donné un dessin. Il est vrai que l'inertie ou la forclusion de la construction psychotique produit parfois chez l'analyste un sentiment d'impuissance, de « vidage » qu'il est difficile d'utiliser efficacement pour interpréter. Les cas de Claire et de Thérèse confirment l'immobilité de la part du moi qui s'est

1. S. Freud, 1909, p. 326.

morcelée dans l'état psychotique. Cet état a été déterminé par des incidents plus ou moins graves dans la relation précoce avec l'image maternelle, sans doute par la défaillance de l'environnement maternel dans les nécessités du handling. La psychanalyse précise certaines représentations, aide le patient à rassembler certaines parties clivées de son moi, à accoler des affects à des émotions qui cependant, ne permettent pas suffisamment des identifications stables. Le patient peut acquérir un peu de souplesse dans le rapport de certains de ses objets internes, ce qui atténue sa violence réactionnelle.

Dans cette situation, le dessin reste une sorte de « forme », de Gestalt, qui devient la trace du contenant recherché par le moi pour sa partie éclatée et les objets qui y sont disséminés. C'est cette modification qui se manifeste dans la facture du dessin au fur et à mesure de la thérapie : le trait s'affirme, des formes sont closes et rattachées les unes aux autres. Les défenses contre l'éclatement et le morcellement se construisent ainsi, sur la base solidifiante de l'appui sur la feuille et sur la présence de l'analyste. Ce dernier peut parvenir à nommer des affects liés à l'expérience du ressenti évoqué par les lignes et les couleurs du dessin. Mais il est souvent impossible de dépasser certains clivages du moi et des objets du moi. Le dessin prouve cette séparation radicale par son tracé et le patient ne peut parvenir à l'ambivalence qui se confondrait pour lui avec le chaos originaire.

Chapitre 4

L'INTERPRÉTATION PSYCHANALYTIQUE DES DESSINS DANS LA CURE DES ENFANTS

Annie ANZIEU *(et. al.)*

PSYCHANALYSE ET DESSINS D'ENFANTS

Le travail est un peu différent lorsque l'enfant qui nous est confié se présente à nous avec une névrose « ordinaire ». Même si les bases théoriques de l'interprétation analytique et l'utilisation de la position transférentielle demeurent l'essentiel de la technique, il reste que nous avons affaire à un refoulement déjà établi, et à des distorsions défensives qui se manifestent sur un mode symbolique au moyen des symptômes. Alors que chez un enfant psychotique les défenses ne font pas appel au refoulement et que la pulsion est directement mise en acte. La technique d'analyse est donc immédiatement influencée par le niveau de l'organisation psychique auquel s'adresse l'analyste.

Il n'est pas de mon sujet de discuter ici l'interminable question qui porte à distinguer *névrose infantile* et *névrose de l'enfant*. Ma position, pour simplifier ce problème, est que la névrose infantile fait partie du développement normal de l'enfance, dont l'axe essentiel est le « complexe » œdipien, avec tout ce qui s'y rattache, et quel que soit le moment plus ou moins précoce de la vie auquel on pense le voir se manifester.

Une évolution banale de la névrose infantile aboutit, tant bien que mal, à la période de latence, que je préfère nommer *position de latence*, en référence à la notion kleinienne de position. Cette distinction signifie que les conflits intra-psychiques soulevés par la réapparition de mouvements dépressifs au cours de la vie, trouvent pour issue un processus qui sera suivi d'un réinvestissement de cette forme de relation sur un mode nouveau. Ce processus, dont je n'approfondis pas ici le cheminement, ressemble à l'aboutissement de la période œdipienne, telle que Freud l'a décrite comme l'entrée en latence chez l'enfant. Il transforme la relation du sujet à ses objets internes et facilite l'abandon des liens conflictuels.

Par contre, une névrose chez un enfant se manifeste par des symptômes révélateurs d'un conflit psychique. C'est avec cette pathologie que l'enfant nous est conduit, la symptomatologie semblant une « greffe » sur la névrose infantile, un nœud dans le fil du développement psychique. C'est dans cette construction inadéquate que l'analyste va peu à peu pénétrer avec l'aide de l'enfant, pour tenter d'y remettre de l'ordre.

Le mode de perturbation auquel nous avons affaire avec des enfants entre six et douze ans environ met en relief la discontinuité de leur développement affectif. C'est dans cette période de leur vie, en effet, que doit s'effectuer l'abandon des positions œdipiennes et l'investissement de nouveaux objets d'intérêt permettant l'accès à la connaissance intellectuelle et à la vie sociale.

La psychanalyse s'adresse à des enfants dont la névrose peut être décrite à partir de leurs symptômes. Ceux-ci sont le signe que le processus de maturation affective s'est enrayé. Ils déterminent l'indication de la psychothérapie, et son style.

Les causes de la rupture évolutive sont très variables : des processus de séparation peuvent être bloqués par des incidents de la vie, et entretenir l'attachement précoce à l'objet maternel. Un traumatisme peut avoir arrêté la formation narcissique primaire et l'intégration du moi. Parfois aussi le changement d'objet d'amour n'a pas pu se faire aisément, ou bien encore des difficultés d'intériorisation identificatoires n'ont pas permis une individuation suffisamment solide et la différenciation des sexes.

Il existe encore bien d'autres conflits psychiques qui provoquent chez l'enfant des symptômes gênants pour sa vie et son entourage, et entraînent l'inquiétude de ses parents et de ses enseignants.

C'est de ce type d'enfants que je vais à présent livrer quelques exemples, en limitant cette étude à ce que le dessin peut révéler et permettre à l'analyste.

De la momie au dragon : Joseph[1]
(relaté par A. Anzieu et V. Richard)

Je cite la thérapeute :

« Joseph a sept ans et demi lorsque la psychothérapie débute. C'est un petit garçon mince et brun ; sa vivacité, son contact ludique voire moqueur, son air futé frappent d'emblée. Mais sa pâleur, ses yeux cernés, son instabilité donnent aussi l'impression que c'est un enfant inquiet.
Lors du premier entretien proposé à ses parents, ceux-ci évoquent quelques problèmes concernant Joseph :
– son attitude de refus face aux apprentissages scolaires, ses difficultés dans le domaine écrit et dans l'apprentissage de la lecture ;
– ses "difficultés de comportement". Joseph refuse d'obéir à toute autorité et parviendrait à se faire rejeter par tout le monde (maîtresse, parents…) ;
– ses peurs (du noir, d'entrer seul dans sa chambre) qui l'empêchent de s'endormir ou de se déplacer hors de chez lui, si ce n'est accompagné de certains objets ;
– ses problèmes de sommeil (réveils fréquents la nuit, cauchemars).
[…] Il semble que cet enfant ait été désiré, bien accueilli et choyé. Joseph a marché à treize mois. Il a été propre de jour à deux ans, de nuit à trois ans. Il a parlé relativement tard : à vingt-trois mois, il ne disait encore que deux ou trois mots.
Dans ses premières années, il a souffert d'otites, angines et laryngites et semblait souvent ne pas entendre ce qu'on lui disait ou ne répondait pas aux questions. Cependant plusieurs examens de son audition n'ont rien révélé d'anormal.

1. Le cas de Joseph m'a été rapporté pendant sa durée par Valérie Roumengous-Vichard, dans le cadre du département de psychanalyse de l'hôpital de la Salpêtrière, service du professeur Basquin.

Joseph a été mis à la crêche à trois mois et demi sans problème apparent. Mais à quatre ans, à la maternelle, on remarque qu'il prend la parole à tout propos, sans aucune censure. La psychologue scolaire s'est alors un peu occupée de lui.
C'est en cours préparatoire qu'ont débuté ses difficultés scolaires : il était lent, mélangeait les sons, manquait d'attention et paraissait rêveur. Il a alors été aidé dans ses devoirs écrits. En outre, une orthophoniste s'est occupée de sa dyslexie et d'une mauvaise articulation phonétique.
Joseph a été un bébé toujours très lent. Cette lenteur s'est remarquablement accrue à la naissance d'un frère quand Joseph avait cinq ans.
À son entrée en cours élémentaire première année l'état de Joseph entraîne la consultation des parents, la décision d'une psychothérapie pour l'enfant, et d'entretiens réguliers pour sa mère. »

Dessin 4.1 – La momie

Après sept mois de psychothérapie, il y a eu les grandes vacances. Peu après le retour, Joseph dessine « le roi des Égyptiens dans sa tombe ». En retournant la feuille, il met la momie dans un sarcophage, puis marque en rouge des traces de sang qu'il veut effacer bien vite. Il ajoute les couleurs dans le haut du dessin. La thérapeute n'intervient pas sur le contenu du dessin. Elle parle à Joseph de sa crainte de montrer qu'il peut exprimer des sentiments agressifs, comme si la violence de ses pensées avait un pouvoir destructeur. Lorsqu'il veut effacer le sang, elle remarque qu'il a peut-être peur de la quitter en laissant près d'elle des pensées violentes.

Les caractères symboliques de ce dessin peuvent être décrits et interprétés comme suit.
– Le premier dessin est tracé d'une seule couleur, marron, d'une ligne continue. La base est nette, rectiligne. Ces caractères du tracé manifestent une rigidité, un besoin d'appui solide. La couleur suggère l'analité, le rapport obsessionnel aux représentations du corps qui ne doit pas ressentir des pulsions trop vives. Ceci évoque l'instabilité précoce de Joseph et son incapacité à être attentif. Mais aussi, peut-être, si l'on envisage l'expression d'un transfert, le besoin de contenir de façon étroite l'objet et les affects qui lui sont destinés. On peut penser qu'après l'absence de l'analyste pendant les vacances Joseph a envie et craint de la retenir.

Le visage de la momie est triste, ridé. On remarque que seule la tête est pourvue d'un contenu. La petite flèche recourbée sur le sommet peut représenter, par exemple, le repli de la pensée sur soi-même.

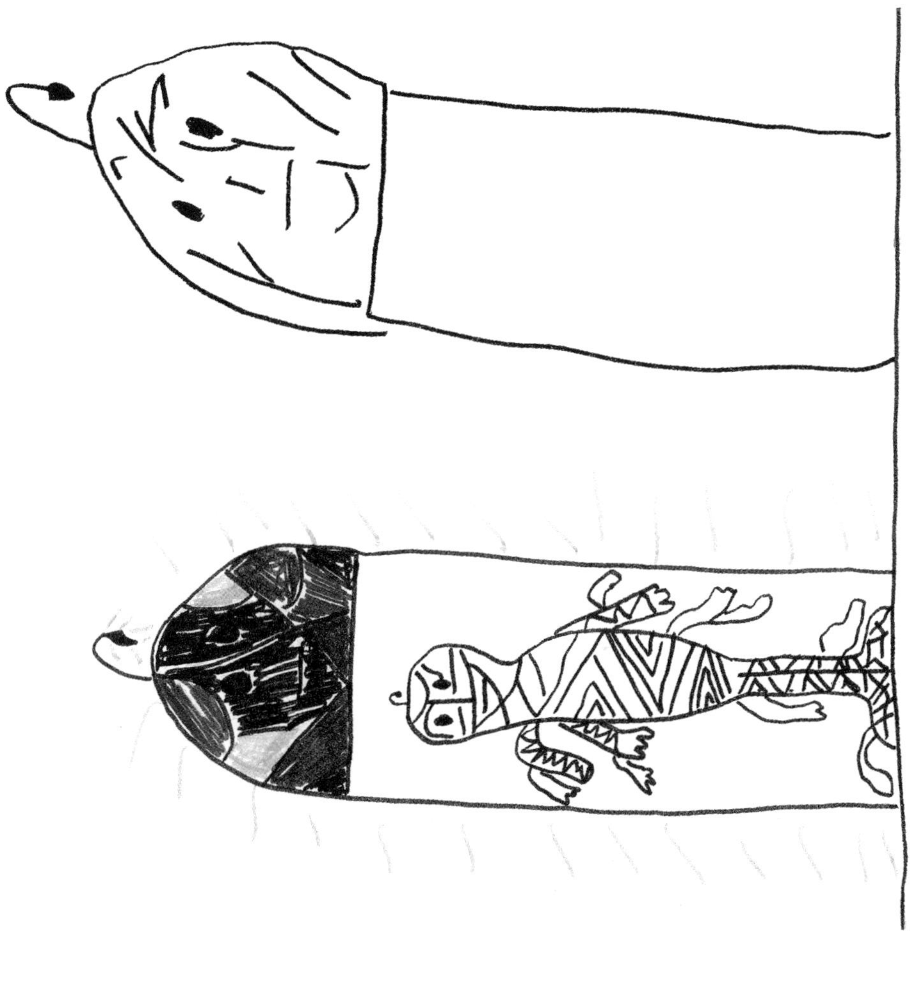

Le vide du corps, figé, évoque l'absence de ressenti émotionnel, le vide dépressif, coupé des sensations.

– La deuxième face du dessin s'est animée dès que la thérapeute a parlé de la crainte d'exprimer des sentiments violents. On tourne la page sur la dépression puisqu'elle est entendue par l'analyste, qui en devient le contenant, et est utilisée comme pare-excitation contre la souffrance et la violence.

L'étayage fourni par la compréhension des affects non exprimés (crainte et violence) permet à l'image de manifester les effets de la pulsion agressive : la momie a des bras, un visage dont la bouche est fermée de bandelettes (allusion semble-t-il aux difficultés de parole de Joseph). Les jambes sont solidement appuyées sur le sol. Tout le corps est contraint par les bandelettes, mais celles-ci craquent et se desserrent. Le visage a des yeux.

Le haut du sarcophage qui enferme soigneusement ce personnage qui se débride, prend des couleurs. On y retrouve un visage et la petite pointe de pensée renversée, vraisemblablement châtrée. Mais les couleurs vives sont méticuleusement cloisonnées. La violence des affects se retrouve dans cette vivacité, concentrée dans la tête. Sans doute vivacité des fantasmes, mais aussi du caractère de l'enfant, décelée par l'analyste dès la première rencontre, et qui a jusque-là été durement réprimée. D'où la lenteur qu'a toujours manifestée l'enfant, par refoulement des représentations dynamiques qu'inspire sa vitalité d'enfant aimé de ses parents.

On peut penser qu'il craignait de contrarier sa mère, peut-être de la déprimer, en montrant une grande activité motrice.

Cette activité a peut-être été associée inconsciemment par la mère à la représentation de la virilité. L'enfant aurait alors intériorisé une part du sur-moi maternel. Les activités musculaires chez les garçons sont en effet signe d'une force souvent confondue avec l'agressivité sexuelle. L'enfant peut avoir perçu la crainte ainsi évoquée chez sa mère par son identité masculine, et en a réprimé les manifestations : la momie, image de lui-même, est une personne ligotée et enfermée, qui ne bouge pas. Cette communication inconsciente expliquerait sa lenteur et le retard de parole. La thérapeute, en évoquant les affects sous-jacents au sens symbolique de l'image, desserre la contrainte affective inconsciente et procure une image maternelle capable de supporter la violence.

Les deux dessins de la momie seront souvent repris par Joseph au cours de séances parfois espacées.

Ils révèlent :

- une angoisse de mort au moment des séparations (les vacances répètent la mise à la crèche et la naissance de la sœur) ;
- la crainte d'être transformé par la relation avec la thérapeute si les pulsions sont libérées ;
- une représentation de soi en tant qu'objet anal, donc mort et rejeté, qui va peut-être changer car la tête reste vivante. La pensée va peut-être fonctionner.

Dessin 4.2 – Le dragon

Nous retrouvons Joseph à peu près un an et demi plus tard.

Le dessin numéro 2 est effectué par Joseph lors d'une dernière séance avant l'interruption des vacances d'été.

Le dragon est sorti d'un trou dans le ciel. Il mange un homme. Un autre personnage lui offre de la viande. Un oiseau à plusieurs pattes attrape une femme.

L'analyste intervient : « Ton dessin me fait voir ton inquiétude avant notre séparation. Peut-être tu peux avoir l'impression, quand nous nous quittons, que je pourrais être méchante comme ce grand dragon vorace, et que je voudrais t'attaquer. »

Un peu plus tard dans la séance, elle interprète le côté projectif du monstre en disant que Joseph peut aussi se sentir en colère à cause de la séparation, et qu'il peut craindre que sa thérapeute ne supporte pas bien cette grande colère.

L'enfant manifeste alors son accord avec cette manière de le comprendre.

L'analyste aurait pu comprendre aussi que l'oiseau qui a plusieurs pattes représente l'enfant avide de la garder en sa possession, de l'agripper, et encore de la torturer par vengeance.

On peut penser aussi qu'il donne de sa propre chair pour contenter ce monstre dévorateur qu'il projette dans l'analyste-mère. On retrouve dans ces images les notions de rétention et d'agressivité figurées déjà par la momie dont Joseph avait effacé le sang. Mais ici, l'agressivité est projetée vers l'extérieur. Elle est devenue éclatante, monstrueuse, manifestement débordante. Cependant un petit nuage foisonnant de couleurs douces est en vue à l'horizon.

Le travail de l'analyste est ici centré sur l'angoisse du petite garçon qui craint de ne pouvoir la contenir en dehors de la présence tutélaire pendant un assez long délai. Le monstre peut submerger la capacité de son moi à maintenir le désordre intérieur que provoquent les sentiments d'abandon. Joseph, à présent, a un contenu psychique, d'autant plus vivement ressenti qu'il est d'une grande violence destructrice. À l'idée de la perte d'une image parentale rassurante, il craint l'afflux des affects désorganisateurs. L'image dessinée lui est utile parce qu'elle met sous la surveillance du regard de l'analyste la trace de sa monstruosité encore mal gérée.

Dessin 4.3 – Le monstre volant

Six mois plus tard, nous retrouvons à nouveau Joseph et le dragon.

Lors d'un retour de vacances, celui-ci réapparaît. Dans ce dessin, sous la direction du diable, le monstre attaque une femme.

La thérapie de Joseph est commencée depuis plus de deux ans et demi. Le garçon a maintenant dix ans. Il parle en dessinant : « C'est un monstre volant qui attrape quelqu'un par la tête. C'est une femme. Elle a des cheveux noirs (comme l'analyste). À côté du monstre, le fils du diable, un monstre à deux cornes, très grosses, qui dit à l'autre monstre de faire du mal à la femme. Derrière le petit diable il y a le papa diable, en colère, qui donne une fessée à son fils parce que celui-ci lui a emprunté son monstre. »

Il n'est guère possible de décrire et d'analyser chaque détail de ce dessin très riche en représentations figurées. On remarque cependant, quant à l'aspect formel, que le trait reste énergique, que la couleur est toujours absente, que les formes humaines se sont précisées et développées, que l'expression des visages est terrifiante, que la scène est très expressive, qu'enfin le dessin représente deux niveaux, qui sont séparés par un trait horizontal : la nuit, le rêve, le monstre volant et, en bas, les bas-fonds de l'inconscient où se retrouvent les images parentales.

Quant au sens symbolique, il est multiple et peut être donné à plusieurs niveaux. Il est clair que Joseph est à présent capable de recentrer son agressivité et ses désirs sadiques liés à l'abandon sur des phantasmes œdipiens exprimés directement dans le transfert (la femme aux cheveux noirs). Il projette sur l'analyste ses désirs

sadiques de vengeance pour l'avoir abandonné au profit du « diable ». La mainmise sur les pensées de l'analyste est clairement exprimée, et sera notée par une phrase de l'analyste en même temps que l'inquiétude ainsi soulevée. Mais ce diable est, en fait, une image paternelle. Image qui évoque les craintes de castration et les identifications homosexuelles (les mains sur le sexe et la fessée). D'autant plus que la revendication phallique apparaît dans ses deux cornes imposantes, sa queue, ses poils et son regard concupiscent.

La scène primitive sadique, ainsi mise en image, manifeste l'évolution de Joseph vers une disponibilité psychique plus grande à ses fantasmes et les manipulations d'une situation conflictuelle triangulée. Tout ceci laisse augurer d'un assouplissement des défenses, qui restent encore très obsessionnelles et d'une possibilité assez proche d'élaborer les séparations avec la fin de cette psychothérapie, envisageable dans un délai encore indéterminé.

Dessin 4.4 – Les boxeurs

Lors de la dernière séance avant les grandes vacances, Joseph a fait des dessins de combats sportifs (rugby, karaté). L'analyste a constaté qu'il y a toujours une lutte lorsqu'ils se quittent. Lutte entre eux, et dans les pensées de Joseph.

Au retour des vacances, après deux mois d'interruption, Joseph revient à des personnages sportifs. Ce qui permet à l'analyste de faire le lien avec la dernière séance avant les vacances. Julien confirme et annonce en souriant qu'il va dessiner des boxeurs (dessin 4.4).

Il dessine deux boxeurs dont l'un est mis « KAO ». C'est le Français qui gagne. Joseph ajoute alors des couleurs : du rouge aux bottes, au short et aux gants de boxeurs ; du bleu à trois angles du ring ; les drapeaux, les vêtements de l'entraîneur sont orange et vert. Puis Joseph raconte une histoire : le petit boxeur veut se battre contre l'hypermastoc. Il va donc voir son père qui l'encourage à s'entraîner. Le père part se baigner.

Le jeune boxeur s'entraîne. Alors l'hypermastoc le sollicite pour se battre. D'abord, le petit, surpris de sa force, gagne. Mais finalement il est battu par le mastoc.

Le petit boxeur retourne voir son père qui l'encourage et qui va dormir. L'histoire continue ainsi pendant plusieurs séances. Il me

KAO!
EUH

semble que la répétition de cette histoire est à la fois la recherche d'une interprétation des divers aspects de la relation entre le père et le fils telle qu'elle est représentée au départ par ce dessin. Mais aussi un lent travail d'élaboration qui se fait dans l'esprit de Joseph quant à cette relation et aux perceptions qu'il peut recueillir grâce à son dessin. La figuration est ici le support direct du travail d'élaboration.

En effet, que pouvons-nous percevoir des conflits actuels de Joseph et de leur transfert sur l'analyste, à travers le tracé, la couleur et la symbolique de son dessin ?

Si nous comparons ce dessin avec ceux dont il a été question précédemment, nous pouvons constater que les commentaires associatifs verbalisés par le garçon sont de plus en plus clairs et, par ailleurs :

- que la scène se déroule dans un espace défini, clos, marqué en *trois* points (et non pas quatre comme il serait possible dans une logique autre qu'œdipienne) ;
- que le problème est centré sur le *petit* boxeur, le fils, qui doit régler des comptes avec un autre (le dessin de la bouche est agressif, le geste direct et phallique) ;
- que le rival ou adversaire est plus grand que le fils, mais dévalorisé par le terme de mastoc ;
- que le petit est « surpris » de sa force, dit Joseph dans son commentaire, mais le dessin affirme la supériorité du fils ;
- que l'image de l'adversaire paternel est divisée en deux figures : l'une intérieure à l'espace triangulé, qui est agressée et vaincue ; l'autre, extérieure à cet espace, est rassurante et souriante ;
- que le K.O. est la victoire sur l'image sur-moïque dangereuse ;
- enfin qu'on peut donc comprendre l'entourage du ring comme l'espace transférentiel dans lequel peut se dérouler ce combat, avec des limites sécurisantes et l'image paternelle bénéfique et étayante extérieure au combat, que peut être l'analyste.

Du reste, dans le commentaire de Joseph, le père va « dormir ». Donc il fait confiance à son fils quant à ses moyens de vaincre, de supporter le conflit, de se sentir capable de mettre en œuvre une agressivité contrôlée et de venir à bout de son adversaire intérieur, et la conquête d'une virilité acceptable pour un fils. Il semble qu'on ait là l'image d'une fin de traitement. Ce qui s'est d'ailleurs amorcé à cette époque entre Joseph et sa thérapeute.

Une petite fille abandonnée : Lili M.[1]
(relaté par A. Anzieu et M. Boussange)

Lili M. va avoir douze ans lorsqu'elle arrive à notre département avec le projet d'une psychothérapie qui se met en place avec Martine Boussange. Lili M. est venue des pays de l'Est. Actuellement, elle manifeste un état dépressif accompagné d'inhibition scolaire et verbale.

Nous allons avoir à faire beaucoup de travail contre-transférentiel pour échapper à la « séduction » à laquelle nous sommes soumises par l'histoire et la vie actuelle de Lili M. Nous sommes prises dans les nécessités et la fascination de la reconstruction, et nous verrons comment cette séduction est utilisée par Lili M. dans ses dessins.

Lili M. est conduite à la consultation par l'une de ses tantes, sœur de son père et seul représentant de la famille en France. Cette dame raconte des événements qui jalonnent la vie d'enfant de sa nièce. Lorsque Lili M. avait huit mois, ses parents se sont séparés. Restée seule avec une mère déprimée et alcoolique, la fillette fut retrouvée quelques mois plus tard dans un état d'isolement et de dénutrition qui a motivé le retrait du droit de garde à sa mère.

Lili M. retourne alors vivre avec son père et la mère de celui-ci, qui se décharge d'eux en organisant un nouveau mariage pour son fils. Cette nouvelle union va se défaire aussi. Lili M. reste avec cette « maman » et une demie-sœur. Mais elle est abandonnée un jour, au domicile d'une de ses tantes. Il nous est impossible de savoir comment, de tante en tante, elle échoue dans une institution religieuse en France. Son père, réfugié politique, avait fui en France la persécution subie par sa famille dans son pays. Lili M. avait perdu la trace de sa mère.

Le père de Lili M. est retourné auprès de sa mère lorsque la fillette arrive à la consultation. La grand-mère paternelle décède à cette époque et nous n'aurons plus de nouvelles du père.

Le début de cette thérapie nous a placés dans une situation habituellement embarrassante par le poids de la réalité extérieure, de l'histoire des traumatismes répétés que l'enfant a subis et par l'induction d'un « contre-transfert écran » qui submerge l'imagination

1. Le cas de Lili M. m'a été rapporté pendant la durée de sa thérapie par Martine Boussange dans le cadre du département de psychanalyse de l'hôpital de la Salpêtrière, service du professeur Basquin.

du thérapeute et des personnes qui entendent parler de l'enfant pour participer à l'aide qu'on lui apporte. La « neutralité » de l'analyste est mise à rude épreuve et les bruits qui se répandent sans cesse sur la situation actuelle de son patient forment un écran devant le transfert et la situation *hic et nunc* de l'analyse.

L'âge, le caractère et l'intelligence de Lili M. participaient beaucoup à la séduction qu'elle pratiquait grâce à son histoire, la privation de la présence paternelle, la réactivation des expériences de détresse et les rappels symboliques ou réalistes qu'elle en faisait. Notre premier souci a été de repérer dans les dessins de Lili M. et le discours qui les accompagnait, quelles projections de sa part pouvaient nous procurer une base d'interprétation. Il nous fallait établir, pour la fillette comme pour l'analyste, un sentiment de continuité et de distanciation suffisant pour percevoir les conflits intra-psychiques dans le transfert et les dissocier du vécu historique, pour les lier au vécu fantasmatique.

L'une des questions persistantes au cours de cette thérapie est restée, justement, celle de l'installation d'un cadre stable. La situation matérielle de Lili M. n'était jamais suffisamment sûre pour qu'elle puisse être certaine de continuer ses séances. De ce fait, la thérapeute se sentait elle-même entraînée dans la répétition des abandons.

Dessin 4.5 – La fée bleue

Lili M. a pu évoquer sa jalousie à l'égard de sa « maman » et de sa petite sœur, restées à ce moment avec le père.

Lili M.: « Ce sont des fées de chaque couleur. Elles regardent une autre qui a toutes les couleurs. Une seule n'est pas jalouse, celle-là » (la bleue, seule en haut).

Alors que Lili M. a jusqu'ici dessiné des personnages masculins, en commençant par le visage, elle dessine ses « fées » en partant du socle de la robe. Ceci donne un faux sentiment d'assise, puisque rien ne repose sur le sol. Peut-être est-ce aussi le même sentiment qui peut se relier à des images de fées, qui n'ont guère de réalité matérielle. Elles figurent un contenant creux dans lequel le vide de la dépression ne permet pas la figuration d'objets. Ceux-ci courraient peut-être le risque d'une attaque destructrice qu'il est plus rassurant d'ignorer. Lili M. trace le contour de la robe, puis celui du corsage et enfin celui du visage qu'elle achève par les yeux.

Le corsage, en forme de cœur, a sans doute été évoqué par l'analyste qui, devant le vide des personnages, a tenté d'introduire une relation émotionnelle en parlant de « cœur-sein » maternel. Comme si Lili M. avait intériorisé une forme de figuration de l'image maternelle à laquelle elle puisse se lier par la trace sinon par le contenu. L'analyste a cependant éprouvé la sensation d'une dynamique pulsionnelle dans la technique du tracé de bas en haut. Dans l'aboutissement aux visages, dont certains sont très expressifs, on peut aussi comprendre la recherche d'un accès à la pensée des émotions.

Dans un registre parallèle, le choix des couleurs laisse entrevoir l'apparition de nuances sentimentales : la seule fée qui sourit est bleue, couleur du bien-être dans le regard maternel. Les affects sont ainsi répartis sur plusieurs images qui en disséminent l'intensité. L'image sur laquelle se concentre la jalousie est la seule multicolore : on peut supposer que le support transférentiel fourni par l'analyste favorise cette possibilité. L'analyste idéalisée est indirectement concernée.

Lili M. rentre des vacances d'été déprimée et inhibée. La séparation a été longue. Elle a séjourné chez son père et trouvé une famille reconstituée par celui-ci et dont elle s'est sentie exclue : on ne l'a pas gardée. Ce rejet réactive et répète les multiples abandons et disqualifie l'image maternelle. Lili M. est blessée dans son narcissisme d'enfant et de fille.

Pendant la période de reprise des séances, Lili M. parlait peu, en français, bien sûr, alors qu'elle avait depuis peu et pendant tout l'été, retrouvé la pratique de sa langue maternelle. Mais l'usage du français et du dessin surtout lui ont permis de se distancier des représentations d'images maternelles très confuses qu'elle projetait alors sur sa thérapeute.

Celle-ci doit assumer un contre-transfert lourdement chargé de la dépression de l'image maternelle que lui communique Lili M. Une mère absente par son alcoolisme autant que par sa dépression, image de la première enfance, qui réapparaît sans doute dans des réminiscences sensorielles, mais qui est aussi reconstruite et fantasmée comme un recours agressif contre les ressentis pénibles de l'abandon.

Les dessins manifestent par leur tracé bien net, minutieux, les tentatives de contention de manifestations hystériques toujours très présentes dans le comportement de la fillette, comme une revendication de l'intérêt d'autrui. La couleur exprime la richesse affective, mais disperse l'excitation qu'elle provoque dans une imagerie dont les représentants sont irrémédiablement à distance. On est plus proche de l'énumération des objets que d'un scénario les mettant en rapport.

Dessin 4.6 – Le petit chien

Au bout de plusieurs semaines cependant, après des arches de Noé multiples, dans lesquelles les animaux ne se touchaient jamais, Lili M. entreprend une bande dessinée dont le dessin va occuper plusieurs séances.

Avant de commencer Lili M. ne savait pas quoi dire. Puis elle a raconté une histoire de dispute avec une amie, et a demandé : « Je peux dessiner ? J'aimerais dessiner et danser toute la journée. » La thérapeute attend un commentaire qui vient avec, déjà, l'évocation des prochaines vacances et d'un éventuel retour dans son pays.

Lili M.: « C'est une dame qui achète un petit chien. Elle est gentille avec lui mais le chat n'est pas content. Alors il casse quelque chose et la dame croit que c'est le petit chien, et elle le renvoie. Un monsieur qui chasse, l'attrape et l'emmène dans un cirque. S'il ne fait pas bien ce qu'on lui demande, on lui donne des coups de fouet. J'arrête là. » À la question de la thérapeute elle répond qu'elle ne sait pas la suite. L'analyste parle de la difficulté de supporter l'incertitude des sentiments comme des situations.

Commentaire

Nous avons là un exemple riche de dessin qui à la fois évolue comme un rêve, et manifeste de nombreux éléments de transfert. La figuration est, de toute évidence, le but de cette formation imaginaire. Elle met en évidence le niveau d'excitation sensori-motrice contenue, réprimée, refoulée aussi, qui occupe l'espace psychique de Lili M. Le dessin est choisi par la fillette comme un mode d'expression qui facilite chez elle l'expression des désirs : elle est plus proche de son inconscient que dans son discours conscient. Elle satisfait aussi un besoin de motricité idéalisée qui se présente dans la représentation de la danse. Les figurations de mouvements sont très nettes dans le dessin et permettent, par le détour du geste de la main, une évocation déculpabilisée des sensations corporelles. Le symbolisme est riche : la dame (mère et analyste), le chien (enfant dévalorisé, mais aimé), le chat (fratrie jalouse mais aussi partie jalouse de Lili M.).

Le déplacement des affects sur les images apparaît comme dans les rêves. Par exemple l'amour pour l'enfant est représenté par l'achat du petit chien (ce qui exclut la scène primitive, problématique pour Lili M. du fait du départ précoce de sa mère) ; la nourriture généreuse ; la brisure de l'objet (un vase : image de corps, aussi bien narcissique que maternel) ; la trahison (le chat laisse accuser le chien : culpabilité et ambivalence) ; enfin le rejet par renvoi du chien. L'affectivité intense se manifeste aussi dans la richesse des couleurs, des éléments de chaque scène, de l'expression des visages et de la dynamique fort expressive des personnages.

La condensation apparaît d'abord dans le contraste entre le commentaire verbal, extrêmement succinct, qui apporte seulement le substrat du scénario, et la richesse de la dynamique et des contenus de ce dessin.

Lili M. éclaire pour nous la technique de la mise à distance que permet le dessin dans la situation de transfert.

La dernière image (n° 8) dont Lili M. dit bien qu'elle a « arrêté » ses images, est celle d'une télévision devant laquelle nous la voyons de dos (donc l'expression du visage et l'émotion nous échappent), et dont elle tient la commande.

L'enfant maîtrise par sa main et son regard l'expression des émotions qu'elle veut bien livrer à sa thérapeute sous la forme d'images figuratives.

Fort justement l'analyste n'intervient pas sur le contenu, trop proche de la remémoration d'éléments historiques actuels. La fillette peut ainsi être confirmée dans sa possibilité de maîtriser ses tendances à une émotivité qui la déborde. D'autant mieux que l'analyste fait allusion à la difficulté de cet état intérieur proche du déclenchement de la dépression.

La situation réelle, l'incertitude d'une continuation possible de la cure, ne permettent pas à l'analyste, pour l'instant du moins, de laisser Lili M. se déprimer trop fortement. Il est préférable de l'aider à constituer des défenses contre son excitation démesurée et maniaque en confortant des images encore extrêmement confuses. À la suite de cette séance, Lili M. est souvent absente. Ce qui nous fait de nouveau craindre l'arrêt du travail thérapeutique. Lors d'une séance, elle a repris ses dessin. Certains sont pour elle très étranges et même méconnaissables. Elle pense que ce ne sont pas tous les siens mais reconnaît que ce n'est qu'une illusion. Bref, elle a changé.

Mais un jour elle revient à sa bande dessinée. Elle hésite à se rappeler si elle l'a terminée. Ce que l'analyste interprète en disant que Lili M. ne sait pas si elle est restée dans son souvenir, à cause de ses incertitudes habituelles : ne pas l'avoir finie, c'était dans l'intention de revenir.

Lili M. dessine longuement en silence. Puis elle raconte :

Lili M. : « La dame a vu le petit chien à la télé. Elle gronde le chat mais ne veut pas le mettre dehors car c'est aussi un peu sa faute à elle. Seulement il n'aura que de l'eau, jusqu'à ce qu'elle retrouve le chien. Le monsieur lui dit de suivre les traces de l'eau qui coule pour le retrouver (ce sont les larmes du chien)... Et elle cherche... Le monsieur, c'est un voyant... ».

L'analyste : « As-tu une idée de la suite ?»

Lili M. : « On ne connaît pas la fin. Elle est à sa recherche. »

L'analyste fait alors allusion à l'histoire de Lili M., à ses départs successifs, où elle s'est sentie perdue. Le chemin pour se retrouver passe entre elle et Lili M., va de l'une à l'autre.

Lili M. : « Avec maman (sa belle-mère) on s'aime pas et aussi on s'aime. »

Lors d'une séance, par la suite, Lili M. achève son histoire : les retrouvailles entre la dame, le chien et le chat. La dame, consciente de son erreur, les nourrit et leur fait une belle piscine où ils se sentent très bien. Par la suite, Lili M. en vient à des princesses recherchées par un prince.

Commentaire

La condensation du dessin dans sa totalité évoque l'histoire de la vie de Lili M. La bande dessinée se présente comme une reconstruction du passé, avec la mise en place de l'image de soi, plus ou moins dépréciée puis réparée, de l'image maternelle, inconfortable objet d'amour et de haine, très nettement ambivalente, mais pas détériorée. Le monsieur, enfin, est à la fois objet réparateur, appui de l'enfant qui pleure et objet du transfert solide de Lili M.

La fillette a, comme il est normal à treize ans, du mal à abandonner la mythologie infantile et les positions orales où elle se réfugie, peut-être même, avant d'envisager l'amour d'un prince, est-il plus rassurant de se retrouver dans la piscine maternelle, que la continuité de la présence du thérapeute a rendue confortable et imaginable.

Le support du dessin, métaphore du support psychique fourni par l'analyste, est devenu une représentation en soi, un appui que Lili M. peut intérioriser et utiliser ; cet intermédiaire moteur et figuratif sous-jacent au langage associatif met en évidence des relations aux objets et la mouvance d'affects trop investis pour dépasser le niveau pré-conscient.

Les interprétations qui sont évoquées par la richesse figurative n'ont pas toujours à être verbalisées par l'analyste. La parole de celle-ci, pour être entendue par Lili M. doit se limiter à soutenir l'effort du moi pour aborder les représentations restées anxiogènes parce que violemment refoulées.

Le mode de dessin utilisé en permanence par Lili M. permet de retrouver des traces anciennes, laissées dans la sensibilité du très jeune enfant par des expériences traumatiques. À condition que l'analyste se contente de soutenir la construction de base des images en étayant les efforts contre la dépression.

Malgré la riche figuration élaborée par une pré-adolescente fort intelligente, la construction de ces dessins laisse apparaître les défauts du narcissisme précoce. C'est ainsi que parmi les dessins qui ont précédé la bande dessinée, tel celui des fées, le contour des objets figurés reste extrêmement linéaire, très marqué. L'opposition figure/fond est remarquable : le blanc de la feuille n'est jamais recouvert, comme si l'appui restait vide, « sans fond ». Souvent les animaux dessinés sont posés sur l'espace blanc sans lien apparent, disséminés dans le vide.

Nous retrouvons des éléments, dans une forme secondarisée, des observations de G. Haag sur les tracés des tout-petits qui manifestent par des traits appliqués mais souvent tremblants, leurs efforts pour construire l'image de leur espace interne et de l'enveloppe qui pourra le contenir.

Les désarrois du petit Louis
(relaté par A. Anzieu et C. Signoret)

Louis[1] va avoir huit ans. Depuis l'âge de six ans et demi il est en psychothérapie avec la personne qui m'a parlé de lui.

Je ferai d'abord son portrait actuel, après deux ans de psychothérapie. Il suce son pouce d'une manière tellement érotique qu'il est gênant dans sa classe. Bien qu'il ait encore beaucoup de mal à écrire, on l'a admis en CE1, mais il arrive fréquemment qu'il n'ouvre

1. Je me suis entretenue du cas de Louis avec Ch. Signoret-Dalströhm dans le cadre du département de psychanalyse de l'hôpital de la Salpêtrière, service du professeur Basquin.

même pas son cartable. Par contre, il est brillant dans le travail oral. Par ailleurs, il boite de manière incompréhensible, il renifle ses doigts avec attention, il parle avec son pouce dans sa bouche, il n'a pas d'amis. Même à la maison, il reste isolé parmi ses trois sœurs.

Ce portrait fait penser à un enfant psychotique. D'autant plus que ses parents nous apprennent, en ce qui concerne à présent son passé, qu'une angine dont souffrait sa mère a provoqué un sevrage brutal à l'âge de deux mois. Après quoi le bébé a vomi de manière abondante jusque vers un an. Il n'a marché qu'à dix-sept mois et lorsqu'il marchait à quatre pattes, il ne posait pas les genoux à terre, de manière bizarre. Quand il avait vingt mois, une petite sœur est née. Mais lorsqu'il a retrouvé sa mère après cette naissance, il ne l'a pas reconnue et, par la suite, il ne voulait plus la voir. Il a en même temps présenté des troubles respiratoires et a même fait une crise d'asthme, a commencé à être terrifié par les bruits ménagers (en particulier par l'aspirateur, phobie qui persiste encore, bien qu'atténuée). Il était aussi pris d'horreur à la vue des petites bêtes, ce qui est un passage assez normal chez les petits enfants, mais avec une moindre intensité. La maman signale aussi des jeux sexuels avec la sœur qui le suit, celle dont la naissance a été catastrophique pour lui. Mais elle ne semble pas voir là de raisons d'intervenir.

À l'école maternelle, vers l'âge de trois ans, il est instable, déconcertant, il dit des choses bizarres et parle sans retenue. Il ne comprend pas, ou ne semble pas pouvoir respecter les normes de la discipline. Poussés par le milieu scolaire, ses parents ont déjà consulté. Ce qui avait entraîné une série d'entretiens qui dura quinze mois, avec une personne qui dut s'arrêter pour accoucher. Ce que nous savons par ailleurs des angoisses de Louis à la naissance de sa sœur, nous donne à penser que ces circonstances ont dû être pour lui une pénible répétition, et nous fait soupçonner, avec sa thérapeute actuelle, que cet enfant souffre encore d'angoisses autistiques. On peut supposer que, dans son passé, le *holding* maternel n'a pas été suffisant pour contenir les angoisses primaires occasionnées par les traumatismes du sevrage, puis de la naissance de la sœur. Impression renforcée par le désintérêt de la mère envers les jeux actuels entre Louis et sa sœur.

Tout cela va nous fournir une base de connaissances pour comprendre les désarrois du petit Louis et interpréter les images angoissantes qu'il fabrique au cours des séances. Dans une séance de thérapie, il faut toujours essayer de relier ce qui apparaît du transfert sur le thérapeute et sur le cadre, avec la référence à d'autres séances ou à ce qui nous est connu de l'enfant, et à quoi il peut lui-même se référer.

Pour comprendre les associations qui ont été faites sur les dessins que je vais présenter ici, il faut pouvoir se rapporter à ce que Louis a manifesté dans les séances précédentes.

Il est toujours très angoissé par des craintes de vidage : se vider, être évacué. Il fait éprouver à son analyste un sentiment permanent d'évacuation qu'il associe parfois au fait d'être un garçon, ce qui n'est pas bien, dit-il. Il dit par exemple : « Les filles, elles, ont des couettes » et le reste de son discours entraîne le sens qu'il craint d'être évacué parce qu'il est un garçon, et que ses sentiments de castration ne se limitent pas à son sexe, mais à la totalité de son corps propre, de son être. Il cherche sans cesse à ce que la thérapeute le regarde lui-même et pas son dessin : il a besoin d'être retenu par le regard de Mme S.

Nous allons voir ce que ses dessins peuvent exprimer de ce genre d'angoisse, et comment la thérapeute peut éventuellement les utiliser.

Dessin 4.7 – Les araignées

Les deux dessins sont tracés recto-verso sur la même feuille. Le premier, en rouge, représente une araignée dans sa toile ; inquiétante, elle attend ses proies pour les dévorer. Le moi inconscient de Louis se manifeste par le fait que le corps de la bête est confondu avec sa toile, son entourage : on peut dire que Louis cherche à construire une défense dans son propre corps et son espace psychique, contre les craintes de dévoration et d'engloutissement qui l'assaillent. Pendant qu'il dessine, il se tient tout près de la thérapeute, mais sans la toucher : la crainte du contact est aussi exprimée par l'enfermement dans la toile. Des fils tendus et une sorte de chaîne relient ce contenant vide au cadre extérieur à la feuille, sans doute Mme S.

Au dos, le deuxième dessin manifeste clairement la construction des défenses : l'araignée apparaît, avec des yeux, une bouche et des pattes. Image du visage maternel, du corps maternel dans lequel Louis se sent encore incorporé fantasmatiquement. Autour de cette image affolante il construit un espace bleu (donc maternel) cloisonné et encerclé de multiples fortifications. Ceci évoque les clivages

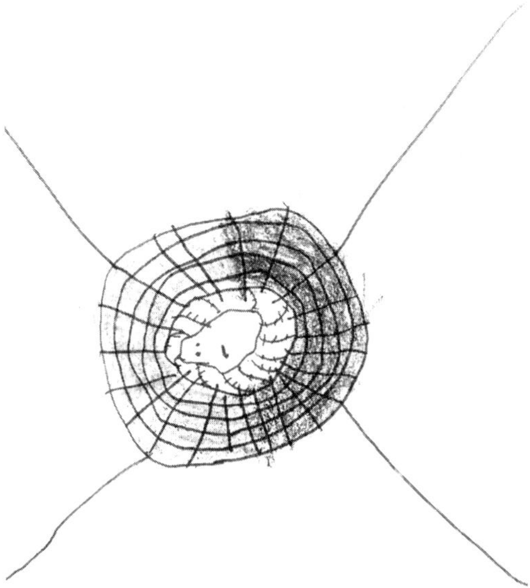

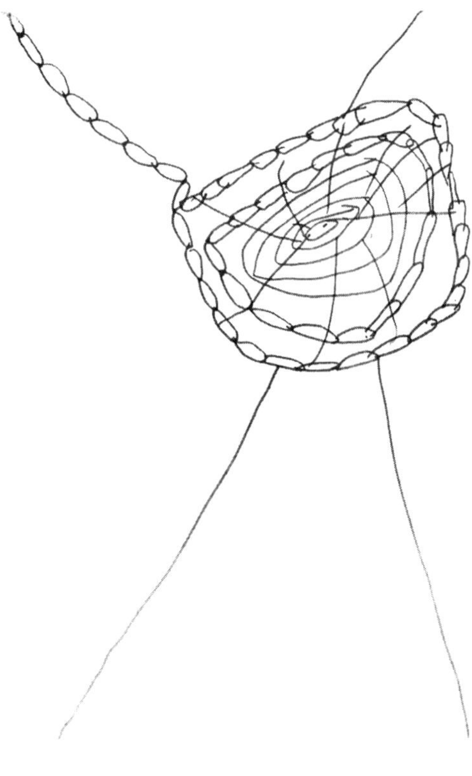

nécessaires à la protection du moi et à la construction des catégories de pensée que Louis a pu protéger et qui se retrouvent dans son efficience orale, catégories nécessaires aussi à la différenciation des produits du corps, qui sont rejetés, de ceux de l'esprit qui sont conservés parce qu'immatériels. Ceci peut expliquer l'incapacité de Louis envers le langage écrit qui serait la matérialisation d'une déjection intellectuelle. De nouveau quatre fils rattachent la représentation aux quatre coins de la table. Le support du cadre et de la feuille sont en effet indispensables au raccord des fantasmes et à leur maintien dans une zone limitée. Cette zone peut aussi représenter le cadre qui contient l'analyste elle-même objet de crainte, de désir et d'identifications.

L'analyste est intervenue sur la nécessité de bien enfermer ce qui est mal, de diviser ses idées pour en rester le maître, et de maintenir la distance du centre où se tient l'araignée dangereuse. Ceci fait allusion à la nécessité d'enfermer les délires autistiques dans un espace du moi qui préserve la possibilité de la pensée si elle est clivée du reste de l'affectivité. C'est grâce à ce mode de fonctionnement que Louis peut parler et emmagasiner des connaissances, mais ne peut entrer en relation avec des enfants, ou encore supporter une trace écrite qui reste toujours pour lui celle d'une déjection parentale dans laquelle il se reconnaît. La parole de l'analyste exprime sa compréhension de la souffrance de l'enfant, et renforce les mouvements actifs de la partie du moi qui construit des défenses nécessaires contre l'angoisse. Son regard maintient en permanence la vie dans l'espace interne de l'enfant.

Dessin 4.8 – Le portrait de la thérapeute

Deux semaines plus tard, Louis fait le portrait de sa thérapeute, qui remarque avec admiration comment le petit garçon peut projeter sur elle sa bouche meurtrie par la privation du sein et par les fantasmes d'engloutissement envieux que sa détresse de ce moment a pu susciter en lui. On retrouve la nécessité du clivage, du cloisonnement rassurant, dont la figuration prend appui sur les lambris réels qui tapissent le mur derrière la thérapeute. Tout est géométrique, raide. On retrouve les yeux et la bouche informe, avec le bouton-mamelon incrusté dans ce vide, qui crée l'angoisse. Les mains-palmes et le corps vide, séparé de la tête à forme de casque, montrent par l'énergie du tracé et la rigueur de la forme, les efforts de contenance que peut faire Louis. Seul, le rouge informe de la bouche et les dégoulinades jaunes (l'énurésie épisodique) laissent penser à l'horreur de ce qui échappe au contrôle de l'enfant. L'analyste compare cette grande bouche molle avec la dureté du mamelon en se souvenant des théories de F. Tustin, un mamelon perdu dans ce vaste appel à la dévoration. Ceci rappelle aussi les vomissements qui ont suivi le sevrage, et qui ont sans doute contribué au sentiment de vidage, d'évacuation par une bouche incontinente, de ce qu'elle recevait et qui était devenu inacceptable. Mais ce bouton-mamelon est peut-être aussi le noyau auto-érotique central du narcissisme naissant de l'enfant, noyau autour duquel le cri de détresse jaillit, mais qui rassemble à présent une enveloppe de rêverie dans la tête de l'analyste.

Louis a dessiné tout cela avec son pouce dans la bouche, comme si ce petit recours auto-érotique était déjà une récupération des satisfactions perdues et toujours espérées. L'intériorisation des premières images maternelles partielles (bouche - œil - mamelon) ne s'est pas faite harmonieusement. La thérapeute est coupée en deux au niveau de la ceinture. Même si Louis prétend la représenter assise, il nie de cette manière la différence des sexes et les angoisses de castration. Cependant tout ce portrait est la construction d'une défense, ne serait-ce que par le fait de projeter ce cri déferlant sur le visage de l'analyste qui va lui retourner, au contraire, la solidité de la construction, l'étayage paternel signalé par les traits verticaux du fond (Louis est très attaché à son père), et la bonne organisation de cette image pour le petit garçon perdu qui crie « au secours ».

Les dessins de Louis sont exemplaires de la figuration du cheminement psychique qui peut s'accomplir au cours d'une analyse d'enfant. Il a fallu près de deux ans pour que Louis puisse figurer de façon quasi explicite les divisions qu'il a créées dans son esprit pour mettre à l'abri des fantasmes de destruction de soi, une partie de son existence psychique. Il accède à la ressemblance d'un tracé non pas avec un objet de son environnement, mais à la ressemblance entre un certain objet, utilisé symboliquement comme objet commun avec l'analyste, et ce qu'il peut décrire de son état psychique. Dans les petits casiers de la toile d'araignée, il a placé des morceaux de pensée accrochés aux mots, liés entre eux par des fils solides et logiques appuyés sur le cadre : la famille, l'école, les rythmes de la vie. Mais il ne parviendra à placer des affects dans l'espace vide que lorsque le nom de la peur lui sera venu par la bouche de son analyste. C'est alors que la densité affective peut se matérialiser par la couleur rouge, et l'espace énorme du vide se remplir du cri. Le point d'ancrage à l'existence, ce mamelon précocement perdu, hors du souffle, apparaît comme le lieu de l'excitation, persistance du minimum libidinal qui soutient le corps et ses contenus. Ce point rouge devient, lors de la séance, le point d'ancrage à la présence de l'analyste, petit feu rouge dans la circulation entre le vide intérieur et le vide extérieur, point d'arrêt du délire sur la sensation que réhabilite le pouce dans la bouche, tété comme la parole de l'analyste.

L'estomac d'Élisa[1]
(relaté par A. Anzieu et D. Fessaguet)

Élisa va avoir huit ans. Depuis un an elle vient régulièrement à ses séances de psychothérapie deux fois par semaine. Elle a été hospitalisée à l'âge de deux mois pour une gastro-entérite grave. Par la suite, elle a continué à souffrir de gastro-entérites à répétition. Lorsqu'elle a eu sept ans, devant son état somatique insurmontable, le pédiatre l'a adressée à une psychothérapeute. C'est cette dernière qui m'a parlé du cas d'Élisa.

La fillette a donc actuellement huit ans. Elle souffre d'anorexie, et se présente de manière grave, glaciale, sans charme, extrêmement maigre. Sa thérapeute la croit toujours au bord de l'évanouissement. Elle ne mange pas seule, et il faut utiliser une petite cuillère pour la nourrir car elle a peur « de se faire mal au corps ». Elle refuse, en plus, de manger certaines nourritures, par exemple les épinards, ce qui n'est pas rare à cet âge, mais Élisa se fait facilement vomir dans une situation de contrainte.

Ce tableau est celui d'une anorexie grave de la petite enfance. L'analyste a évoqué les idées de Kreissler sur les bases organiques de l'anorexie en se référant à la gastro-entérite du premier âge. Mais on peut supposer une défense contre-transférentielle contre l'inquiétude et les sentiments d'impuissance que suggère l'état d'Élisa. Si nous voulons comprendre en analyste les séquelles psychiques de cette souffrance somatique, nous pouvons dire que la douleur corporelle provoquée par des infections peut, en effet, déterminer chez un bébé très jeune des émotions de persécution, qui sont incons-

1. Élisa m'est racontée en supervision par Dominique Fessaguet dans le cadre du département de psychanalyse de l'hôpital de la Salpêtrière.

V

VI

VII

VIII

ciemment attribuées aux objets d'amour, objets partiels qui vont devenir les supports fantasmatiques des réactions persécutives. Dans le cas d'Élisa, il est possible que ces réactions émotives aient été projetées sur la nourriture représentative de la relation entre la fillette et sa mère. Tout ce qui pénètre en elle risque, en effet, de lui faire mal au corps, tout est devenu mauvais, à tous les sens du terme. Par contre, la petite sœur d'Élisa, qui a plusieurs années de moins, est toute ronde. Élisa apprend la danse classique pour laquelle elle est douée. Mais dès qu'il faut faire un effort, elle abandonne, comme partout ailleurs. Elle s'exprime par contre remarquablement par la parole.

Il y a quelque temps Élisa a travaillé pendant plusieurs séances sur des dessins de cercles, tracés au rapporteur, méticuleusement, puis gommés, une sorte d'espace clos qui n'a pas encore de forme définitive. Je donne ici le texte de l'analyste :

> « Élisa se décide enfin pour un cercle dans lequel elle va faire des tranches, comme des quartiers d'orange. Puis nous choisissons à tour de rôle les couleurs. La fillette colorie en silence. Elle refuse de parler.
> Après quoi elle fait la forme qui décore les quatre coins. Elle me demande mon avis sur chaque couleur. (Il s'agit dans cette situation de rester aussi neutre que possible si l'on n'a pas la possibilité d'interpréter ce comportement. Par exemple, au sujet de ce qui plaît ou qui est bon. Mais il est sans doute préférable ici, de laisser se développer la relation.) Elle me demande alors de l'aider : les quatre coins ont été coloriés au crayon et je dois participer à renforcer la couleur au feutre. Nous passons d'un petit carré à l'autre en mettant ensemble la couleur dans chacun. Pendant ce temps Élisa s'approche de plus en plus de moi et sa tête touche presque la mienne. Et tout d'un coup, la fillette me dit : "Tu vois, il y a des petits bonshommes dans mon estomac. Ils ont la clé d'une porte en bois et mon cerveau leur commande de fermer la porte quand la nourriture arrive. Et la nourriture est pas contente de trouver la porte fermée. Alors elle a peur de forcer la porte pour se retrouver ensuite toute écrasée, mâchée. Alors elle repart, furieuse." Elle se lève, commence à ranger le matériel. Je lui dis : "Ça fait peur tout ça." Je me sens triste. Je pense qu'elle ne mâche jamais la nourriture, qu'elle vomit perpétuellement, qu'elle a des diarrhées. Je la sens triste aussi. »

Peu à peu, les deux feuilles vont être garnies. Les dessins et les feutres sont sans cesse échangés. Le dessin part du bord et les dessinatrices se rejoignent au milieu où elles échangent les crayons (dessin 4.9). Enfin les deux feuilles sont collées dos à dos. À la fin des dessins Élisa écrit Marie. Ce nom représente la thérapeute et aussi la meilleure élève de la classe, sage, obéissante – et il faut écrire à ses parents pour leur expliquer qu'elle a beaucoup de qualités. Puis elle joue le repas de deux filles dont l'une doit être nourrie par la thérapeute elle-même. D'un autre côté, il y a les enfants à qui elle donne les restes. La thérapeute évoque la peur de n'avoir que les restes (allusion à la jalousie envers la petite sœur et à ce qui est rejeté par les vomissements dont il a été question chez les deux filles nourries pendant le jeu). Ce jeu et le discours qui l'accompagne sont très évocateurs du sentiment de contrainte ressenti à l'occasion des repas et de l'agressivité liée au fait de manger.

Nous voyons donc combien le dessin, ici très abstrait, peut malgré tout signifier un transfert dense et très en mouvement.

Le cloisonnement des cercles, les tranches ainsi nommées, font allusion à la fois à la nourriture et au cloisonnement dans lequel l'enfant se réfugie pour donner des limites à ses pulsions agressives. En effet, le refus ou l'incapacité de mâcher mêle les pulsions que M. Klein a nommées cannibaliques, pulsions de dévoration et de destruction du sein maternel. Pour Élisa, la dévoration est liée aux douleurs de la gastro-entérite. L'âge qu'elle avait lors de sa première hospitalisation est celui que M. Klein décrit comme l'âge cannibalique, dans lequel l'enfant est encore confondu avec le sein, où la confusion sein/bouche entraîne la confusion dévorer/être dévoré. La rétorsion effectuée par le sein vengeur est donc très pénible pour elle. Le discours de la fillette sur la manière dont la nourriture est traitée par son esprit dans le contenant corporel (les petits bonshommes dans l'estomac) est très éloquent. On y voit bien la personnification des contenus et l'attribution des sentiments à des choses inanimées qui font partie du corps ou sont mêlées à sa vie. C'est sans doute aussi la raison dont elle entoure par le dessin de ce corps-ballon, qui peut encore évoquer un espace psychique bien rangé en quatre parts (les quatre personnes de la famille, peut-être), les quatre coins de la feuille. Cet entourage est ponctuel, morcelé, mais organisé très obsessionnellement. Comme s'il fallait bien encadrer le centre de la vie, corporelle et mentale pour qu'il soit protégé de ce qu'il rejette. La tendance obsessionnelle qui apparaît ici est destinée à maîtriser l'angoisse de se sentir coupée en petits morceaux, morcelée par les relations à des objets partiels. Seule l'élaboration des processus de séparation du sein pourra diminuer l'obsession du nourrissage.

Tout ce travail est soigneusement mis en miroir dans la personne de l'analyste. Pas seulement en miroir, mais aussi en double : Élisa va ainsi pouvoir se projeter dans la belle et bonne Marie, se dédoubler pour parvenir à une image de soi qui ne soit pas seulement une partie vomie ou excrétée, un contenu rejetable, un bébé-caca dont on ne peut admettre qu'il existe à l'intérieur de soi. Elle fait fonctionner sa thérapeute comme contenant de tous ses débordements compulsifs. La thérapeute est agie dans ce « dessinement » et dans ce collage corps à corps. Cette mise en action de l'analyste par l'enfant dans le dessin met en jeu le contre-transfert de manière très problématique : jusqu'où participer activement à un dessin, comme à un jeu d'ailleurs ? On peut se réfugier dans l'exemple de Winnicott qui pratiquait le *squiggle* comme un échange d'associations. Chaque analyste est livré dans ce cas à son ressenti profond et au questionnement qu'il se fait au sujet de l'enfant dans le moment précis de cette relation.

Ici, nous voyons que l'analyste participe de très près à la souffrance d'Élisa, à ce qui est torturé dans son corps de bébé, peut-être de fille. Les identifications sont sans doute beaucoup mises en question. Le contact, presque tête à tête, qui s'établit avec Élisa, est un rapprochement significatif du désir de corps à corps du bébé avec sa mère. Le collage des deux dessins, aussi identiques que possible, partagés et échangés, en est sans doute la mise en image. Il n'est pas nécessaire de le verbaliser. Les détours du transfert par le dessin sont plus utiles à la fillette qu'une parole révélatrice de son inconscient.

Nous avons ici affaire à un dessin non figuratif, de ceux dont souvent le thérapeute ne sait que penser, ni quoi faire. D'autant plus que l'enfant demande à sa thérapeute d'« agir » en dessinant avec elle. Elle l'utilise comme un miroir qui renverrait l'image d'Élisa qui dessine un cercle divisé en couleurs, et des coins bien serrés dans leur espace et bien séparés sur la feuille. La technique d'Élisa fait penser à ses craintes phobiques, qui peuvent être une cause de l'anorexie. Elle éloigne, dissocie et « désincarne » les représentations d'objets. Un dessin figuratif, « ressemblant » lui ferait courir le risque de « voir » un fragment de son monde interne dont elle serait ainsi dépossédée, que le regard du thérapeute pourrait engloutir.

Quant aux couleurs, elles sont rythmées à la fois par leurs séparations régulières et par leurs oppositions : les froides d'un côté (vert clair et vert foncé), les chaudes de l'autre (rose et jaune) ; le bleu des carrés en coin et le rouge et jaune des pastilles du bord. On ressent une contamination affective, d'ailleurs recherchée par

Élisa avec sa thérapeute ; celle-ci doit aussi renforcer les couleurs, comme pour bien confirmer la force et la communication des affects. Mais la réserve défensive place encore ces couleurs intenses dans des limites bien nettes, que le surmoi agressif impose à l'agressivité autonome du moi. L'enfant lutte contre des représentations d'un rapprochement corps à corps mère-bébé dont des représentations figurées exprimeraient clairement le désir. Le rythme maîtrise le geste et le regard. Élisa ressent à ce travail, vraisemblablement, une emprise musculaire et visuelle évocatrice d'une identification phallique. Elle annule ainsi la différence sexuelle, mais en même temps elle essaie de se rapprocher de la féminité de sa thérapeute. L'évocation inconsciente des désirs homosexuels sous-jacents est si inquiétante que l'image même d'un corps ne peut parvenir à la conscience.

Les formes géométriques du dessin pourraient aussi bien être prises pour l'abstraction symbolique de formes corporelles sexuées (seins, ventre, sexe féminin). Cette évocation est certes très loin de la pensée d'Élisa, mais assez proche de ce que S. Tisseron décrit comme « traces-contact », « miroir tactile de la forme » déposé sur la feuille de papier qui restitue ici un contact peau à peau avec le corps maternel.

Élisa aura, par la suite, la possibilité de dessiner de manière beaucoup moins contrainte, car le soutien fourni dans les séances par sa thérapeute, lui permettra de libérer une agressivité active.

Remarques sur les cas de Louis et Élisa – A. Anzieu

En réfléchissant sur le cas de ces deux enfants, j'ai constaté que l'un et l'autre avaient subi un traumatisme à l'âge de deux mois. Le sevrage de Louis a entraîné des vomissements durables, puis des troubles du comportement. La gastro-entérite et l'hospitalisation d'Élisa ont déclenché une anorexie grave sans guérir les troubles digestifs.

La coïncidence des dessins dos à dos chez chacun de ces deux enfants, et la juxtaposition des représentations circulaires, des cloisonnements et des couleurs qui apparaissent petit à petit, puis le rapprochement corporel avec l'analyste figurent aussi une proximité frappante de ces deux cas.

Si l'on se réfère à la théorie kleinienne, l'âge auquel ces deux bébés ont été traumatisés est celui de la position paranoïde-schizoïde. Ce que nous retrouvons dans leurs dessins exprime la tentative de construire des défenses d'allure schizoïde contre les angoisses paranoïaques dues à la précocité du traumatisme oral et digestif. D'où les cloisonnements intérieurs et la construction d'un espace circulaire qui représente un moi avec ses limites et sa structure interne. Ces bébés ont dû se protéger de cette manière, par des clivages nombreux entre l'intérieur et l'extérieur, et aussi à l'intérieur de chacun. Clivage qu'il faut répéter sans cesse autour du noyau central de leur moi, que représentent ici l'araignée dans sa toile, avec la maîtrise qu'elle exerce sur tout ce qui l'entoure, et encore le cercle hermétiquement fermé sur soi-même, avec ses couleurs bien séparées et très appuyées.

Chez ces deux enfants, les jeux avec la couleur se sont développés après que les formes aient été bien closes. Ils ont pu remplir de nuances affectives chaque case soigneusement fermée mais disponible ; les affects se côtoient mais ne se mêlent pas. L'angoisse et les émotions restent sous l'emprise des parties solides du moi, qui demeurent ainsi rattachées à la pulsion de vie. Faute de quoi, l'ensemble des affects serait gouverné par la pulsion de mort et tendrait à l'élimination, à l'évacuation du soi par dévalorisation ou même par incapacité narcissique.

Dans la relation thérapeutique apparaît donc un besoin de proximité, plus important dans son symbolisme que le contenu même du dessin. Le collage ou la représentation dos à dos évoque à la fois la proximité et l'évitement. C'est là le signe d'un transfert adhésif, peau à peau, signe de la non-séparation du corps maternel, désiré mais dangereux parce que l'enfant, par le jeu des identifications projectives, se sent évacué.

Le thérapeute doit donc parvenir à formuler verbalement des métaphores compréhensibles pour l'enfant, qui vont permettre à celui-ci de tisser des liens entre les affects et les représentations évoquées par le dessin. L'appui que fournit l'analyste consiste avant tout à ne pas réagir par la dépression ou l'agressivité. Ce mode de réaction, même s'il est ressenti contre-transférentiellement, ne doit pas être manifesté car il reproduirait les projections de l'enfant (exprimées dans un premier temps par le vide du dessin et le dos à dos) – ou encore un souvenir inconscient des réactions de la mère à la maladie précoce du bébé, intériorisées par lui. Par contre, chez les enfants ici en question, on peut percevoir dans le remplissage des espaces intérieurs bien délimités, un début de défense contre le vide de la dépression et le début d'apparition d'un plaisir auto-érotique. Défense par la mise en présence des nuances colorées des affects. On peut comprendre ce mouvement comme l'introjection de la disponibilité de l'analyste à l'angoisse qui vide l'esprit (les cases vides et le dessin gommé dans un premier temps), puis l'introjection et l'identification aux affects qui circulent entre l'enfant et l'analyste et qui sont nommés par celui-ci. Car peu à peu, mais très lentement, la parole prendra la place du dessin.

Il faut remarquer aussi chez ces deux enfants le très bon investissement de la parole. Cette défense obsessionnelle utile a servi aussi à séparer ce qui se passe dans la bouche/tête lieu de la pensée désincarnée, de ce qui se passe dans la bouche/corps lieu de la dévoration, du contact charnel et des évocations érotiques inquiétantes.

LES LIMITES DU MOI ET LEUR FIGURATION PAR LE DESSIN

Annie Anzieu

Le bestiaire de Liliana[1]

Dès notre première rencontre, Liliana me fit grande impression par la capacité qu'elle manifestait à dessiner. Impression que je savais accentuée par le sentiment de ma propre maladresse dans cet art.

L'habilité du tracé, sa précision s'ajoutaient à la grâce des formes et produisaient un effet de séduction immanquable sur le spectateur que j'étais. La représentation de soi que Liliana exposait à mon regard participait d'une sorte d'idéalisation esthétique que son habileté traduisait parfaitement. J'étais tout d'abord subjuguée et je dus faire un effort pour « voir » autre chose que ces formes « parfaites ».

Pourtant, à huit ans, Liliana semblait « sotte ». Elle était jolie, mais un peu molle et adipeuse. Vivement dévalorisée par un père

1. Psychothérapie d'A. Anzieu.

séducteur mais qui la disait débile, malmenée par une mère dure et en rivalité avec ses filles, Liliana paraissait enfermer sa pensée entre les tracés nets et sans défaut de son dessin. Certes, sa mère ne se cachait pas d'avoir essayé d'avorter et d'avoir été déçue de l'arrivée d'une fille. L'idéalisation de l'image de soi que produisait Liliana dans ses dessins était sans doute, sur ce point, une défense contre les humiliations ressenties de la part de ses parents et contre l'image dévalorisée qu'elle recevait par le regard et la parole maternels. Sa défaillance était remarquable sur le plan scolaire. Son échec était non moins évident dans ses rapports sociaux où son indolence la rendait inefficace et sans intérêt apparent. L'inhibition et la dépression accablaient cette enfant dont cependant la trace dessinée révélait une grande capacité de maîtrise, de représentation et d'idéalisation. Son dessin ressemblait à certains tableaux de Rouault, portraits de rois vidés de leur couleur. Seule la densité du contour affirmait le vécu derrière la forme. L'absence de couleur masquait les affects. Liliana dessinait surtout des chevaux, animaux dont la symbolique m'inspire élan, dynamisme, force pulsionnelle. Mais elle limitait ses représentations à des profils de cheval immobile et incolore, ce qui, psychiquement, signifiait qu'elle restait près de moi, de côté. La forme vide, si elle n'avait été celle d'un animal, m'aurait fait craindre un moment autistique précoce chez cette enfant. Ce qui d'ailleurs n'est pas exclu. Elle semblait avoir besoin d'appuyer avec force sur le fond blanc, une trace animale, contenue, figée qui, peut-être, ne demandait qu'à se mettre en mouvement. Cependant l'absence de couleur m'apparaissait comme la crainte de nuances affectives violentes, douloureuses, ou d'une épaisseur redoutable du contact.

L'immobilité du cheval, figé, comme une moitié de soi, était accompagnée d'un silence non moins immobile. Je me retenais, au début, de lier cette immobilité à la crainte que pouvait avoir Liliana que je ne réagisse à ses mouvements émotionnels avec la même violence que sa mère. Je ressentais vivement cette trace intense comme le signe de l'intensité du transfert d'étayage par lequel Liliana me sollicitait. Mais je craignais, par ma parole soit d'induire une relation de persécution, soit de rejoindre son désir de séduction à l'égard tant de l'image maternelle dans un registre de détresse précoce, qu'à l'égard de l'image paternelle dans un registre œdipien d'excitation dont elle se protégeait.

Je pouvais comprendre que ces formes vides faisaient allusion au vide intérieur que vivait Liliana. Son moi, immobilisé, comme l'animal, dans sa dynamique, par la persécution qu'exerçaient inconsciemment sur elle des parents tyranniques, était limité étroitement dans l'expression de sa richesse profonde. Les affects amoureux et agressifs étaient refoulés, comme l'absence des couleurs, de la vie, dans le dessin. Enfin le vide de la forme représentait sans équivoque celui de la dépression.

On pouvait voir dans ce tracé bien clos et bien net la figuration d'un pare-excitation au sens freudien du terme, destiné à protéger l'espace intérieur des intrusions parentales ; une limite placée là pour préserver un moi confus mais suffisamment distinct pour se constituer une enveloppe précise autour des mouvements pulsionnels, bien que sans représentation humaine. Comme si seul cet univers pulsionnel avait acquis une puissance telle qu'il dût être étroitement enfermé dans l'espace psychique de Liliana afin de ne pas provoquer des agissements destructeurs : une sorte de « signifiant de démarcation » tel que le définit G. Rosolato. La retenue des affects paranoïdes s'exprimait donc par cette image de vide intérieur et entraînait, chez l'enfant, l'inhibition de la pensée, la tristesse des relations affectives et le vide du dessin. Les processus de séparation n'avaient abouti qu'à maintenir refoulée la dépression derrière la persécution. L'immobilité du petit cheval séducteur me disait comment l'évolution du moi était figée, et combien était dur l'effort de rester figée ainsi, et grande la crainte de se mettre en mouvement. Liliana était très attachée à ma présence et manifestait peu à peu, par une parole plus spontanée, ses angoisses liées à mes absences, aux siennes (car pendant une période elle manifesta ses souffrances par des symptômes physiques qui l'empêchaient de venir aux séances) et aux pulsions agressives-masochistes très fortes dont elle ressentait la poussée à l'égard de sa mère et de sa sœur. Je parlais de mes ressentis envers le petit cheval, ménageant ainsi la distance que dessinaient les limites bien nettes entre l'espace contenant et le corps du cheval, malgré le contact très fort de la trace épaisse.

La précision du contour et du trait m'évoquait une sorte de clivage entre le dedans de soi qui devait rester vide sous risque d'exploser, et l'extérieur dangereux à cause de l'excitation agressive ou érotique reçue par l'enveloppe somatopsychique de l'enfant. Les dessins de Liliana ressemblaient à des *shapes* tels que les décrit Frances Tustin dans *Autisme et Psychose de l'enfant* (1977) en parlant des autistes. Avec cette énorme différence cependant que ces *shapes* étaient devenus symboliques du fait que Liliana avait accédé au processus de clivage, puis même à un début de dépression. Son cheval était pour moi un dessin de désir d'autisme, d'enfermement dans une forme non-humaine du fait que l'énergie intense qu'il limitait avait un côté bestial. Je lui parlais des craintes soulevées par ce ressenti. Liliana souriait, commentait parfois les malheurs des chevaux, et continuait à dessiner avec minutie et facilité – ce qui me donnait à penser la richesse enfermée dans ces lignes.

Une autre caractéristique des dessins de Liliana était tout à fait frappante : rien ne liait entre eux les animaux si bien dessinés. À ma demande, elle racontait quelques bribes d'associations descriptives : « Le cheval est attaché – il est puni » ou encore : « Il ne peut pas s'en aller », puis plus rien.

Je commentais les malheurs du cheval en parlant d'affects : crainte, tristesse, sentiments d'abandon, d'être trop « vilain » pour être aimé, son désir de rester attaché, et petit à petit, je les ai rapprochés de la situation de l'enfant vis-à-vis de moi et de ses parents.

Très vite cependant d'autres animaux apparurent : le coq et le renard, en particulier. Tout aussi bien dessinés et enfermés dans leur forme descriptive que le cheval. Ils étaient disposés sur la page dans un rapport qui m'apparut peu à peu selon leur situation respective : se tournant le dos, ou assis l'un à côté de l'autre, l'un regardant l'autre, ou encore l'un des trois regardant un autre en biais.

Ce fut ainsi que je découvris, avec Liliana, les premières formes de relation qui m'apparurent dans ses dessins. Mais son discours restait toujours aussi hermétique et lointain : une forme presque vide, qui seulement dénommait une position, une attitude, bien que de moins en moins vide de sens pour moi, dans le rapport qu'il évoquait avec son dessin. Je saisissais donc certaines projections transférentielles de Liliana sur le cadre formel de notre relation, et sur les formes qu'elle m'attribuait inconsciemment parmi les animaux, en tant que parcelles inconscientes de son moi. Je lui parlais de ces différentes formes et parties d'elle qu'elle pouvait me montrer, à condition de ne pas être mise en contact avec les émotions qu'elles renfermaient. J'essayais toujours d'accrocher un affect puisé dans mon contre-transfert, parfois moins positif avec le temps.

Je pouvais continuer alors à penser que Liliana, comme je l'avais considéré dès notre première entrevue, n'était pas psychotique, puisque, ainsi que l'écrit Bion, les attaques contre les liens qui unissaient les objets représentés n'en avaient pas retiré le symbolisme.

L'articulation entre les représentations était déniée, mais Liliana préservait rigoureusement la différence et mettait les symboles en relation entre eux par le biais d'une subtile utilisation des représentations spatiales. Les liens se tissaient peu à peu dans notre relation et constituaient un nouvel objet mental, une nouvelle forme possible du moi.

Évolution

L'imaginaire de Liliana évolua lentement, péniblement. Les animaux se multiplièrent, formèrent une sorte de groupe défini. Le mouvement apparut d'abord : le coq sautait en l'air ; il se posait sur le dos du cheval. Celui-ci courait, sa queue flottait gracieusement. Le renard marchant furtivement, s'asseyait et regardait. D'autres entraient dans la ronde. L' agressivité se manifestait, mêlée à un érotisme intense et très inconscient qu'il ne me paraissait pas nécessaire de mettre en évidence. L'excitation était trop présente encore entre Liliana et ses parents. Ma présence contenante des excitations, ayant mis quelques limites aux débordements agressifs et érotiques de l'imagination de la fillette, les mouvements intérieurs pouvaient s'accomplir avec moins de crainte, en tout cas pendant les séances.

Le moi de Liliana exprimait sa position paranoïde après s'être maintenu dans une situation qui m'avait semblé schizoïde à travers les formes vides, cerclées de noir et isolées les unes des autres. Les conflits intra-psychiques se manifestaient au travers des conflits symbolisés dans le dessin. Cependant les fonctions de plaisir et d'amour restaient isolées dans l'inconscient par le sadisme que Liliana retournait contre elle-même. Je savais que l'enfant ne pourrait avoir accès à des affects positifs que si elle parvenait, grâce au soutien transférentiel que je fournissais à son moi, à élaborer sa position dépressive. Nous dûmes traverser des passages douloureux et de difficiles relations avec les parents de la petite fille. Son évolution lente mais perceptible, renouvelait leurs projections agressives et les entraînait à vouloir interrompre le traitement. Ma parole sur la vie apparue dans les dessins me semblait limiter à l'espace des séances l'évolution de Liliana. Son environnement familial n'en permettait pas les manifestations positives. C'est au cours de ces moments d'angoisse, où les liens établis avec l'analyse étaient de nouveau mis en danger, que les animaux de Liliana eurent droit à des couleurs. D'abord des taches noires sur leur pelage, puis, enfin, des couleurs brunes et rousses qui rappelaient celles des cheveux et du visage de la fillette, de la manière caractéristique d'une projection de soi, enfin quelques plantes aux couleurs plus vives. Le discours qui accompagnait le dessin se faisait plus riche. Liliana pouvait même quitter son dessin pour me parler directement de l'inquiétude qu'elle ressentait à l'idée de se séparer de moi. Mais jamais les lignes nettes des contours ne s'amenuisèrent dans son dessin. Comme si chaque objet interne devait rester inséré sous une démarcation sévère bien que toujours gracieuse et séduisante, pour ne pas risquer d'être déformé ou détruit par les attaques intérieures possibles. Il lui fallait aussi une nette démarcation du fond sur lequel s'appuyait le tracé. Cette démarcation me signifiait la solidité d'une défense qu'il fallait sans doute respecter.

Plusieurs années d'une analyse, qui par moments aurait pu entraîner la dépression du thérapeute et l'installation du vide dans l'espace thérapeutique, malgré le maintien du contour du « cadre », furent nécessaires à Liliana. Elle aboutit à une pré-adolescence où l'hystérie était très manifeste, les mouvements persécutifs atténués, et la dépression bien contenue par des défenses formelles rigoureuses, bien que non obsessionnelles. Du moins lorsque je l'ai quittée.

Quelques années plus tard, j'appris par hasard que Liliana participait à une équipe de dessin « animé ».

Chapitre 5

LE PSYCHANALYSTE ET L'ENFANT QUI DESSINE

Annie ANZIEU

RÊVE ET DESSIN

Les enfants rêvent, c'est évident. Mais ils ont tendance à prendre leurs rêves pour la réalité. Cette confusion est l'une des sources des terreurs nocturnes : la réalité onirique n'est pas facilement contrôlable, ni explicable.

Lorsqu'un enfant devient capable de se souvenir de certains rêves et de les raconter, il a fait un énorme pas vers la prise de conscience de soi. Il est remarquable que certains enfants ont très précocement la connaissance de la différence entre rêve et réalité. Mais il est clair que l'influence du milieu, dans certaines cultures, facilite la mémorisation et la conscience du rêve. Ce ne sont pas seulement les enfants nés dans nos cultures occidentales. Certains Jivaros de Haute-Amazonie règlent leur vie quotidienne sur le sens symbolique de leurs rêves, mis en commun chaque jour au réveil.

Les enfants que nous recevons en psychothérapie ont un fonctionnement psychique dans lequel rêve et dessin sont en proximité : parfois l'enfant met en image un rêve qu'il peut avoir fait ; parfois encore, et plus souvent, le déroulement du dessin présente les caractéristiques du rêve que Freud nous a enseignées : déplacement, dramatisation, condensation, symbolisation.

Le rêve de Fernand

Fernand m'est conduit, vers cinq ans et demi, par sa mère, très inquiétée par des comportements exhibitionnistes outranciers et des insomnies. L'enfant se déshabille et exige que sa mère admire son sexe, insistant malgré les refus et les détours de celle-ci. Le père de Fernand accorde à sa femme toute liberté sur ce point, mais considère d'un œil amusé le comportement de son fils.

L'enfant s'est de suite installé près de moi dans un transfert confiant. Il parle, calmement, il joue et commente ses jeux de manière associative. Très vite, contrairement à ce à quoi j'aurais pu m'attendre étant donné ses insomnies, Fernand commence à me raconter des rêves.

Environ un an après le début de sa cure, Fernand me raconte un rêve en le dessinant. L'élaboration de ce rêve va durer le temps de plusieurs séances. Il commence par le haut de la feuille prise dans le sens vertical, avec un crayon brique. C'est une tour, vue de l'intérieur et ouverte vers le haut à partir duquel elle est dessinée. On plonge donc vers le bas de la tour, dont les parois se construisent peu à peu. La perspective respectée par l'enfant lui permet de construire, sur environ les trois-quarts de la paroi intérieure vue de face, des alvéoles séparées par des murs, qui sont des pièces d'habitation, surtout des chambres à coucher. Cette habitation est celle d'une sorcière tantôt jeune et belle, aimable, et tantôt vieille, hideuse et effrayante. Même lorsqu'elle est belle et attirante, elle interdit à Fernand de pénétrer dans la tour. Parfois, Fernand s'arrête de dessiner et contemple son œuvre où peu à peu s'enchevêtrent dans les alvéoles, des rideaux, des toiles d'araignées, des objets hétéroclites que l'enfant souhaite atteindre, mais que la propriétaire des lieux lui interdit.

L'image que construit le petit garçon m'évoque à la fois une séquence du *Satiricon*, film de Fellini où l'on voit ainsi une énorme tour dont l'intérieur est plein de personnages étranges, et le *Dépeupleur* de Beckett dans lequel chaque individu est astreint à demeurer dans une alvéole déterminée. Mais, par ailleurs, la séduction qui émane du petit Fernand, qui n'a jamais manifesté à mon égard de geste incongru, me laisse sur ma réserve. Je pourrais me prendre trop facilement pour la jolie sorcière et oublier les menaces de l'autre.

En fait, si je reviens plus tranquillement au dessin de Fernand, je peux comprendre que les traces du rêve, qui sont ainsi mises en forme, sont destinées à appliquer l'emprise de représentations communicables sur une excitation débordante.

Fernand ne fait pas allusions à des restes diurnes au sujet de son rêve. Mais le dessin rassemble les caractères que Freud attribue à la mise en scène du rêve. La dramatisation est manifeste : la sorcière séduisante et repoussante à la fois, interdit au garçon l'accès de son intérieur et la prise de possession des objets qu'il contient. Des scènes se développent à cette occasion.

La condensation des lieux du corps maternel, représenté comme une tour, fait apparaître les désirs de pénétration dans cet intérieur semblable à un conduit, habité par des objets dont l'enfant envie la possession. La multiplicité et la variété de ces choses laissent supposer la richesse imaginative que l'enfant déploie à l'égard du contenu maternel. Le personnage de la sorcière, qui n'est pas dessiné, mais fortement et souvent évoqué, est à la fois bon et mauvais, et désigne les aspects maternels séduisants, inquiétants si la séduction réussit, et répressifs dans ce cas.

Enfin le déplacement de la représentation maternelle sur la sorcière, et du corps de la mère sur la tour habitée, est typique du fonctionnement symbolique du rêve que l'enfant reproduit par son dessin. Fernand se place dans une position évidemment œdipienne, même si l'on peut considérer la fantasmatique sous-jacente au rêve-dessin plus proche des craintes d'engloutissement que de castration. Le mur de la tour et sa forme ont un aspect phallique rappelant sans doute des aspects paternels défensifs.

Toutes les représentations contenues dans ce dessin y compris le sens vertical – donc érectile – dans lequel il est tracé sur la feuille, sont des évocations symboliques. La verticalité de la tour peut suggérer à la fois le contenant phallique paternel et le contenant vaginal et utérin maternel. Chaque objet dessiné pouvait ainsi prendre des sens multiples que les associations de Fernand ne manquaient pas de justifier. Par exemple, les voiles dans une alvéole-chambre-àcoucher peuvent signifier ce qui est caché, ce qui reste mystérieux, ce qui évoque la curiosité. Mais aussi la pudeur relative à certaines parties du corps, donc le refoulement.

Mes interventions restèrent réservées : je me contentai d'évoquer qu'en effet une telle femme peut être très inquiétante pour un petit garçon s'il parvenait à pénétrer dans la tour. Et qu'il s'apercevait dans ce rêve qu'il ne pouvait pas faire tout ce dont il avait envie. Qu'il y a des risques à vouloir tout savoir et qu'il avait besoin de me confier cette inquiétude au fur et à mesure du dessin et du scénario, pour que je puisse la garder avec moi, ici, jusqu'à épuisement de ce thème après trois ou quatre séances.

Une autre manière de rapprocher le dessin du rêve est de voir comment le processus onirique et ses caractères apparaissent dans le processus graphique. On peut aussi penser à la technique de la bande dessinée. Cependant la construction du dessin en dramatise les sens surtout lorsqu'il est commenté verbalement par un enfant qui s'absorbe complètement dans sa construction.

DE QUELQUES BASES DE L'ESTHÉTIQUE DU DESSIN

Le contour

Un petit garçon de six ans dit un jour à son thérapeute : « Ton papier est beau, c'est pour ça que je te fais des beaux dessins. » La polysémie transférentielle de cette petite phrase est remarquable. Elle comporte, par exemple, l'expression de l'étayage psychique intériorisé à partir des matériaux fournis par le cadre, l'introjection d'une image sensorielle, l'idéalisation du contenant, la capacité de formulation verbale d'une pensée (passage du dessin au discours), la projection du « bon » et sa transformation en « beau », la gratitude, enfin, qui signe l'accès aux capacités de sublimation d'un enfant au seuil de la position de latence.

Le trait qui limite un espace reconnaissable, le définit par l'intérieur autant que par l'extérieur. Par l'extérieur, il est perçu comme le tracé des limites d'un contenu intérieur qu'il contourne. Le cadre analytique, dans ses données contenantes, précise le contour linéaire de la relation patient-analyste.

Par son aspect intériorisant, le tracé d'un contour donne une forme plus ou moins souple et ouverte à un espace contenu, espace occupé de manière manifeste ou cachée, par des objets divers. Le contour peut ainsi apparaître comme un trait qui détourne le regard et le met à distance de l'intérieur qu'il masque.

Un enfant dont les dessins nous sont agréables parce que « réussis » n'est pas forcément un enfant qui va bien. Son habileté gestuelle déplace dans la situation de transfert l'expression de la fermeté des défenses qui suscitent les symptômes. Le tracé du dessin peut être lui-même un symptôme, tout comme un langage très bien élaboré : la jolie ligne d'une enveloppe peut cacher le chaos ou le vide. C'est, en réalité, ce qui se présente fréquemment dans la thérapie d'un enfant dont la production dessinée est très riche dans sa configuration linéaire. Le silence du tracé bien net, des formes d'apparence élaborée, correspond à l'impossibilité d'établir une relation avec l'extérieur, à une crainte persécutive, à une restriction rigide du contact. Lorsque le processus transférentiel permet l'amenuisement des résistances, le dessin se désagrège et devient souvent esthétiquement informe. Le contre-transfert de l'analyste est, par là, remis en question de manière inévitable : la construction qu'il avait conçue de son patient n'est plus adéquate aux représentations que ce dernier fournit à présent. Le tracé dessiné ne représente plus de manière juste les constructions défensives du moi. Il laisse apparaître les lacunes précoces, en deçà du bon et du beau. Ce moment signifie dans la cure que l'enfant peut accéder sans crainte de vidage ou de persécution, à des mouvements dépressifs, et amorcer une réorganisation des processus défensifs avec l'étayage du cadre thérapeutique.

J'ai parlé auparavant de la thérapie de Liliana et du sens que le contour nettement marqué de ses dessins avait pu évoquer au cours de notre travail commun. Il reste évident pour moi que cette enfant avait réussi, dès sa plus tendre enfance, une idéalisation importante et défensive d'un contenant maternel dont les défaillances étaient flagrantes. Liliana réparait, par la continuité de ses tracés figuratifs, les manques de la relation mère-fille. Comme l'a compris Sartre : l'objet imagé est « un manque [...] défini par les traits qui le composent ». Liliana maintenait autour de ses contenus non exprimables, une enveloppe solide, une peau qu'elle rêvait commune avec sa mère.

J'avais remarqué que cette mère était jolie, nette, avec des contours souples malgré la cruauté de son caractère. Il m'est permis alors d'imaginer que sa fille a pu intérioriser cette vision et les contours du corps maternel, en retenir le meilleur, et lier une partie de sa propre image à cette part sensorielle de son idéal inconscient. Par ses dessins si bien tracés, la fillette me communiquait à la fois le meilleur de soi et le fait qu'il cachait autre chose : les petits chevaux, avec leur belle crinière, n'avaient ni volume ni couleur. Ils « contournaient » allègrement par leurs formes bien déliées les identifications de Liliana à la cruauté maternelle, ses violentes pulsions érotiques, ses élans vers le vide dépressif. Tout mouvement pulsionnel était concentré derrière le geste bien discipliné de la main et contrôlé par le regard. La projection du contrôle était devenue le « beau », forme sublimée du « bon ».

On peut déduire de cette observation que le contour linéaire constitue une continuité solide qui limite les impulsions moïques et leurs manifestations. Lorsque cette limitation se manifeste avec insistance dans la relation transférentielle, on peut aussi la comprendre comme consolidation du contenant psychique, par intériorisation du pare-excitation représenté par le thérapeute. Ce contenant maintient la distinction entre l'extérieur et les contenus internes qui risquent d'être évacués et donc de disparaître si le contour n'est pas maintenu. La ressemblance que nous trouvons dans ce tracé linéaire avec des choses extérieures, sont plus de l'ordre de la reproduction d'objets fantasmatiques et symboliques, de « signifiants formels » (D. Anzieu) des parties et des mouvements du soi non exprimables par d'autres moyens. Le contour, qu'il soit figuratif ou non, manifeste la singularité des images du sujet qui le produit, l'idéalisation qui lui est nécessaire pour laisser s'échapper des « formes » de ses objets internes. Le trait peut aboutir à soutenir un déplacement sublimatoire par le geste qui maîtrise les formes affectives en les idéalisant. Platon avait déjà pensé que les « idées » prenaient corps dans des êtres qui correspondaient à leur degré de beauté. Le mouvement d'idéalisation esthétique rejoint cette conception en sens inverse.

Le point et la ligne

Pour Freud, la psyché est étendue. Les représentations qu'il en construit sont à la recherche de formes et de limites. Sans cesse le problème des affects se pose avec ses débordements, du côté du plaisir comme de la frustration.

Kandinsky[1] définit la ligne (la trace) comme le développement d'un point dans l'espace :

« La tension concentrique du point se trouvant [...] réduite, le point disparaît et il en résulte un être nouveau, vivant une vie autonome et soumis à d'autres lois. C'est la ligne. »

La ligne devient alors elle-même une surface, une continuité. En rapportant cette image au développement humain, on peut dire que le point se développe sur une surface pré-existante comme le spermatozoïde, lié ponctuellement à la surface intra-utérine, va développer un nouvel espace somato-psychique. L'étendue aurait donc alors pour origine le point, contact sans dimension, limite pure.

Sur le « plan originel solide[2] » des éléments immatériels, des affects, vont déposer leurs traces. Les contenus de la psychè apparaissent en tant que lignes tracées sur le plan originel. La trace, dans la perspective psychanalytique, n'a pas d'existence signifiante avant le stade anal. À ce moment de la vie précoce se constitue la dynamique entre l'objet interne, l'objet extérieur et l'enveloppe qui les retient ou les évacue. Le point final de la ligne est en relation avec la notion d'objet mort, avec la pulsion de mort, sans doute. Mais, même lorsque l'enfant trace une croix, elle peut signifier aussi bien la rencontre que le tombeau.

Lorsque Freud étudie « un souvenir d'enfance de Léonard de Vinci », il marque l'importance et l'idéalisation de l'image maternelle chez le peintre. Les dessins de machines et les portraits laissés par Léonard mettent en valeur le développement dynamique des représentations de l'espace en liaison avec le corps, et tout particulièrement le regard. L'homme Léonard est le point d'où partent les tracés étonnants, limitant l'espace en deux dimensions, alors que notre œil perçoit le volume et la mobilité des choses et des corps dessinés, comme si le déplacement de la sensorialité tactile à la sensorialité du regard introduisait la troisième dimension par l'effet de pénétration.

La sublimation du contact avec la mère, mise en valeur par Freud, trouve sans doute ses sources dans l'idéalisation de l'image maternelle chez nos jeunes patients. Le trait délimite l'image et maintient

1. Kandinsky, 1991, p. 63.
2. *Ibid.*, p. 181.

le contact au niveau du regard. La multiplication et la contamination ponctuelles reproduisent à l'infini un contact inconscient avec le corps maternel, sous forme de la continuité de la trace. En même temps que la limite est marquée par le trait entre les corps réels.

Par ses études de la spirale et de l'escargot, Geneviève Haag retrouve cette même notion de continuité dans les premiers tracés infantiles. La figuration et les recherches de ressemblance seraient alors une utilisation de cette continuité linéaire du point, liée à la spontanéité motrice. Elle est en même temps utilisée pour construire une représentation du pare-excitation psychique.

L'analyste et l'esthétique du trait

Pour l'analyste, la signification d'un dessin n'est autre que l'articulation des traits lorsqu'ils ont le destin de transmettre. Ce que « voit » l'analyste n'est pas seulement la forme d'une chose ou d'une « non-chose », mais l'écho d'un contact d'inconscient à inconscient. Dans cette situation, décrire le dessin n'est que faire le tour des choses.

La beauté linéaire des dessins de certains enfants pendant leur cure analytique fait courir à l'analyste le risque de la séduction. « Il est important que votre esprit ne change pas selon la qualité de la personne que vous rencontrez. Si votre esprit dépend des choses, c'est comme si vous changiez d'attitude et de langage selon la personne que vous rencontrez[1]. » Notre neutralité est alors mise à l'épreuve si notre sensibilité à la beauté artistique des représentations produites par notre patient n'est pas « sublimée » dans notre fonctionnement d'analyste. Quelle que soit la réussite du tracé, l'analyste doit y retrouver la trace des fantasmes, des conflits psychiques, des objets internes de l'enfant. Il est indispensable de comprendre, au sens strict du terme : la différenciation entre notre réaction contre-transférentielle « de surface », c'est-à-dire de perception visuelle, avec l'effet affectif produit en nous, nous révèle des éléments du transfert que cache l'esthétique du tracé. Cette différenciation est nécessaire au maintien du processus analytique. Si l'analyste se laisse séduire par la « forme » du tracé de son patient, il subit la pénétration de celui-ci par le regard. Les zones obscures de notre moi qui sont ainsi mises en éveil sont

1. Dögen, *Instruction au cuisinier zen*, Le Promeneur, 1994, p. 23.

liées à ce que Freud décrit chez Léonard : relation homosexuelle inconsciente, pénétration sadique-anale déplacée sur le regard.

Percevoir des figures dans le dessin d'un enfant, c'est déjà en interpréter le tracé. « Prêter un sens à un ensemble de traits tracés sur un morceau de papier », en un mot y trouver une « ressemblance » c'est manifester un peu de folie (Wittgenstein[1]). Il est vrai qu'un dessin n'est jamais qu'un simulacre. Il faut donc que l'analyste se résigne à ce qu'un tracé, aussi flatteur soit-il, ne soit qu'un signe qui limite les espaces entre lui et son patient, et que le bord de la petite feuille rappelle cette limite et le cadre de pensée qui est le nôtre.

L'esthétique du contour dessiné par l'enfant est prise pour le résultat de son activité psychique dans le cadre du transfert. Elle peut, en ce sens, être le résultat du déplacement idéalisant du contenant transférentiel, du cadre en tant qu'entourage limitatif envers les pulsions internes et les tentations extérieures. Ce déplacement, à l'âge de latence, peut sans doute devenir sublimation.

Le tracé exprime, en effet, un changement de but : il transpose la sensibilité tactile du corps vers l'œil, et manifeste la distance prise par l'enfant avec le corps maternel.

Il déplace aussi vers l'analyste, substitut œdipien, la séduction destinée aux parents archaïques.

Peut-être pouvons-nous alors comprendre les réussites esthétiques de Liliana et de Claire comme un bon aboutissement défensif. Cette réussite, qui s'était déjà constituée avant la thérapie, avait sans doute pour fondement des investissements précoces de la relation sadique-anale et de l'enveloppe corporelle.

Pendant la séance, notre parole « autour » du dessin doit donc utiliser la métaphore, le « comme si », pour ne pas interrompre le développement de la trace et les changements de mode auxquels la soumet l'évolution intra-psychique de l'enfant pendant les séances.

Le point et le trou

Le point peut être considéré comme la concentration maximale des tensions affectives et musculaires réunies. Lorsqu'un enfant trace

1. Cité par H. Damisch, 1995, p. 80.

des points, il arrive fréquemment qu'il soit emporté par la violence de son geste, même si celui-ci, d'abord retenu, a produit des pétales de fleurs ou des flocons de neige, ce qui faisait apparaître le point comme une issue tendre vers la liaison. Nous voyons aussi, bien souvent, la concentration pulsionnelle figurée par les crayons réunis en faisceau. Ils produisent ainsi une trace groupée qui n'est pas identique à la proximité orientée des points en ligne. Le faisceau maintient la discontinuité intérieure, et la multiplicité des couleurs qui y sont présentes manifeste le chaos affectif qui a suscité le geste. Le point, ou l'ensemble de points peuvent alors être considérés comme un équivalent d'une décharge pulsionnelle, dans laquelle libido phallique et agressivité ne seraient pas différenciées.

Le point n'a pas de dimensions. S'il s'étend par contagion ou contiguïté, il devient ligne ou surface. En tant que point, il est en deçà des formes qui pourraient figurer des images. Il est projection d'un pré-espace, ou d'un anti-espace, selon la structure psychique dont il émane. S'il est métaphorique, c'est dans l'expression simple d'une tension pulsionnelle à l'intérieur d'un espace limité (par le papier par exemple) et par l'intermédiaire d'un instrument qui représente la concentration des forces musculaires de rétention ressenties dans les sphincters et les membres. L'un des sens symboliques du point est, bien sûr, l'arrêt de la vie. Mais chez l'enfant, la mort n'a pas de matérialité. Le devenir est en marche et c'est seulement la disparition des objets qui déclenche l'angoisse. La perte de continuité, que peut alors signifier un point, n'est qu'un lointain pressentiment de la mort.

Évidemment adressé au regard, le point exprime une force intentionnelle de pénétration en même temps que la réduction extrême de l'objet pénétrant. Chez l'enfant en thérapie, sa production témoigne, en général, de la confusion entre le dedans et le dehors, l'œil étant le lieu de la pénétration dans les deux sens et de la réversibilité des mouvements intrusifs.

Si le point est maintenu et accentué dans le sens de l'attaque de l'enveloppe, il peut être l'origine d'un trou. Lorsqu'un enfant perce un trou dans le papier, à l'aide d'un objet pointu, il expérimente inconsciemment le contact entre l'objet perforant, qu'on peut dire phallique, et les parois de l'objet perforé. Cette expérience est soustendue de libido sexuelle, mais en même temps elle délimite un nouvel espace, aussi réduit que possible, un passage de l'extérieur à l'intérieur, et inversement. Ce geste peut être compris comme une réminiscence sensorielle de passage du corps propre par l'issue maternelle, où se concentre l'origine des pulsions libidinales et létales. Cette expérience de perforation de l'enveloppe associe encore le féminin et le masculin, sans toutefois en déterminer la différenciation, différence qui sera la base de l'identité de l'individu.

Geneviève Haag trouve le geste de trou significatif de la recherche du fond, fond de l'autre et fond de soi. On pourrait dire encore qu'il s'agit d'aboutir à la limite intérieure du soi, corporelle et psychique, jamais atteinte, et qui sera sublimée par la pensée lorsque celle-ci adviendra.

Comment dire mieux que le poète, qui fait du point l'image de Dieu, le « Dieu-Point », unité monadique, première, dont l'essence joint le positif au négatif :

> « Premier en son Rien clos se célait en son Tout,
> Commencement de soi sans principe et sans bout,
> Inconnu fors à soi, connaissant toute chose
> Comme toute de soi, par soi, en soi enclose[1]. »

L'écriture refait, en la développant, la trace du point devenu pensée.

Lorsque Didier Anzieu allie les formes et leurs sens, il en fait des « signifiants formels » : « configurations du corps et des objets de l'espace, ainsi que de leurs mouvements[2] ». Ces signifiants seraient précoces et antérieurs aux fantasmes. Cela va de soi si l'on considère, comme le fait Freud, un fantasme comme une construction scénique. Si, d'un autre côté, nous envisageons la conception kleinienne des objets fantasmatiques comme la première organisation relationnelle des objets partiels, le trou, dans sa configuration réduite à l'impact et sa bordure, peut signifier à la fois l'apparition ou la « déconstruction » de l'espace somato-psychique, concentré dans sa plus petite figuration qui évoque l'attaque de la clôture orale ou anale. Il arrive, justement, que l'enfant en dessinant, attaque le soutien de papier d'une pointe perçante, déchire la feuille/enveloppe jusqu'à sa destruction, et atteint un niveau d'excitation qui le déborde et nécessite de la part de l'analyste une intervention, aussi interprétative que possible. Il est préférable à ce moment, dans la plupart des cas, de ne pas mettre en valeur l'agressivité manifeste. L'interdic-

1. Maurice Scève, cité par Georges Poulet in *Études sur le temps humain*, 4, Agora, Press Pocket, Plon, 1964, p. 28.
2. D. Anzieu *et al.*, 1987.

tion ou la protestation de l'analyste signifie la rétorsion ou l'incapacité défensive de l'adulte, et l'enfant peut être angoissé de cette défaillance de l'image parentale. Il est plus profitable de manifester de la sollicitude à l'enfant qui est angoissé par la perte de son identité, par le vidage de soi à travers ce trou imprévisible produit par un instrument. Cette trace destructrice exprime bien comment l'angoisse dépressive devant la perte produit des passages à l'acte. L'impuissance du moi, trop faible encore pour contenir les conflits objectaux, est projetée sur le thérapeute et ses objets. Ou, peut-être encore, sa parole a pu être ressentie comme une intrusion qui a perforé l'ébauche d'enveloppe qu'un tracé plus continu tentait de réaliser.

DESSIN ET INTÉGRATION DES FONCTIONS DE L'ANALITÉ

Il arrive parfois que les analystes qui s'adressent à des enfants aient tendance à « oublier » non seulement la sexualité au profit des relations orales précoces, comme si l'une n'était pas contenue dans les autres, mais encore l'analité, qui est l'une des bases de la construction de la génitalité. L'étude du dessin dans ses fonctions associatives, pendant une psychothérapie analytique, remet en valeur l'importance de l'objet anal, de la fonction anale et de ses implications relationnelles.

Adéquation de la trace et de l'objet

Il semble que le symbolisme du dessin prête le plus souvent à interprétation soit en fonction de la sexualité, dans la ligne freudienne, soit en fonction de l'oralité dans la ligne kleinienne, soit encore dans la ligne des néo-kleiniens comme Meltzer, F. Tustin, en fonction du morcellement psychotique. Je pense personnellement qu'il ne faut pas négliger de mettre l'accent sur la portée majeure du symbolisme anal qui apparaît par moments dans les dessins d'un enfant pendant sa cure, symbolisme qui précède et prépare celui de la sexualité génitale. La trace laissée par un objet issu du corps, complément inerte hors de celui-ci, comme l'est le crayon dans la main, rappelle la trace des matières fécales, premier repère « solide » de l'enfant quant aux produits de son corps. L'âge de ce repérage coïncide à peu près avec l'âge des premières traces graphiques, des « gribouillages » qui provoquent la jubilation du petit enfant (aux alentours de deux ans), autant que la perte du bâton fécal peut le consterner. La toute première trace, laissée par le doigt dans la nourriture, est plus précocement liée à l'agressivité orale déplacée dans l'activité manuelle, et dans le rapport œil-main-bouche. La maîtrise de la main qui parvient à utiliser un objet de manière à marquer sa trace, semble se coordonner plus précisément avec la maîtrise du sphincter anal. L'enfant va pouvoir retenir ou abandonner un contenu partiel de soi qui devient un signe quand il est laissé par la main sur une page vierge.

Dans la mesure où le bâton fécal est étroitement ajusté au conduit intestinal, la représentation graphique ne représente pas uniquement une émission anale. La représentation est bien moins adéquate à son contenant que ne l'est le produit fécal normal, et dont l'émission est ressentie comme un besoin de plaisir.

Dans les *Trois essais sur la théorie sexuelle* [1], Freud parle de l'organisation sadique-anale dans laquelle la pulsion d'emprise prend une importance particulière, sous l'influence de la musculature corporelle, en particulier par l'excitation de la muqueuse intestinale érogène qui « fait figure d'organe sexuel passif ».

Plusieurs cas sont possibles en ce qui concerne la représentation anale du graphisme et des images fécales qu'elle évoque.

Au-delà de l'adéquation contenant-contenu dont je viens de parler, se présente aussi la diarrhée dont nous avons pu envisager les conséquences dans le cas d'Élisa. Cette pathologie ramène l'enfant à un stade d'incontinence où ce qui s'échappe du corps, que ce soit l'urine ou les fèces, ne peut être retenu, et n'a donc pas pris la forme du conduit émetteur. À ce stade pathologique, somatique ou psychosomatique, le petit enfant régresse à un état confusionnel où il retrouve des investissements oraux antérieurs. Le vomissement, la miction et la diarrhée confondent les sensations de zones érogènes qui deviennent des points indistincts de l'enveloppe corporelle.

---

1. S. Freud, 1905, p. 129.

Cet état pathologique s'exprime dans le dessin d'enfants tels que Louis et Élisa au début du travail de l'analyse : les gribouillages sont confus, les formes labiles et indifférenciées, le contact entre le crayon et le papier peut être perforant, agressif comme le ressenti interne des contenus du corps. Ce genre de dessin peut se retrouver au cours d'une thérapie (*cf.* les dessins suivants d'Élisa) lorsque l'enfant régresse à l'occasion d'une séance trop active ou d'un incident de sa vie.

Le maniement du crayon, dans cette situation psychique, manifeste le désinvestissement et le dysfonctionnement relationnel des objets contenus dans l'espace intérieur. Le corps propre est identifié à leur inconsistance et la libido narcissique du petit enfant n'est pas assez solidement établie pour que le moi puisse faire face à une telle désorganisation.

On peut dire que le graphisme ne se situe plus au niveau du dessin, et que l'objet qui laisse sur une surface stable la trace de la désorganisation psychique, est encore un moyen de transition, de communication peut-être, entre ce qui reste d'exprimable dans le moi souffrant et décomposé, et le contenant qu'est le thérapeute, auquel il est alors désespérément fait appel.

Nous pouvons comprendre les efforts d'Élisa pour construire une surface circulaire bien définie, dans une ligne de pensée de D. Anzieu lorsqu'il fait référence à la géométrie. Une surface « ouverte » peut s'aplatir, comme le fait le dessin d'Élisa, rester bidimensionnelle et partager l'espace en deux parties, qui cependant restent indistinctes. « L'aplatissement de l'image du corps peut entraîner la confusion imaginaire du tube digestif et du conduit respiratoire, avec des troubles somatiques subséquents[1]. » Élisa tente, avec beaucoup d'énergie, d'utiliser sa thérapeute comme modèle de la construction d'un espace psychique dont les limites soient protégées dans des figures perceptibles par la vue et le toucher.

Dans un article récent[2], Rémy Puyuelo met en évidence la dynamique de dédoublement mise en œuvre dans leur cure par des enfants ayant subi des carences précoces et des perturbations narcissiques. « La solution imaginaire du double a l'avantage de perpétuer la relation avec la mère, mais d'une manière réfléchie[3]. » L'auto-érotisme

1. D. Anzieu, 1995, p. 262-263.
2. R. Puyuelo, 1995, p. 95-110.
3. *Id.*, *ibid.*, p. 96.

se construit ainsi sur un « écran projectif stable » défini par la présence corporelle du thérapeute et des objets dont il dispose : Élisa met en place sur ce même mode une première image de soi, plate certes, mais déjà narcissisée par la reproduction en miroir dont elle induit la production par sa thérapeute. La sphère et son volume sont évoqués par les divisions du cercle et son entourage d'objets variés.

Car il est manifeste que l'usage fait par l'enfant de ses capacités de figuration et du résultat qu'elles produisent en tant que trace de son fonctionnement psychique, est destiné à être regardé par un œil étranger dans lequel ces produits vont se rassembler pour unifier le moi. La mise en forme, même incohérente, d'une intentionnalité, se charge de libido et lutte contre les pulsions mortifères. La feuille blanche où se développe la trace devient le représentant de l'espace/cadre/corps du thérapeute dans lequel les objets partiels, émis par l'instrument transitionnel, vont être regroupés, grâce à la libido de l'analyste, pour refaire un enfant plein de désir.

Par la suite, par l'efficacité itérative du travail d'interprétation et d'élaboration, les productions pourront se dégager du soma. Comme l'écrit Pierre Luquet[1], en fonctionnant en sens inverse, le dessin devient alors un organisateur de la pensée. Mais ce niveau de fonctionnement suppose déjà l'intégration des capacités de maîtrise de l'objet anal par la main, substitut sphinctérien.

On sait aussi, par expérience, que dans les cas de simple névrose, les enfants manifestent très souvent leur insatisfaction devant le résultat produit par leur dessin. Celui-ci ne correspond que rarement à l'intention première. C'est pourquoi bien des dessins aboutissent à la corbeille à papier. Si cette première intention n'est pas la ressemblance formelle avec un objet externe, elle cherche néanmoins à obtenir une ressemblance aussi proche que possible avec un objet imaginaire. Mais ce dernier ne sort jamais parfait du moule qui le produit. En cela le dessin n'est jamais un aboutissement uniquement anal. Il est transformé au passage par la main et l'instrument qui lui donnent une forme plus ou moins bien contrôlée par le regard, et investi par les pulsions libidinales. L'instrument, intermédiaire entre le corps et la pensée, peut être considéré comme un représentant du tiers paternel.

---

1. P. Luquet, 1994, p. 27-41.

Les thérapeutes connaissent bien la situation contre-transférentielle induite en eux par l'enfant qui détruit ses dessins et s'en débarrasse. L'analyste ne peut éviter un mouvement de regret devant cette production qu'il pense toujours lui être destinée, alors qu'il peut se trouver devant l'expression d'une recherche narcissique de l'image de soi, plus ou moins partielle, image d'un contenu dont les transformations manifestent la quête du moi idéal. Cette quête est signe d'un mouvement progrédiant vers une adéquation plus grande, mais peut-être plus mobile ou plus souple, du contenu au contenant des représentations en formation. Il s'agit, pour le thérapeute, de renoncer à conserver un objet fini, donc image d'un achèvement qui peut signifier des parties ou des formes mortes de l'enfant, pour suivre le processus pulsionnel, en transformation dans l'appareil psychique de l'enfant.

J'ai ainsi le souvenir d'Olga, charmante petite fille hystérique, intellectuellement inhibée, vivant dans un milieu trop excitant, incapable de mettre en valeur des dons naturels remarquables dans un environnement scolaire ou social normal. Elle était très marquée par le mépris de son père pour les femmes, mépris auquel je fus moi-même très sensible. C'est sans doute l'une des raisons pour lesquelles j'avais conservé avec un soin particulier les superbes dessins exécutés par Olga, dans la première année de sa psychothérapie entre six et sept ans. Puis lors de la troisième année de sa cure, il m'apparut que la fillette avait beaucoup changé, que sa vie intellectuelle était devenue normale, de même que son comportement. La séparation était envisageable. Dans ce temps, Olga reprit un jour son dossier et examina un à un chacun de ses dessins passés. Elle ne put les reconnaître comme siens, les trouvant laids et bêtes, m'accusant d'avoir mêlé ses productions avec celles d'autres enfants. Elle déchira et jeta soigneusement tout ce passé que j'avais conservé et que son évolution ne lui permettait plus de reconnaître comme sien. C'était des objets morts pour elle, méconnaissables, inadéquats à sa petite personne actuelle. Elle investissait à présent son devenir féminin au-delà de l'analité. Le geste d'Olga mettait en évidence la part de mon contre-transfert obsessionnalisant qui avait fait naître le projet d'un travail théorique destiné à me protéger d'angoisses inconscientes de perte d'objet et de séparation. Peut-être aussi de l'investissement de sa féminité, à cette époque impossible, que me communiquait la petite Olga. La manière dont Olga me donnait de jolis dessins pouvait alors être comprise comme une séduction maniaque contre des affects dépressifs qui rattachaient féminité et analité. J'ai bien dû accepter qu'Olga n'avait plus besoin de ces restes de notre relation passée. Je dus renoncer à refaire cette fillette à ma propre manière en m'appropriant ces dessins pour un travail de reconstruction qui n'avait plus rien à voir avec ce qu'elle était devenue. Comme si, pour moi aussi, la tendance à la conservation et à la maîtrise obsessionnelle, projetée dans ces objets, était rassurante contre la perte de cette enfant, de la petite fille qui à présent allait s'échapper de moi.

Les traces d'un passé douloureux de l'enfance lorsqu'elles ont été élaborées, ne sont pas toujours nécessairement utilisables. Le thérapeute doit y renoncer avec l'enfant. Ce renouvellement fait partie du travail commun de séparation. J'ai appris, bien des années plus tard, par hasard mais avec satisfaction, qu'Olga faisait une brillante carrière de designer.

Regard et analité

Dans *Le Moi et le Ça*[1], Freud se représente le moi comme une projection de la surface du corps dans l'espace psychique. Le rapport de cette surface à l'intérieur qu'elle recouvre sera repris et développé par la suite et par d'autres dans le concept de projection. Cette représentation peut paraître restrictive, mais dans sa concision elle est justifiée par le rôle essentiel du regard dans l'œuvre de Freud. Le regard est aussi une fonction de « mobilité », sinon de motricité, puisqu'il se déplace dans l'espace extérieur, se referme sur les images perçues et constitue l'élément essentiel de la notion métaphorique de construction. Il se crée, dès la naissance de l'enfant, une dialectique permanente entre perception visuelle et tactile. Le déplacement du regard sur les objets va créer, entre autres, la sensation de possession des choses, par les sentiments précoces d'incorporation qui se mêlent à l'incorporation orale.

Freud développe à ce sujet l'idée que l'inconscient oppose le sentiment de culpabilité en résistance à la force pulsionnelle, en particulier celle qui se développe à partir des sensations tactiles[2]. Le toucher se confond avec le regard dans les premières semaines de la

1. S. Freud, 1923, trad. Payot 1971, p. 194-195.
2. *Ibid.*, p. 193.

vie. La spécialisation de la main dans ses fonctions de toucher et de préhension va développer la précision du regard et créer avec lui les objets. L'intériorisation des perceptions sensorielles « chosifie » chez l'enfant les traces sensorielles.

L'expulsion anale représente sans doute à cette époque de la vie l'évacuation normale des objets devenus mauvais ou inutiles et triés par l'inconscient. D'où la confusion entre la satisfaction sphinctérienne, les pulsions agressives et les mouvements projectifs. Le regard peut, dans certaines situations défensives construites à ce moment, être chargé de la même fonction de rejet, de mise à distance, du fait qu'il inclut l'espace extérieur dans la perception, et même d'expulsion par la clôture palpébrale. Fermer les yeux équivaut à repousser de la main et à exclure de la pensée. Mais le contact reste distancié et favorise une construction défensive[1].

L'œil peut encore se refermer sur l'image perçue, l'enserrer dans la mémoire immédiate inconsciente, conserver la trace identificatoire à des parties de l'objet perçu (par exemple le regard, puis le visage maternel), introjecter ces traces comme des éléments de la construction du moi. Dès le départ de la vie l'œil est un « instrument » actif, maîtrisable, de la dialectique perception/identification.

La main va devenir son accessoire immédiatement inconscient, grâce à la proximité du contact tactile et du contact visuel. Cette proximité semble être mise en acte par le geste du dessinateur qui met en rapport l'œil et la main.

La page blanche, représentant du moi-peau, surface d'appui comme l'est à l'origine l'enveloppe maternelle, fournit un espace superficiel au dessinateur. L'outil, marqueur de formes-traces, utilise cet appui visuel et moteur, persistance de la recherche précoce des expériences de contact avec le corps maternel, dont la forme et la consistance ont été inscrites parmi les traces des premières excitations venues de l'extérieur. L'outil marqueur reproduit certainement des signes de ces traces et manifeste ainsi, par le tracé et la couleur, la signification inconsciente d'une excitation revécue dans le transfert : on peut, par exemple, supposer que pour Claire, le dessin des grues est un équivalent masturbatoire.

Le maintien par la main de l'instrument du dessin, participe au plaisir de tracer une marque des ressentis émotionnels. Le regard

1. *Cf.* A. Anzieu, 1990, les liens entre le regard, l'analité et la féminité.

contrôle le mouvement, comme un précurseur du sur-moi qui va, par la suite, veiller sur la production anale et ses ressentis organiques et affectifs. L'œil, dans le processus du dessin, est le représentant des contrôles moïques de l'expression pulsionnelle liée au plaisir. En même temps, il participe du contrôle sur-moïque lié à la possession de l'objet interne et à la maîtrise exercée sur lui. L'excitation tactile sert aussi à la maîtrise sur l'objet par la constitution de représentations de l'enveloppe psychique. Les orifices sensoriels que sont l'œil et l'anus sont contrôlables par le moi. Le dessin est une effraction inconsciente dans le regard de l'analyste. Il pénètre une zone interdite à l'enfant pour exprimer aussi sa capacité à maintenir son pare-excitation, ou, à certains moments, à le sentir s'effondrer, ou encore en révéler les insuffisances en présence d'un représentant du sur-moi organisateur qu'est l'analyste.

Un caractère essentiel du dessin est qu'il demeure, posé sur une surface dont la consistance est variable. Il représente ainsi le dépôt de multiples aspects de l'objet contenu dans l'enveloppe psychique/sensorielle : amour, rejet, possession, transformation phallique. La mobilité des représentations supportées par le dessin en fait un équivalent symbolique de la polysémie de l'objet anal, y compris ce caractère particulier qu'est la persistance de son accès par le regard.

Continuité. Discontinuité

Le caractère de persistance distingue le dessin de la parole : «*Verba volent.*» Même lorsque les incidents d'une séance entraînent des modifications dans la matérialisation du dessin (lavage de la feuille, déchirures, froissement et mise à la poubelle), la matérialité du support et de l'instrument persiste. À travers ses transformations et ses destins dans la séance, le dessin signifie la possibilité d'une continuité du moi et de ses manifestations. Certains enfants continuent ainsi et reprennent, complètent, modifient un dessin pendant plusieurs séances. C'est le cas de Lili M., entre autre, avec sa bande dessinée. Il arrive que l'enfant répète inlassablement, pendant plusieurs séances consécutives, le même dessin, sans que l'analyste puisse comprendre et interpréter cette insistance. Il y a là, certainement, un effet intentionnel du transfert sur le contre-transfert. Quant au dessin lui-même, il apparaît alors comme une production figée dans la figuration persistante qu'en produit l'enfant. L'impuissance et la destruction sont à l'œuvre dans ce processus. Cependant, ce qui retient alors l'enfant de laisser s'ouvrir un sphincter inconscient, laisse pressentir que l'agressivité contenue dans les représentations ne lui est pas supportable. Le regard impuissant de l'analyste suppose chez celui-ci une résistance à la pénétration sadique-anale, ou à ses identifications à l'objet fécal coincé à l'intérieur de l'enfant, résistance déterminée par les perceptions inconscientes que suggère le dessin. La reconstruction que l'analyste pourra faire des émotions émises par l'enfant dépend à ce moment de sa capacité à analyser son contre-transfert. Il est indispensable que l'analyste renonce à tout désir de maîtrise sur quelque « forme » que ce soit de son patient. Bion le disait « sans désir et sans mémoire ». L'interprétation devient ici indispensable pour débloquer le processus anal et la maîtrise sur l'objet. Faute de quoi peuvent s'installer des aspects négatifs du transfert.

Le dessin apparaît donc ici, dans les utilisations multiples qui en sont faites pendant la séance, comme un agent constructeur de la continuité du moi. Il procure à l'enfant la possibilité d'utiliser le soutien matériel de la feuille de papier qui devient un symbole matériel de la surface corporelle maternelle. Le contact direct avec ce corps est « représenté » par la présence de l'analyste, et les parties de ce corps symbolisées par le matériel concret mis à la disposition de l'enfant (papier-crayon-pinceau-couleur). Tout objet symbolique suppose le manque d'un objet déjà continuellement existant, par complémentarité.

Par les gestes du dessin, la disposition du cadre matériel et les représentations du tracé, l'enfant peut alors maîtriser les angoisses de la discontinuité : disparition, changements, séparation. C'est sa propre main et son propre regard qui contrôlent le tracé de la ligne, son intensité, la pression de la main qui utilise l'outil-marqueur, producteur de trace anale. Les figurations de l'objet et des séparations qui le valorisent ou le détruisent sont modifiables, mais elles résistent, ont une consistance propre. La forme donnée par le geste manuel pénètre à son tour le regard. L'objet produit retient les projections affectives sur lesquelles se jouent les angoisses de séparation. L'objet anal ne devient un objet mort que dans la mesure où le sujet qui l'a produit n'éprouve plus le besoin de le considérer comme une partie de soi qui risque encore d'être perdue. Si la séparation de cet objet est définitivement accomplie, les angoisses de perte narcissique se sont amenuisées. Le dessin produit par l'enfant n'a plus d'intérêt pour lui après quelque temps. Il a intériorisé le tracé continu de sa relation à ses objets d'amour, la discontinuité n'est plus l'équivalent de la disparition. L'ambivalence fait partie des tracés du dessin et des figurations de celui-ci. L'analyste ne doit pas en oublier les interprétations possibles dans le transfert, ni se défendre trop vivement par le recours aux symboles.

C'est pour ces raisons qu'Olga ne reconnaissait plus ses dessins après plusieurs mois de travail sur elle-même, et les a mis à la poubelle comme quelque chose qui n'était plus animé par son vécu propre.

La couleur

Le tracé du dessin a sa consistance propre. Celle-ci dépend pratiquement du matériau sur lequel se dépose le dessin, de l'instrument qui en marque la trace, du matériau avec lequel est déposé le tracé. Le dessin est déterminé psychologiquement par la maîtrise motrice du dessinateur, la connexion entre le contrôle oculaire et manuel, les intentions conscientes ou non de figurations, les motions pulsionnelles et affectives, les mouvements transférentiels qui affectent le dessinateur pendant les séances et entraînent sa main.

Parmi les matériaux qui organisent le dessin, la couleur signe tout particulièrement les mouvements affectifs. Si l'organisation du dessin peut exprimer le chaos intérieur, la confusion des zones érogènes, des orifices corporels, des sexes, etc., il est aussi l'organisation d'un tri, d'un choix permanent entre des directions du tracé, des orientations des relations de formes. La couleur lui donne sa tonalité affective.

La matière contenue dans des formes, même si elles ne sont pas soulignées et endiguées par un tracé graphique, est issue d'un contact direct avec les contenus intra-psychiques, équivalents des contenus émotionnels qui peuvent atteindre les organes. Le sens donné aux limites du tracé devient alors moins important dans son rapport à l'expression transférentielle. Ce qui est rapporté par la couleur est plus proche de la cohérence intérieure avec le ressenti.

Quand le point coloré se répand, s'étale sur la surface plane, il perd ses limites restrictives. Il envahit l'œil d'une sensation colorée qui suscite des associations lumineuses inconscientes qui varient avec la teinte. Ainsi sont déterminées les associations habituelles de chaleur (jaune), de froid (gris, bleu), de violence (rouge).

L'étalement de la couleur correspond sans doute chez l'enfant à une solidification des contenus, soutenue par une intensification des fantasmes de contenance. « Les fantasmes de moi-tuyau » remarqués par F. Tustin, s'atténuent alors au profit des investissements sphinctériens. Les nuances colorées qui apparaissent dans le dessin signalent la mobilisation des affects, dont la couleur signifie qualité et intensité. Nous en donnons des exemples dans les dessins d'Élisa et de Lili M. en particulier. Pour Élisa, la violence des teintes met à l'épreuve la solidité de l'enveloppe qu'elle constitue avec son double-thérapeute. Chez Lili M. la douceur des couleurs marque l'atténuation des conflits intérieurs, qui prennent alors une forme figurative plus précise et proche de la pensée.

Dans les constructions dessinées par Élisa, on peut aussi repérer le rythme des couleurs qui entraîne l'effet de miroir recherché par la fillette auprès de l'analyste, et fait d'un dessin non figuratif une lutte contra-phobique envers des fantasmes de dévoration. La séparation nette des espaces colorés détermine des contenants cloisonnés contre la contamination affective manifestée par l'entraînement d'une couleur à l'autre. Le rythme coloré maîtrise et ordonne le geste par le regard. Cette recherche de la maîtrise musculaire évoque une référence phallique qui soutiendrait le début d'une construction narcissique du moi. Dans cette situation, une représentation figurative évoquerait la différence des sexes. Les formes géométriques du dessin qui, comme nous l'avons vu, « aplatissent » la représentation du corps, peuvent alors être prises pour l'abstraction de formes sexuelles (seins, ventre, sexe féminin). Élisa est, certes, bien loin de penser ainsi, mais ses préoccupations envers l'objet digestif et le contenu du corps maternel produisent sans doute en elle le conflit inconscient qu'elle exprime par ce dessin à son analyste.

Lorsque Antoine a couvert de jaune puis de marron une feuille entière de papier, il a déposé sur cette surface un matériau représentant les produits de soi qu'il pouvait alors me livrer. Les couleurs en elles-mêmes avaient une ressemblance avec les objets qu'un dessin n'aurait pas rendue plus réaliste. La peinture avait dans la main de l'enfant, dans le pinceau, une consistance qui alliait la matérialité des objets et la sensation produite sur lui par l'expulsion de ces objets. La vision de ces couleurs et du maniement du matériau produisait chez Antoine une excitation qu'il me communiquait. Il pénétrait en moi par mon regard, d'une manière très intrusive peut-être, grâce à l'évocation d'un produit anal répandu sur toute la surface corporelle représentée par la page enduite de peinture, et dans les seules limites de cette page. La page blanche fournie par moi représentait alors la surface de mon propre corps que je pouvais lui permettre d'utiliser avec les limites bien définies à cet échange d'excitation : les bords de la feuille de papier, le cadre de la thérapie sur lequel le transfert organise les repères temporo-spatiaux de l'enfant. La couleur n'a pas débordé. Antoine a pu intérioriser la limite et laisser pénétrer en lui mon interprétation de ce qu'il m'avait communiqué. Sa jubilation corporelle du moment s'est rapidement transformée en plaisir de penser et de communiquer avec des mots. Le plaisir sphinctérien ressenti par la rétention et la maîtrise de l'objet anal s'était déplacé de l'anus à l'œil et à la main, puis à la pensée verbale. Les mots remplacent la trace dessinée en devenant les contenants communicables des affects et des émotions. C'est ainsi que dans une thérapie d'enfant qui progresse normalement, les mots prennent la place du dessin en devenant les contenants de la pensée. Chez l'enfant bègue, les mots conservent leur caractère primordial d'objet anal. Ils ne peuvent être utilisés sans être chargés de la détérioration de l'objet qu'ils représentent, et des angoisses liées à l'échange intrusif de la pensée verbale. Peut-être, chez le bègue, la solidification du contenu n'est-elle pas achevée et ne coïncide pas dans le temps avec l'investissement de la maîtrise sphinctérienne. L'utilisation du contenu intestinal, digestif, reste alors inquiétante soit parce que l'objet s'échappe par la bouche comme par l'anus, et le risque de vidage de la pensée verbale évoque le vidage du corps ; soit encore que l'objet interne devenu solide et contrôlé soit utilisable comme projectile destructeur. Les mots sont alors chargés de toutes les rancœurs, répréhensibles par le sur-moi interdicteur et dangereux pour les objets aimés. Il faut souhaiter aux enfants bègues de pouvoir revenir au dessin.

L'objet anal, trace de ce qui se passe dans l'espace psychique comme dans un espace digestif, est la trace symbolique de la complémentarité mère-père. Le contenu détruit, mortifié, projeté à l'intérieur du moi-corps représente aussi le phallus paternel et ses productions maîtrisés, agressés, annulés. Le tracé souvent appuyé des enfants inquiets de leurs ressentis agressifs, marque sans doute les désirs d'évacuation du père-rival puissant. Cette trace est confiée au thérapeute qui, lui, est assez solide pour ne pas s'identifier à l'objet désiré mort ni à l'enfant qui le rejette, et lui permet de lier des affects de réparation, de reconstruction, de gratitude au tracé du dessin.

PERMANENCE DU MOI ET POSITION DE LATENCE

Permanence du dessin et cohésivité du moi

La perception est une expérience discontinue. Elle se répartit, dans la conscience, entre des organes sensoriels différemment investis. Le regard et le toucher sont affectés de manière très localisée et privilégiée dans la situation du dessin. Par contre, l'ouïe et l'odorat sont mis en réserve pour des situations régressives, électivement chez les enfants psychotiques ou border-line. Ces enfants ont recours à des sensations archaïques lorsque réapparaît l'angoisse fondamentale de perte de l'enveloppe, de vidage, de morcellement. Leur comportement est alors une expérimentation transférentielle de la contenance maternelle.

L'enfant qui dessine est déjà parvenu à une construction de son narcissisme suffisamment développée pour pouvoir exprimer et partager des manifestations symboliques. Il a acquis la possibilité de mettre à distance l'objet, but de son désir, et peut représenter par un signe ou un ensemble de signes symboliques la relation qu'il établit avec cet objet.

La représentation signifiante dessinée circonscrit son efficacité au regard, et maintient la distance. L'enfant cherche cependant à établir le contact et à en recevoir l'écho de la part de l'adulte.

La ligne continue dessinée, même sur un très bref parcours, marque la persistance de sensations intériorisées entre lesquelles le vide est possible et supportable. Le geste du tracé qui substitue l'instrument à la main, suppose déjà que la distance du toucher est acquise, comme, par la suite, la parole viendra confirmer et remplir l'espace entre le corps de l'enfant et celui du thérapeute/mère. La ligne, donc, annule le vide en instaurant la distance. Elle suspend la négation de l'être. Le sujet qui la trace multiplie les points dont la contiguïté devient continuité, dans l'espace matériel du dessin et dans la persistance matérialisée d'une trace de communication. Peu à peu la figuration d'objets fantasmatiques établira les premiers repères du narcissisme sur les traces sensorielles persistées. Ainsi lorsqu'un enfant dessine un escargot, une ligne enroulée sur elle-même, les deux extrémités, intérieure et extérieure, supposent l'ouverture ou la fermeture possible du self. Cet enfant a donc déjà le sentiment inconscient d'un soi qui ne s'écoulera pas hors de l'enveloppe tracée puisqu'il en contrôle les deux extrémités, et que la ligne qui les joint représente la continuité de son sentiment d'être. Bientôt, comme l'un de mes très jeunes patients, il pourra figurer un visage à cet étrange personnage dont les yeux s'étirent au bout de longues antennes, et une queue traînant derrière la coquille. Représentation imagée d'une identité naissante, corporelle autant que psychique, cherchant confirmation dans le regard de l'analyste. À ce moment déjà, le dessin est pour l'œil ce que l'écriture sera à la pensée.

Le dessin semble donc destiné avant tout à fixer des traces visibles d'émotions inexprimables par d'autres moyens. Les peintres, puis les photographes et le cinéma ont exploité ce moyen de mémorisation matérialisée et cherchent, dirait-on, à maintenir la trace, non seulement de l'émotion, mais des faits et des objets qui l'ont déclenchée, du mouvement propre d'un commencement fugitif toujours répété. Les tableaux d'un peintre seraient-ils des traces non métabolisées par le moi, d'objets marquants ou d'expériences affectives intenses ? Dans ce cas, les « formes » ainsi déposées sur un support, seraient le surgissement d'images qui n'auraient pu être construites lors des expériences vécues dans les relations les plus anciennes, ou lors de conflits internes trop intenses. On peut alors comprendre les peintures de Francis Bacon comme des tentatives de dépasser les angoisses de dé-construction du moi. Van Gogh, par contre, cherche à maintenir la cohérence de son image par l'intensité du trait coloré et répété sur la surface étayante. Alors que les impressionnistes laissent se disperser la sensation que l'œil qui regarde unifie.

Pendant une séance de psychothérapie, le support sur lequel s'inscrit la trace dessinée par l'enfant, et parfois enrichie de couleur, constitue la donnée essentielle de l'acte de dessiner. C'est en effet ce support, quel qu'en soit le matériau, qui est le premier représentant des formes de la continuité psychique de l'enfant : présence corporelle du thérapeute, écoute attentive, régularité des horaires, etc. Le contenant-peau du cadre, réduit à une parcelle de peau commune à l'enfant et l'analyste.

Le geste qui dessine est conduit par la réminiscence de traces mnésiques, ancrées dans la vision ou le toucher, qui peuvent à présent s'inscrire sur une surface devenue étayante et qui en assure la permanence. La perception visuelle du résultat d'un tracé a toujours pour but le plaisir, que celui-ci soit auto-érotique ou destiné à être partagé avec l'analyste, ou encore à provoquer celui de l'analyste. Ce processus libidinal qui initie le dessin déplace l'excitation sur l'échange visuel entre l'enfant et l'analyste. Freud a insisté sur l'importance des zones érogènes « comme appareils génitaux secondaires... ». La main de l'enfant adresse donc son dessin à l'œil de l'analyste comme en un contact avec le sexe de celui-ci. La communication par le regard est, bien sûr, le lieu transférentiel de l'excitation sexuelle : « Dans le plaisir de regarder-et-de-s'exhiber, l'œil correspond à une zone érogène, tandis que dans le cas de composantes de la pulsion sexuelle comme la douleur et la cruauté, c'est la peau qui tient ce rôle[1]... » Au-delà des changements, des absences, des frustrations et des ruptures, le tracé impose sa permanence comme la continuité d'être. Nous savons combien certains enfants aiment à retrouver, continuer et modifier un dessin confié au thérapeute dans l'intervalle des séances. Le travail mis en œuvre par cette activité est la persistance des représentations non seulement entre les orifices sensoriels (peau et œil), mais aussi entre les moments de satisfaction par le contact, et de possibilité d'expérimentation de la durée des affects.

Dans ce travail, la sensibilité des deux partenaires joue avec les méandres du refoulement, chez l'un comme chez l'autre. Les processus de répétition sont sous-jacents aux émotions provoquées par le tracé, les couleurs, parfois les commentaires, et les défenses de chacun sont mobilisées face à l'excitation libidinale. Le contre-transfert de l'analyste et les constructions qu'il lui permet de faire, seront à l'origine de la découverte des processus répétitifs. Ceux dont l'analyse est rendue possible par la permanence des traces dessinées, et qui vont rendre cohérente la construction du moi de l'enfant.

Période de latence. « Position » de latence

Avant l'adolescence, l'enfant n'a pas de mémoire. Sa vie est dominée par le principe de plaisir, même si la réalité qui s'impose à lui nous semble parfois insupportable. C'est le propre de la « période

1. S. Freud, 1905, Gallimard, 1987, p. 84-119.

de latence », période à laquelle nous avons le plus souvent affaire avec des enfants.

Si l'on entend par « dessin » une tentative intentionnelle de production graphique, il est certain que les enfants qui dessinent en situation de psychothérapie ont atteint un âge auquel ils peuvent s'exprimer autrement que par le jeu, et pas encore uniquement par la parole. On dirait que le langage, expression symbolique supérieure, prend sa valeur totale avec l'identité sexuelle définitivement installée. L'acte symbolique du dessin supplée à l'acte direct ou au jeu. Il n'est pas, dans la circonstance présente du moins, l'aboutissement définitif des intégrations sensorielles par le moi.

Le dessin serait donc, en tant que mode d'expression, caractéristique de cette « période » dite « de latence ». R. Diatkine [1] remarque avec justesse que l'enfant, à cette époque, projette ses angoisses de castration sur l'extérieur et non sur l'avenir. Le dessin figurerait alors particulièrement la projection des angoisses de castration.

L'imprécision de la durée de cette période se retrouve chez beaucoup d'auteurs, dont Freud et Winnicott. Freud la place entre quatre ans et la pré-puberté; pour Winnicott, qui avoue ses incertitudes, l'«âge de latence » serait entre « plus de douze ans et moins de vingt ans... Nous ne sommes pas certains de ce qui constitue cette période[2]». À observer les enfants en psychothérapie, nous n'avons pas l'occasion d'acquérir plus de certitude sur cet état de latence, mais nos doutes et l'expérience aussi de l'analyse des adultes, me portent à penser que la « latence » n'est pas seulement un signe du développement psychique de l'enfance, qui s'inscrirait dans une période limitée, mais qu'il s'agirait en fait d'une dynamique psychique qui peut réapparaître à certains moments et dans certaines circonstances de la vie, comme je l'ai déjà écrit au sujet des renoncements inévitables de la vie adulte et, en particulier, de l'achèvement d'une analyse[3]. C'est pour cette raison que je préfère le terme de «*position* de latence », qui laisse entendre un état passager dans une dynamique qui précède et ouvre la voie à une restructuration, à celui de « période » qui évoque l'idée de stade du développement, limité et unique.

---

1. R. Diatkine, 1994.
2. D. W. Winnicott, 1958*a*, p. 84 et *sq*.
3. A. Anzieu, 1994.

Lorsque Freud, en 1905, écrivait *La Période de latence sexuelle de l'enfance et ses interruptions*[1] il n'était peut-être pas très loin de penser cette latence comme une « position », puisqu'il en dit les imprécisions et n'exclut pas des manifestations possibles de la sexualité, alors qu'elle est mise en sommeil par les modalités du refoulement. La sexualité, pendant l'âge de latence, n'est donc pas entièrement sublimée.

Ce qui importe ici est de reconnaître que cette réserve de la sexualité pendant une durée assez longue de l'enfance, réserve due à l'inachèvement de la maturation physiologique, impose le refoulement des pulsions libidinales. Mais peut aussi souligner, je pense, l'accroissement de manifestations de frustration, d'inhibition, d'angoisses de castration, qui sont l'essentiel de la pathologie des enfants qui nous sont adressés. En effet, au sortir de la période infantile précoce, le petit enfant doit renoncer aux bénéfices de sa mégalomanie et aux compromis qui lui ont fourni des défenses contre les angoisses des conflits primaires et fondamentaux de son moi en formation.

Le refoulement qui porte, à cette époque, essentiellement sur la sexualité, entraîne l'amnésie infantile qui s'étend à presque tous les événements de l'enfance. La remémorisation sera l'objet d'une part essentielle du travail d'analyse de l'adulte, chez qui on peut retrouver sous formes de symptômes les traces des émotions qui, par leur trop grande intensité et leur précocité, ont entravé le développement de la sexualité et de l'identité. Le processus de reconstruction et de restructuration auquel participe le dessin pendant la cure d'un enfant, soutient les liens inconscients avec les émotions objets de l'amnésie. Au sortir de la situation de latence et grâce à cette amnésie, la réorganisation des défenses positives que l'analyse aura permise, laissera place à la capacité de mémorisation qui apparaît avec le début de la vie adulte.

Le dessin des enfants en position de latence évoque parfois les « aspirations idéales esthétiques » qui, selon Freud, sont « une conséquence du refoulement qui s'est produit pendant la période de latence et qui fait obstacle à la pulsion sexuelle. L'afflux libidinal ne cesse pas pendant la période de latence, mais l'énergie qu'il déploie est détournée à d'autre fins[2] ».

Nous pouvons donc relever deux caractéristiques de la position de latence :

---

1. S. Freud, 1905, p. 98 et *sq.*
2. *Ibid.*

1) le détournement de l'énergie sexuelle vers d'autres buts ;
2) à la faveur de l'amnésie infantile, la latence suscite de nouveaux investissements.

1) À l'âge de nos petits patients, le détournement de l'énergie sexuelle se manifeste par les moyens utilisés pour séduire le thérapeute. Le dessin, qui exprime clairement des tentatives de précision, de ressemblance, de richesse par l'accumulation des détails ou la recherche esthétique, se rapproche des réalisations sublimatoires que Freud attribue aux effets du refoulement. Les buts du dessin ne sont pas manifestement sexuels, mais très souvent, on peut ou déceler les tendances séductrices ou érotiques. Souvent, par ailleurs, il manifeste des tendances sublimatoires de la pulsion épistémophilique par l'investissement des recherches de savoir, de précision de la pensée, qui parfois s'élaborent ou transforment les séances en jeux scolaires.

2) L'idéalisation des images est très visible dans le dessin des enfants pendant leur cure (par exemple les fées de Lili M.). Les aspects idéalisants du transfert apparaissent aussi très facilement. Cependant, le dessin reproduit surtout les traces de la sexualité refoulée qui sont projetées dans l'œil du thérapeute, comme autant de traits séducteurs. L'œil est le lieu de cette rencontre « érotique ».

En cas général, l'ajournement des fonctions sexuelles permet un retour à des zones érogènes dont les investissements sont moins spécifiques et moins dépendants de la maturation physiologique et du primat de la sexualité. Dans la mesure où il est l'expression de traces sensorielles précoces, le dessin de l'enfant dans la cure éveille plutôt l'idée de formation réactionnelle que de sublimation. L'amnésie persiste pendant la période de latence, mais le dessin dénonce l'ébauche des réminiscences qui deviendront des souvenirs. Les traces que produit le jeune dessinateur sont issues de ces réminiscences inconscientes : elles sont des souvenirs en formation. Des caractères de ces traces vont persister grâce à la relation, au lien qui s'établit entre le geste de l'enfant et le regard de l'adulte, comme dans les premiers mois de la vie la main de l'enfant vers le corps de la mère est suivie par le regard de celle-ci.

En tant que trace, le dessin est la marque de l'érotisme musculaire, surtout anal, qui permet la maîtrise sur les objets et le contrôle psychique des représentations imagées, la « manipulation » des fantasmes. Lorsqu'un dessin aboutit à une figuration, de nouvelles images se construisent, se modifient, sont mises en valeur. La dynamique psychique, qui ne peut se fonder sur les buts sexuels d'une pulsion pas encore parvenue à un fonctionnement définitif, s'appuie sur le plaisir anal et sa maîtrise. L'efficacité du geste du dessinateur atteint le regard du partenaire thérapeute pour y produire une excitation, sinon une jouissance. L'image visuelle obtenue persiste, au-delà des transformations possibles, pour perpétuer une trace sensible, porteuse d'associations mises en commun. Ces traces vont servir à l'enfant de « contre-forces psychiques », comme le pense encore Freud, pour édifier des défenses fructueuses contre la privation de réalisation sexuelle et les sentiments de castration.

Le travail de l'analyste. La démarche interprétative

A. Freud, M. Klein, B. Bornstein, D.W. Winnicott, qui ont tous travaillé avec des enfants de cet âge, s'accordent pour orienter leur action non sur l'imagerie, mais sur le transfert et ses manifestations.

Lorsqu'un phénomène psychique est latent, il va trouver des occasions pour se développer et s'exprimer dans la relation à l'analyste. Si le travail qui s'accomplit pendant les séances fortifie suffisamment les bases où s'étayent l'identité sexuelle de l'enfant, les identifications, les répétitions interprétées, l'enfant pourra, par la suite, développer une sexualité normale. Elle se construira d'elle-même si l'intensité des défenses précoces et les tendances auto-destructrices ont été ramenées à des proportions supportables par le moi. On ne peut brusquer cette évolution qui nécessite souvent une lente évolution du transfert. La parole de l'analyste doit donc être mesurée à l'intensité et l'angoisse dont il perçoit les traces. Sur ces traces de défenses qui se dé-construisent, vont s'établir, avec l'appui du cadre, de nouvelles défenses plus souples et utiles. La coopération de l'enfant est nécessaire à ce travail. Il ne faut pas oublier que le dessin puise sans cesse dans des réminiscences douloureuses. Un mode d'intervention trop proche expose le moi à des défenses contraignantes, sur-moïques et idéalisantes qui risquent de mettre en œuvre des mécanismes de faux self.

Comment l'analyse va-t-il utiliser les « formes » (au sens de F. Tustin) que l'enfant lui soumet par son dessin ? Le niveau symbolique du discours dessiné n'est pas celui de la parole, même si, quelquefois, la parole de l'enfant éclaire l'intentionnalité de son dessin. Les automatismes acquis par l'adulte lui font poser des mots sur des évocations perceptives qui s'associent à ses processus de pensée. Il est capable de revivre, par ce biais, des émotions dont l'enfant n'a pu avoir conscience, et que le tracé ou la figuration ont fait apparaître.

Symbole et transfert

Il va de soi que devant un dessin, la symbolisation fonctionne de toute l'étendue de sa puissance, à la fois en tant que communication et en tant que défense dans la communication dessinée. Le repérage des symboles dans un dessin d'enfant nous entraîne vers la généralisation, la mythologie fantasmatique, et risque, par là, de nous éloigner du processus strictement transférentiel, et, encore plus sûrement, contre-transférentiel. Les symboles, s'ils ne sont pas replacés dans la particularité d'un dessin et de la relation que celui-ci suppose, demeurent à la surface de notre compréhension et en évitent l'intime perception. Ils sont aussi le lieu d'une mise en valeur, facile et défensive, de notre connaissance du passé de l'enfant, en particulier des défaillances de l'environnement et des effets des traumatismes connus. Nos identifications à l'enfant souffrant sont sans cesse mobilisées dans notre fonctionnement inconscient. Plus le dessin d'un enfant est habile dans la figuration, plus il prête à la mise en évidence de symboles, qui sont alors mis à la place des représentations fantasmatiques auxquelles ils ne sont que des allusions.

Nous devons nous souvenir que le « symbolum » est un objet auquel sa partie complémentaire est indispensable pour qu'il ait un sens. En psychanalyse, il est le représentant d'un conflit psychique qui divise le moi dans sa relation ambivalente à l'objet du désir. Si l'usage de cet objet de reconnaissance nous est indispensable, nous devons le considérer comme le point hypothétique de jonction avec nos propres associations sur l'objet lui-même. Sur ce point, l'analyste a donc pour fonction de devenir la partie complémentaire des symboles figurés par l'enfant dans son dessin. En effet, c'est à l'analyste que sont adressées les traces qui expriment la recherche de l'objet complémentaire que l'enfant voudrait atteindre, capter, toucher. L'analyste est l'autre pôle de la ligne affective inconsciente qui sous-tend l'ensemble des tracés fournis au regard commun à lui et à l'enfant. Autrement dit, toute interprétation issue du repérage des symboles figurés dans un dessin nécessite l'analyse de l'effet contre-transférentiel de ces symboles et doit maintenir la réserve sur le savoir de l'analyste fourni par l'extérieur, ou les références généralisantes (comme le faisait à l'époque S. Morgenstern) sur le complexe d'Œdipe, la castration, etc. Winnicott est net encore sur ce point : « L'interprétation doit se faire de la même manière que pour tous les patients : au plus près du matériel de transfert[1]. » Lorsque Thérèse dessine, ou plutôt trace avec un pinceau deux maisons accolées, peu lui importe d'apprendre qu'elles représentent son corps et le mien, que le mien est le substitut de celui de sa mère, qu'elle les dessine de cette manière parce que sa mère ne lui procure pas cette proximité peau à peau. Je lui ai dit, par contre, le ressenti (ou une part de mon ressenti personnel), à la vue de ce dessin : Thérèse a besoin de me sentir tout près d'elle, de savoir qu'elle peut s'appuyer sur moi, comme les deux maisons s'appuient l'une sur l'autre et que si l'une des deux n'est pas solide, l'autre la soutient. Je ne ferai allusion ni à l'image maternelle défaillante, dont je sais que Thérèse ne supporte pas qu'on l'attaque, ni au vide dépressif des deux maisons, trop intense pour être exprimable autrement que par l'absence de contenu d'un tracé, et dont l'enfant ne peut supporter les émotions ni la pensée éventuelle. Son dessin demeure une « pré-conception », au sens du terme de Bion, de la souffrance refoulée et du besoin d'étayage du moi, dont l'interprétation symbolique serait la dénégation des aspects personnels livrés par le transfert.

L'interprétation d'un symbole en tant que tel ne peut être mobilisatrice chez l'enfant. Elle risque plutôt de l'orienter vers une résistance transférentielle, des défenses intellectuelles, des aspects négatifs dans la cure. La défense narcissique, si elle est alors possible à l'enfant, va se trouver renforcée par le sentiment d'incompréhension des affects précis recouverts par les symboles. Si cette défense n'est pas possible au dessinateur, il peut se retirer de la relation et éviter la souffrance d'une absence d'écho chez l'analyste.

---

1. D. W. Winnicott, 1958*a*, tr. Payot, 1970, p. 90.

Dessin et mentalisation

Il faudra donc tenter de repérer les points d'impact produits par le dessin d'un enfant sur la relation contre-transférentielle établie avec lui par son analyste. Lorsque ce dernier regarde l'enfant dessiner, il se produit une alternance dialectique entre sensorialité et mentalisation. Le cheminement de la trace, perçu par l'œil de l'analyste évoque en lui des représentations sensorielles, motrices et symboliques. La manipulation des instruments, et les commentaires éventuels, participent aussi du schéma perceptif qui se construit dans la pensée de l'analyste. Il est donc placé intérieurement entre des réminiscences affectives conscientes et inconscientes que lui procure le « dessinement » de l'enfant, et qu'il projette sur l'enfant. Conscient de cette projection grâce à ses capacités de proximité avec ses mécanismes propres, il va repérer, au moins en partie, les déclenchements contre-transférentiels que cette situation détermine en lui, et retourner au décryptage des intentions transférentielles du dessin.

Les points d'impacts ainsi reconnus vont pouvoir (sinon devoir) être utilisés comme base de l'interprétation, s'il est devenu nécessaire de la formuler à l'enfant. C'est en fixant ces points de réflexion sur sa propre perception du dessin que l'analyste pose une hypothèse interprétative.

Il paraît, par ailleurs, judicieux de parvenir à comprendre pourquoi ces points d'impact existent entre un jeune patient et son analyste, les raisons pour lesquelles ils apparaissent dans le dessin à un moment précis de la cure ou d'une séance, et encore les raisons pour lesquelles leur interprétation sera donnée ou non au dessinateur. Ces problèmes ont été traités chez l'adulte par J. Strachey[1] qui qualifie une interprétation réussie de « mutative ». Ce terme fait apparaître la difficulté rattachée à notre but d'analyste : notre projet est *toujours*, consciemment ou non, de provoquer une modification à la « forme » psychique que nous construisons de notre patient. Le tracé produit par l'enfant dans son dessin semble révéler des défauts de construction de cette forme au décours de son déroulement. La hâte de l'analyste de voir évoluer un enfant peut alors se manifester par une hâte à interpréter qui ne saurait aller que dans le sens d'une précipitation obsédante, d'une exigence reproduisant la contrainte paren-

1. J. Strachey, *L'Interprétation mutative*, 1934.

tale ou scolaire à laquelle sont soumis les enfants et leurs analystes par une double identification à l'enfant qui veut plaire et au parent exigeant.

Devant un dessin dont le déroulement lui inspire une multiplicité d'interprétations, l'analyste doit savoir se taire et laisser « mûrir » l'enfant puisque celui-ci est déjà parvenu à lui confier les traces de ses émotions profondes. Il doit laisser sa propre « rêverie » porter l'enfant. Mais cette « rêverie » repose sur des associations contre-transférentielles.

Je donnerai comme exemple simple ma propre tentative d'expliciter la dynamique qui se développe entre Antoine et moi-même lorsque cet enfant peint une feuille de papier blanc en jaune, comme une surface indéfinie, dont les limites ne sont déterminées que par la banalité usuelle des dimensions du papier. C'est pourtant cette donnée essentielle de la situation transféro-contre-transférentielle qui a évoqué en moi l'inondation chaude que le petit garçon avait produite sur moi en urinant sur mes genoux quelque temps auparavant.

Pour autant qu'il me soit possible de les transcrire ici, voici quelques éléments de mon contre-transfert, tels qu'ils me sont apparus après coup :

1) mon moi idéal d'enfant propre, abouti en personne socialisée, réagit par la surprise et un mouvement de rejet ;

2) en même temps, une partie de mon sur-moi se présente et réprouve cette expansion pulsionnelle incontrôlée ;

3) très rapidement mon moi-analyste désapprouve mon rejet et cherche à percevoir un lien entre l'autre enfant et moi-même ;

4) je ressens alors un mouvement de tendresse qui décèle immédiatement mon identification au bébé plein de bien-être contre le corps maternel ;

5) ce mouvement positif prend le dessus, mon refus est contrôlé, la satisfaction visuelle de l'étendue jaune me permet de verbaliser des sensations de bien-être, résultat de mon identification à Antoine.

6) À présent, il est manifeste pour moi qu'il m'a été nécessaire de refouler les signes érotiques, de l'ordre de la décharge sexuelle, que l'écoulement incontrôlé de l'urine pouvait évoquer pour moi. D'autant plus qu'il s'agissait d'un garçon. De toute manière, ce registre ne pouvait être entendu par Antoine. Il s'agissait du bien-être expansif qu'il pouvait témoigner en remplissant la feuille de papier et mon regard de la chaleur du jaune.

Bien évidemment, la situation de S. Daymas en face de Claire et de ses dessins, est beaucoup plus compliquée. En effet, les dessins de Claire et l'abord de la fillette étaient, comme l'écrit S. Daymas, déjà érotisés. La sensorialité était manifeste, la sensualité directe et le langage très élaboré lorsqu'il fut exploité. Sans doute aussi la communication entre une fillette et son analyste-femme comporte-t-elle des nuances très différentes dans le contre-transfert lorsque l'excitation érotique est explicitée par l'enfant. Sans chercher à imaginer la part plus personnelle du contre-transfert, il apparaît dans le texte de l'analyste de Claire, que les constructions spatiales et esthétiques ont été un point de rencontre important entre les deux partenaires. Elles ont servi de support aux « formes esthétiques », depuis l'odorat jusqu'à la figuration linéaire raffinée, toujours en passant par la contenance du regard, ou l'évocation de représentations imagées largement développées qui ont été mises en commun. Je remarque aussi, dans le commentaire de l'analyste, qu'elle a été capable de ressentir la « décharge sensori-motrice » que représentaient les dessins de Claire et le « sens pulsionnel » dont elle s'est reconnue l'objet, dans une « complicité » qui lie les inconscients.

On retrouve, dans le commentaire de S. Daymas, le balancement dialectique entre les évocations sensorielles que détermine le dessin et la recherche théorico-technique de l'analyste qui maintient sa distance avec l'inconscient pulsionnel. Le dessin peut alors être compris comme un lieu d'expression transitionnel entre l'espace corporel et l'espace psychique, et les mouvements internes qui leur sont propres. Dans ce lieu, le corps est utilisé et maîtrisé par l'œil et la main dans la matérialisation du tracé. Lieu transitionnel aussi entre le patient et l'analyste dans la mesure où ce dernier est pris comme représentant des objets parentaux à qui s'adressent les figurations du dessin, qu'elles soient ou non ressemblantes avec des objets réels. Cette destination nous est manifestée par exemple, lorsque l'enfant décide d'emporter son dessin pour le montrer à son père ou sa mère. Il est inutile de s'opposer à ce désir. Mieux vaut alors se poser la question de ce qui nous a échappé du transfert émis par ce dessin et ce qui aurait pu en être dit. Il se peut, en cette circonstance fréquente, que les investissements sexuels sous-jacents aux aspects secondarisés du dessin aient été refoulés par l'analyste.

En effet, les investissements sensori-moteurs qui représentent les bases de la sexualité en évolution chez l'enfant, nous sont transmis dans le dessin par l'intensité du tracé, sa fluidité, son découpage ; et encore par le choix et la répartition des couleurs. Les traits qualitatifs variés d'un dessin, issu de la tension excitante et du projet expressif de l'enfant, sont soumis à nos choix conscients et inconscients.

Il nous faut alors reconnaître les particularités de notre sensibilité personnelle et les analyser à notre mesure propre pour repérer la mise en écho inconsciente que l'enfant a provoquée par son dessin, et qui sera le lieu d'une interprétation éventuelle. Une interprétation, surtout si elle est liée à l'excitation sensorielle qui détermine un dessin, est toujours entachée des projections inconscientes de l'analyste. Mais le transfert est bien le lieu propre à la mise en valeur et à l'explication des liens les plus intimes, au-delà de la mise en commun des fantasmes.

Chapitre 6

PERSPECTIVES MÉTAPSYCHOLOGIQUES SUR LE DESSIN TRANSFÉRENTIEL DE L'ENFANT

Loïse BARBEY

INTRODUCTION

De la trace au tracé, du trait à la ligne, de la ligne... de fuite à la distance de la perspective : tant et tant de figurations nous sont données, énoncées par un geste graphique qui nous verse d'un bord à l'autre du psychique.

– De la trace : émergence essentielle, signe identitaire, première empreinte du soi sur la feuille, de ses rythmes, ses respirations, ses brisures aussi.

– Du tracé dans ses incertitudes narcissiques, ses tentatives de figuration d'un moi encore évanescent, ses formes premières qui s'organisent... ou se désorganisent... sur la feuille.

– Du trait inscrit dans une définition qui se veut représentative de l'être : « le bonhomme » : tel apparaît alors le dessin dans sa définition classique, figurative. Il est d'emblée porteur du conflit psychique : sans doute est-ce là une de ses vocations : dire en même temps le désir et l'interdit dans la langue de l'enfant. Ce dessin-là, celui du conflit névrotique, nous occupera particulièrement dans le registre du fantasme, ce qui ne veut pas dire que les « figurations » sous-jacentes de trace et de tracé ne nous apparaissent pas dans toute leur importance, en tant que fondatrices de la représentation graphique du lien, ici transférentiel, des origines. Nous en suivrons un certain cheminement symbolique.

Le dessin, dans ses déploiements névrotiques, nous apparaît comme un processus remarquable qui s'inscrit dans un temps relativement défini : celui d'un fonctionnement mental marqué par la capacité et l'investissement d'une figuration graphique du conflit intra-psychique. La figurabilité, à l'état de veille[1], de la scène psychique inconsciente se trouve à portée de la main, tant corporelle que psychique, de l'enfant qui dessine. Cette faculté, étonnante, disparaîtra progressivement, sensiblement à la fin de la phase de latence. Il s'agit d'un processus assez paradoxal auquel l'adulte n'aura plus accès, hormis la création artistique. Seul le rêve durant le sommeil lui permet de figurer ainsi en images un conflit psychique inconscient.

Le mouvement tant psychique que graphique qui sous-tend le dessin est très investi par l'enfant, il entraîne souvent un déferlement de représentations qui vient s'inscrire et participer au déploiement transférentiel de la névrose infantile[2] dans toute sa conflictualité : figurant l'élaboration de la perte originaire, le travail de construction du moi corporel et psychique, l'ancrage des appuis identificatoires, les destinées pulsionnelles tant libidinales que destructrices, la mise en place des mécanismes de défense. Tous ces mouvements sont tracés dans une figuration fantasmatique dont la richesse graphique semble inépuisable.

---

1. Même si l'état de veille est porteur de censure, de travail du refoulement, la représentation figurée s'ancre dans une expression de la scène psychique inconsciente.
2. Ici considéré comme ce temps élaboratif incontournable retrouvé dans l'analyse du patient adulte (S. Lebovici).

Ce recours à l'expression graphique, bien plus cette nécessité intérieure, voire cette compulsivité, apparaissent particulièrement dans le champ de la psychothérapie. L'enfant est alors profondément activé dans sa quête de représentation, tant moyen d'expression que processus défensif. Cette situation singulière d'un adulte entièrement consacré à l'enfant seul, à son écoute, sous son regard, mobilise en effet les mouvements pulsionnels, conflictuels, menaçants, à l'égard des objets internes, dont la fragilité même a conduit à la demande de psychothérapie : c'est bien là le déploiement du transfert. La figuration, le mouvement de psychisation, témoignent de l'effort intense de penser, de représenter de l'enfant. Une mise en scène intérieure figurée qui rend compte de l'intensité du fantasme mobilisé, qui témoigne d'une mise en travail élaboratif complexe, mais qui peut représenter aussi par le mouvement quasi hallucinatoire l'espace originaire de la figurabilité dans des apparitions régressives émouvantes.

Disons que la figuration, sa fonction représentative, apparaît du côté d'un mouvement unificateur, défensif, construisant les murs du moi[1], contre ce qui a pu faire effet d'effraction dans le psychisme de l'enfant. Mais cette figuration est en même temps porteuse d'images de quête pulsionnelle, ravivées par l'objet transférentiel-thérapeute. Le dessin apparaît alors comme une tentative de compromis remarquable. Il se revêt, pour ce faire, de toutes ses formes substitutives que sont les « laissez-passer » symboliques. Le symbole ignore la censure. Il permet de véhiculer les messages inconscients, quêtes pulsionnelles ainsi rescapées du refoulement... Formation de compromis, le dessin en est aussi porteur par son contenu fantasmatique. Le fantasme, mise en scène du désir dont l'essence même allie mouvement pulsionnel et mécanisme de défense est le tissu vivant du dessin.

Nous avons organisé tous ces mouvements esquissés autour de cinq points de réflexion.

1. Le dessin comme enveloppe et figuration du moi.
2. Le dessin comme représentation, comme représentation du processus primaire.
3. Le dessin comme travail de symbolisation.
4. Le dessin comme fantasme.
5. Le dessin comme figurabilité : le dessin comme figure du fantasme.

1. De cette maison indéfiniment bâtie, figuration « d'intérieur ».

LE DESSIN COMME ENVELOPPE ET FIGURATION DU MOI

Nos réflexions sur le dessin, sur la feuille, sur sa surface, lieux de projection, trouvent un appui fondateur dans une de ces pensées de Freud qui font figure de véritables théorèmes, entrés dans l'histoire : « Le moi est avant tout un moi corporel, il n'est pas seulement un être de surface, mais lui-même la projection d'une surface. » Freud ajoute la note suivante en 1927 : « Le moi est finalement dérivé de sensations corporelles, principalement de celles qui ont leur source dans la surface du corps. Il peut ainsi être considéré comme une projection mentale de la surface du corps, et de plus, [...] il représente la surface de l'appareil mental[1]. »

Du moi corporel au moi psychique

Le dessin nous apparaît comme une figuration essentielle de ce mouvement fondateur d'identité qui soude le moi corporel au moi psychique dans une mouvance d'investissement de l'un vers l'autre. Le moi corporel serait celui de toutes les sensations, de la sensorimotricité dans ses éprouvés, ses exigences, ses investissements inscrits dans les traces mnésiques et liés au travail lent et progressif qui mène au « sentiment d'être-dans-son-corps », de pouvoir se percevoir comme tel. C'est aussi dire qu'aux origines de cette construction élaborative ont pu être incorporées, introjectées, digérées, faites siennes, constituées en soi, les sensations fusionnées au corps maternel primaire : corps-sein, objet partiel, visage, regard... et tous ces mouvements de la sensorialité affective subtilement inscrits dans les tissus et dans l'ossature du corps. Ces mouvements de *holding* dedans-dehors, d'enveloppes et de contenance originaire. « L'objet privilégié qu'est la mère crée une *Gestalt* dans laquelle le nourrisson est confondu lui-même avec son objet d'amour[2]. »

1. S. Freud, 1923, p. 270.
2. A. Anzieu, 1993, p. 348.

Premières préfigurations du dessin : après l'entremêlement des premiers mouvements projetés sur la feuille, intitulés « gribouillages »... apparaissent ces traits-traces si émouvants, traces tremblées, sortes de filaments, premiers gestes sensori-moteurs inscrits en traces graphiques porteuses du soi – le moi et l'objet sont là encore confondus dans la trace. Pour F. Tustin, le premier mode de relation à l'objet est de nature symbiotique – sujet et objet étant inclus dans une même membrane symbiotique, d'emblée « vecteurisée » par l'axe langue-mamelon-sein. La trace, dans ses premiers effleurements – à nos yeux, premiers affleurements psychiques graphiques – nous évoquerait-elle cette fragilité de membrane originaire au regard de laquelle la peau – le tracé – apparaîtrait en contraste, comme nettement plus « psychisée » – également comme image d'une certaine « épaisseur protectrice », quand bien même parcheminée d'impacts douloureux, effractants et d'éprouvés fragilisants ?

Revenons à cette trace de soi : la pâte de la peinture, son épaisseur précisément donne corps à la trace, à sa fragilité. On en conçoit l'investissement intense par l'enfant : il s'agit là de « faire trace », de laisser sur la feuille son petit paquet de couleur, son empreinte. La peinture au doigt, avant le relais du pinceau, est alors au plus près de la trace identitaire, dans la sensation d'être : mouvement du soi, base narcissique du moi. Ces traces « s'organisent » dans une plus grande continuité qui mène aux premières tentatives de figuration[1]. Ces premières traces « pré-figuratives » apparaissent souvent comme de longues traînées sinueuses, sortes d'enveloppes ayant certaines courbures, qui tendent à contourner de l'intérieur mais près des bords l'espace de la feuille, souvent pas, une mais deux enveloppes, pour venir s'incurver dans un mouvement plus central comme une sorte de zone-visage porteuse de plusieurs points, des yeux encore multiples ? Certains tracés plus « épais », comme étalés en taches, en empreintes, seraient-ils porteurs de points d'ancrage d'ossature paternelle ?

Serait-ce là une figuration de la dyade primitive mère-enfant, double enveloppe, que nous désignerions comme première configuration psychique ? Ces figurations marqueraient le passage du peau à peau originaire – retrouvé dans le fantasme de peau commune

1. Esther Bick définit la « peau psychique » : « La thèse est que dans leur forme la plus primitive, les parties de la personnalité sont ressenties comme n'ayant entre elles aucune force liante et doivent par conséquent être maintenues ensemble, d'une façon qui est vécue passivement par elles, grâce à la peau fonctionnant comme une frontière. », 1968.

(D. Anzieu) – vers des sensations d'enveloppes, porteuses de continuité puis de contiguïté. Ainsi en témoigneraient ces tracés de sinuosités enveloppantes souvent retrouvées. Celles plus centrales seraient-elles porteuses de la continuité du contenant maternel, en tant qu'ancrage du soi, dans une inscription fondatrice originaire ? Celles plus périphériques seraient-elles référées à l'enveloppe du moi-peau dans sa rencontre avec le monde extérieur ? Il ne s'agit ici que de perspectives évocatrices ; ceci étant, ces sinuosités, souvent doublées graphiquement ne manquent pas de rappeler aussi le double feuillet freudien[1]. Mais aussi, il serait externe – comme entourage maternant – interne – à la surface du corps du bébé[2]. Ce ne sont là qu'interrogations esquissées de notre part qui trouveraient à s'étoffer de toutes les recherches engendrées par le concept du moi-peau, dans « ses inscriptions graphiques préfiguratives[3] ».

Les premières sensations-figurations témoignent d'un intense travail organisateur d'espace psychique projeté sur la feuille. Elles évolueront vers les boucles, boucles autour d'un point, puis vers le « bouclage », la forme qui se ferme, le rond : signe de ce travail au long cours vers la construction d'un moi investi narcissiquement comme différencié.

Du « peau à peau interface », l'évolution se fait aussi vers la figuration du contact. Le rond est muni de « palpes », comme autant de quêtes de contact à la surface du rond, de l'enveloppe moi-peau. Voici, à nouveau, une évocation : celle de l'animalcule protoplasmatique nanti de ses pseudopodes, image freudienne du moi.

Nous ne faisons là qu'effleurer tous ces premiers gestes de traces, tracés – qui ont fait l'objet de recherches approfondies[4] : ceci afin de souligner l'importance de la trace à ses origines en tant qu'indissociée de la sensation du moi corporel, dans un « mouvement d'existence » beaucoup plus que « geste de pensée ». Ces mouvements de sinuosités, d'ondulations, de balayages ne sont pas encore de l'ordre du trait. Ils sont justement encore essentiellement mou-

1. Le double feuillet s'inscrivant dans la perspective de la « Notice sur le bloc magique » de Freud (1925) ; double pellicule du moi, l'une comme pare-excitation, l'autre comme surface d'inscription.
2. D. Anzieu, 1985, p. 61-64.
3. « Le moi-peau est le parchemin originaire qui conserve, à la manière d'un palimseste les brouillons raturés, grattés, surchargés d'une écriture "originaire", pré-verbale, faite de traces cutanées », *op. cit.*, p. 104.
4. G. Haag, 1990, p. 91-115.

vement de l'être, de ses rythmes intérieurs, ineffables, fusionnés au corps maternel. Nous dirons que l'ordre du trait, dans l'ordonnancement graphique du dessin et de sa figuration, s'appuie sur ces premières inscriptions de l'essence narcissique de ce noyau d'être. Nous l'avons ici désigné comme a-conflictuel : la mère dite « suffisamment bonne » permet sans doute à l'enfant de faire trace, même si cette trace ne saurait devenir trait sans affronter toute la conflictualité du psychisme. Il n'est cependant pas donné à tous les enfants de pouvoir faire trace, l'étayage transférentiel y trouve là une de ses vocations.

Ces figurations premières témoignent d'un travail « moïque » déjà très élaboré qui permet à l'enfant d'inscrire son mouvement corporel dans un geste qui fait trace psychique. Dans la même mouvance, le moi corporel s'est associé, confondu, fondu au moi psychique en construction : c'est-à-dire en identification primaire avec son objet qui simultanément se construit dedans. Rappelons ces premiers investissements où tous les mouvements incorporatifs introjectifs, projectifs, mouvements libidinaux et destructeurs sont centrés sur ce sein « créé parce que trouvé » dit Winnicott. Ce sein, dont l'illusion, essentielle alors pour l'enfant, veut qu'il soit créé par lui, c'est-à-dire trouvé là où il devait justement se trouver, du fait d'une bonne identification de la mère à son enfant. Pour Winnicott le psychisme est « l'élaboration imaginaire des parties, des sensations et des fonctions somatiques[1] ». Les « versants physiques et psychiques » seront progressivement, profondément intriqués, menant au « corps vivant avec ses limites », déterminées par cette membrane-frontière qu'est la mère, « son intérieur et son extérieur ». Ce corps vivant est ressenti par l'être comme le « noyau de son self imaginaire ». Le soi prend racine dans la « somme de la vie sensori-motrice » ; il provient de la « vie des tissus corporels [...] et du libre jeu des fonctions du corps ». Il donne à l'être son sentiment d'être réel, vivant et créatif. Nous en verrons l'émergence progressive en séance, quand le graphisme peut se défaire de ses apprentissages plaqués, maîtrisés, pour exprimer les premiers tracés du soi, du moi, dans un mouvement « régressif », tourné vers la trace authentique de l'enfant. Celui-ci retrouve, ou plutôt trouve alors les rythmes de balayage, d'allers et retours, premiers tracés du lien, le déroulement en spirale, les pointillages de contact.

1. D.W. Winnicott, 1958, p. 68.

Tels nous sont apparus les mouvements graphiques, sur les dessins 6.1, 6.2, 6.3 ci-après, d'un enfant de huit ans construit en « faux-self » et retrouvant ses traces[1]. Nous n'en commenterons pas le détail. Ici, notre propos est autre, mais leur figuration en soi nous paraît proche des mouvements psychiques que nous tentons de décrire. Certaines émergences figuratives en sont saisissantes. Est-il nécessaire de rappeler que toutes ces quêtes figuratives sont ici référées au mouvement du transfert dans la séance ?

Ainsi, dirons-nous, dans le sillage de Winnicott, que le lien est étroit entre le soi et la spontanéité d'où part le geste créateur, ici, celui de l'enfant qui dessine. L'enfant trace alors par le dessin le tissu vivant de ses objets fondateurs de son soi, de son moi ; nous vous en proposons une figuration allégorique.

Allégorie de l'enfant qui se lance dans la représentation graphique en quête de son objet

Il est debout, prêt à marcher. Ceci nous paraît signifier que l'accession à la verticalité est de l'ordre d'un préalable nécessaire à la capacité de représenter par le dessin. Il s'agirait d'une figuration du moi psychique inscrite dans le mouvement même du moi corporel, dont l'unification permet et signe cette accession – mouvement intégrateur qui va lancer l'enfant dans l'espace... Celui de la représentation graphique. La marche signifierait alors que l'appui au sol, sol intérieur, est suffisamment solide pour que le déplacement puisse être envisagé dans l'assurance d'une possible continuité, la continuité psychique, celle qui permet d'élaborer l'absence en trace graphique. Ainsi, l'enfant à la bobine, qui avait 18 mois, jouait, mettait en scène l'absence de sa mère, et la sienne propre, en se cachant derrière le miroir : 18 mois est bien l'âge d'apparition de la trace figurée graphiquement. Certes, l'enfant s'y essaie beaucoup plus tôt, découvrant avec étonnement une trace sur la feuille, mais l'investissement n'en est pas soutenu. La trace n'est pas encore ressentie comme d'appartenance. Quand en surgit la découverte, elle est souvent accompagnée d'une certaine jubilation (qui n'est pas sans

1. Ils nous proviennent de notre collaboration avec le docteur A. Zivi, psychothérapeute dans notre département. Nous l'en remercions.

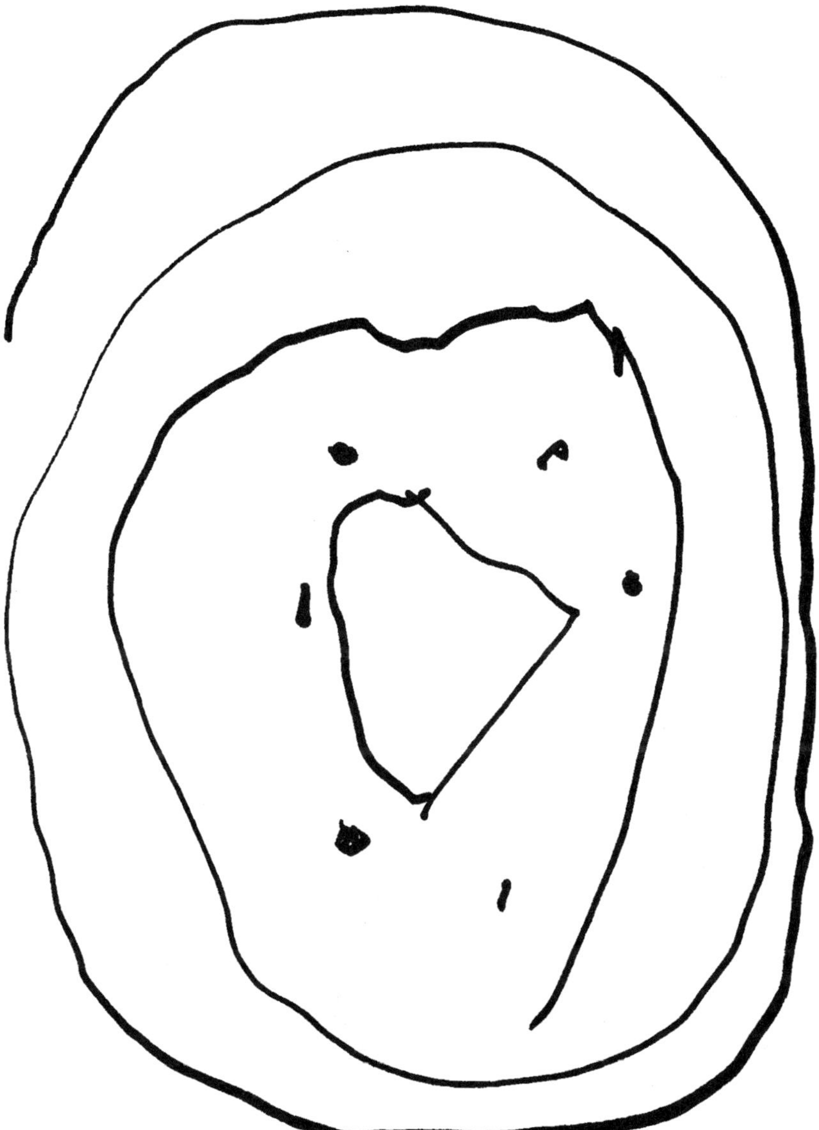

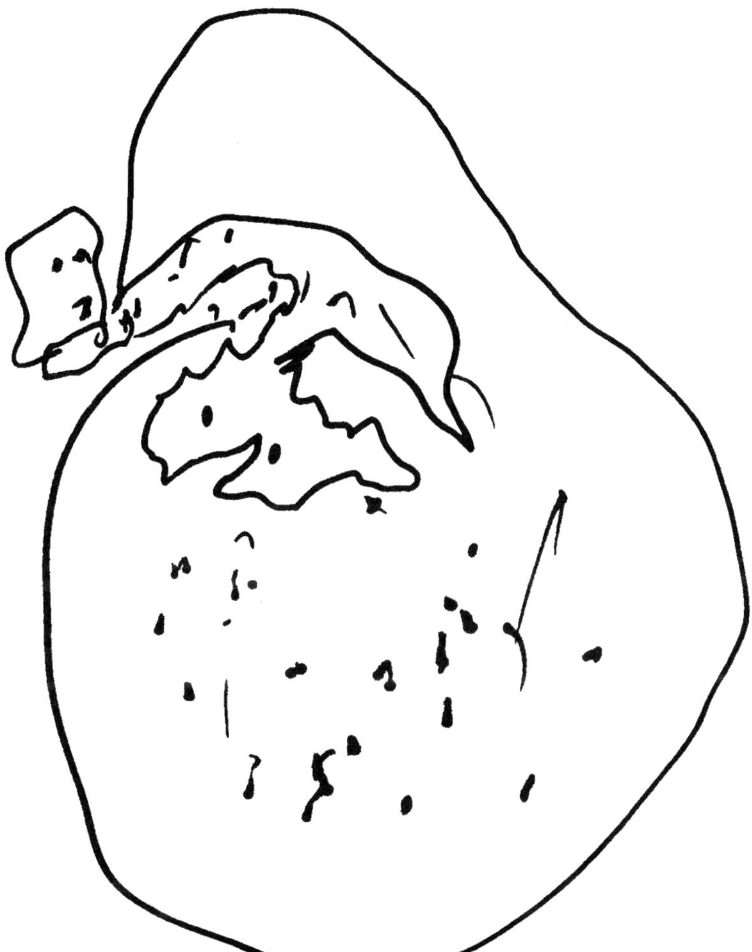

évoquer le stade du miroir). Il s'agit là d'un mouvement essentiel d'appropriation subjective. Le déplacement suppose donc que le sol, surface moïque, soit nanti d'une certaine sécurité, celle d'un objet dedans, objet interne suffisamment ancré : les premiers traits, premiers déplacements symboliques graphiques, apparaissent alors dans leur incertitude de traces tremblées. C'est dire la fragilité de la capacité à représenter. Tous ces mouvements sont en devenir et précisément le dessin en même temps qu'il en est une figuration, est un étayage : le dessin, dans toutes ses facettes, est toujours simultanément mouvement de figuration et mouvement « d'auto-construction ».

Ce sol moïque, projeté sur la feuille, est dedans-dehors, un sol transitionnel encore très imprégné de la sensorialité du corps et de la voix maternelle qui en ont formé la trame, le tissu vivant. La référence paternelle ferait plus figure d'ossature, de colonne vertébrale structurante. Ces objets intérieurs, fondateurs du soi, du moi sont inscrits au cœur même de la corporéité de l'enfant. Nous l'avons beaucoup souligné : l'enfant dessinant œuvre dans l'épaisseur de son propre moi corporel : il trace le tissu vivant en lui de ses objets : ceux-ci seront pris, repris, « tramés » dans la trace même du dessin, dans ce geste qui va du mouvement corporel à la représentation graphique. Dans un article intitulé « Importance du rôle de la motricité dans la relation d'objet[1] » Marty et Fain soulignent comment la motricité pulsionnelle initiale, une motricité de décharge, va évoluer en motricité de plus en plus fine : en rapport avec un objet de plus en plus intériorisé. Ainsi s'expriment-ils : « L'éloignement du sujet de sa motricité pulsionnelle nous paraît jouer un rôle essentiel dans la genèse de la fantasmatisation, de l'intellectualisation », nous ajoutons de la capacité de représentation par le dessin, de la possibilité de figuration graphique symbolisante. L'objet plus ancré permet l'élaboration de la distance qui devient éprouvé psychique figurable : de la distance de la ficelle – qui permet d'éloigner la bobine -, elle-même déjà symbolique, et qui peut être représentée par le lien tracé par le trait, comme il est dit trait d'union : représentation graphique par un redoublement du déplacement symbolique[2].

1. P. Marty, M. Fain, 1995, p. 205-284.
2. Notons que, chez l'enfant freudien à la bobine, tout ce mouvement prend sens en tant qu'il est accompagné du fameux « o - o - o - o » (fort loin) – « da » (voilà), qui signe l'émergence de l'ancrage symbolique secondarisé, en mots.

Ainsi, la représentation de l'objet dedans, de l'objet transférentiel, étayage de permanence psychique, est appuyé sur cette capacité de déplacement qui permet aussi de figurer symboliquement et par une motricité très affinée, tous les mouvements sensori-moteurs à l'égard de l'objet. Le trait, trait d'union ou de désunion est venu « remplacer » la trace. Figuration des objets du dedans, des liens internes qui sont portés, soutenus, mais souvent aussi tissés, dans une reprise du lien originaire, celui de l'agrippement à l'objet transférentiel : liens tissés c'est-à-dire créés à la façon winnicottienne du *squiggle*[1]. La permanence de cet objet transférentiel à travers toutes les attaques graphiques, traits destructeurs, imagerie dévoratrice ou explosive..., la permanence s'étoffera aussi de sa représentativité progressive par le dessin en lui-même, étayage interne. C'est dire encore que le dessin est aussi comme un tissage graphique symbolique entre dedans et dehors, incluant l'enfant et son thérapeute : il arrive souvent et pour cette raison – certes parmi beaucoup d'autres – que l'enfant revoyant son dessin, lors d'une séance ultérieure, ne s'y reconnaisse pas. La vision objective, objectivante, est tout à fait étrangère à ce qui se vit dans l'espace transférentiel du dessin. Il n'existe de regard que profondément inter ou intra-subjectif et porté par la mouvance affective de la séance. Le *squiggle* de Winnicott se référerait selon nous à cet espace.

L'éloignement du sujet de sa motricité pulsionnelle est aussi à mettre en relation avec la capacité graphique en elle-même. La participation du corps entier mobilisé lors des premiers « gribouillages » va être « lâchée » progressivement. On assiste à un véritable déplacement, en même temps qu'« affinement » des investissements du corps, du corps entier vers la main. Cette main motrice se diversifie, s'affine, se libère pour ne plus mobiliser progressivement que ses doigts. Ceci est une théorie, de fait il ne serait pas inintéressant de pouvoir mesurer l'état de tension motrice du corps de l'enfant dessinant. Mais, par ailleurs, il est certain que des déplacements essentiels d'investissement sont en jeu. Marie-Alice du Pasquier dans *Écrire c'est passer de l'image à la lettre*, 1994, (texte non encore

1. Le *squiggle game* est un jeu partagé entre thérapeute et enfant. La consigne donnée à l'enfant est : « Je dis : je ferme les yeux et je laisse courir mon crayon sur le papier, comme ça, c'est un squiggle. Tu en fais quelque chose d'autre puis c'est à toi de jouer, tu fais un squiggle et c'est moi qui le transforme. » (D.W. Winnicott, La consultation thérapeutique et l'enfant, 1971, trad. Gr. Gallimard, 1991, p. 16.)

édité) observe et analyse longuement et finement toutes ces élaborations qui mènent l'enfant à l'écriture[1] : « Ce déplacement dans l'espace du corps est aussi toujours éloignement. De proximal le geste devient distal. Le geste même d'écrire, de bracchial va devenir plus digital. Il quitte l'axe pour la périphérie. L'enfant qui mobilise tout son corps pour tracer ses premiers gribouillages n'utilisera plus, à la fin, que son avant-bras pour écrire, l'axe du corps ne conservant plus alors essentiellement qu'une fonction d'origine. De même, la prise du crayon, qui était palmaire devient plus digitale. Le crayon abandonne le creux de la paume (le giron, dirait sans doute Geneviève Haag) pour les doigts, qui mettent alors leur agilité au service de tracés fins et minutieux. Autrement dit, sur les lieux mêmes du corps, la distance se met en place avec de nouveaux "investissements" grâce auxquels les fonctions se spécifient, s'individualisent. »

Nous dirons aussi que l'enfant se lance en quête de représentation symbolique. Il lâche la main « de dehors » pour tenir le crayon qui figure alors une main « dedans » qui va lui servir de relais, d'appui vers la figuration de tout son mouvement conflictuel transférentiel. Travail où ses objets, nous le disions, sont pris, repris, tramés dans la trace même du dessin. Ils sont alors objets d'un corps à corps où l'enfant s'exerce infiniment et indéfiniment à la représentation symbolique : les premiers symboles se construisent sur le corps de l'autre pris comme représentation du corps propre – premiers déplacements symbolisants[2]. Ces premiers ancrages symboliques sont eux-mêmes indissociables de leur inscription dans la voix, les modulations, les mots, la parole parentale. Le graphisme s'accompagne le plus souvent progressivement d'une désignation de la part de l'enfant, il devient désignation symbolique verbale. Ainsi ce sceau symbolique qui est la marque même de la capacité de figurer, ici en images, ce sceau se trouve infiniment enrichi par la capacité de nommer[3]. Quel parcours intérieur, transférentiel effectue l'enfant pour que l'inscription de tout son corps en mouvement se représente en corps psychique propulsé dans l'espace de la représentation, espace qui le sépare de son objet tout en le réunissant à lui quant au sens symbolique ; il court

1. Question sur laquelle nous reviendrons d'ailleurs dans notre conclusion.
2. La symbolisation pourrait être définie de façon très générale comme l'aptitude à « s'auto-représenter et à représenter l'objet absent à l'aide de substituts divers : gestes, images, mots. Elle deviendra règle d'appartenance et d'échange ».
3. Nous consacrerons une partie du chapitre 6 (p.190 et suiv.) au dessin comme travail de symbolisation.

après dans la chaleur transférentielle, il dessine après comme il s'atteint lui-même dans sa capacité à le garder tout en se déplaçant, tout en le déplaçant, capacité de le re-présenter dedans-dehors : un objet présent-absent, un objet dessiné, nommé symbolisé... un travail au long cours de psychothérapie. « L'espace représenté est le plus éclatant témoignage de l'effort de négation et de dépassement par rapport à l'aspect fusionnel des premières relations[1]. »

Le dessin nous montre progressivement le passage de la perception du contact à la perception de la distance. Il y a le toucher de la feuille, sûrement essentiel, l'appui sur elle, la capacité à arrêter le trait, le lâcher, le reprendre, mais aussi la distance que suppose la mise en œuvre du regard : voir sa trace, son mouvement, le geste graphique, le déplacement sur la surface, – l'œil qui suivait, devient l'œil qui guide la main qui trace. La représentation, progressive dans ses figurations, participe à la capacité de mise à distance : le dessin est alors mouvement de désengagement pour autant que le peau à peau ait été suffisamment étayant. Le relais main-œil nous paraît alors essentiel.

Pensons à ces premières figurations du bonhomme-têtard où les yeux « mangent » la figure. Ces yeux ont une multiplicité de sens : mais ici ils soulignent, nous semble-t-il, un certain rôle essentiel, du regard. Nous parlions précédemment de la trace, voir sa trace, quelque chose de soi qui est alors lâché sur la feuille. Nous dirions que ne peut être représenté que ce qui peut être lâché et que ne peut être lâché que ce qui peut être repris par le regard, dans la sécurité d'une certaine trajectoire intérieure, coordination main et œil, tant et tant vérifiée, éprouvée dans le geste en soi. Le geste graphique en suit la courbe. L'œil recapte, réintrojecte ce qui a pu être projeté : dans un mouvement réciproque, avec la « main » qui lâche, incessant. De fait, aussi, la main ne lâche que sous la protection de l'œil qui contrôle. La prise de distance s'en élabore progressivement. « L'œil psychique » est alors utilisé comme un sphincter qui maîtrise et peut reprendre là où « la main psychique » a pu lâcher.

Les spécialistes du dessin comme représentation de l'espace font remarquer l'extrême lenteur des processus d'élaboration. La distance, la perspective, ce que l'on appelle la ligne de fuite... se construisent sur des années de travail mental. Ceci rend compte de la difficulté d'élaboration de la distance psychique, « sans cesse remise sur le

1. M. Douriez-Pinol, 1974, p. 173.

métier », comme le dit Freud, du travail du deuil, de la séparation, de la perte... mouvements de construction et d'autonomisation du moi.

D'autre part, si ce moi se fonde comme enveloppe contenante, le dessin n'en ferait-il pas aussi figure ? Une fois encore, citons Freud : « Le moi est avant tout un moi corporel, finalement dérivé de sensations corporelles, principalement de celles qui ont leur source dans la surface du corps... Projection mentale de la surface du corps. Modèle de l'organisme pour le psychisme » : de même que le tégument-peau à la surface du corps marque la limite de celui-ci – dedans-dehors – de même, le système psychique « perception conscience », « noyau du moi » dit Freud en 1923, tente de départager ce qui vient du dehors – réalité, de ce qui vient du dedans – fantasme. Ce système se situerait à la « surface » du psychique, filtrant les informations. Il est protecteur comme l'est la peau « corporelle ». Le dessin participe, de notre point de vue transférentiel, de cette enveloppe-peau protectrice pour l'enfant : il met une limite à son fantasme, en le figurant, le contenant par le trait. Effet de pare-excitation comme une peau-écran-feuille-graphisme, qui devient contenante : construisant, alors, à l'intérieur de lui-même un objet pare-excitant. Il peut en représenter transférentiellement la quête et l'effet par la figuration qui, par définition, sera limitante, contenante, réductrice de ses propres projections fantasmatiques. Il dessine un animal préhistorique attaquant, mais le graphisme, en lui-même, circonscrit l'objet-moi attaquant.

Enveloppement narcissique, narcissisant : l'enfant dessine ses tours et ses contours[1], ses incurvations, ses hésitations, inhibitions, replis, reprises, ses à-coups. Il trace sa trace, définit ses limites, construit son image : de celle des premières figurations où, comme nous le disions, les yeux mangent la « figure », à la multiplicité de tous les déguisements de l'image du soi, du moi, de l'autre, représentés psychiquement. Nous pensons à ces temps remarquables du

1. Remarquons que les figurations retrouvées des graphismes des temps préhistoriques sont très souvent (pas toujours) des traits de contours : serait-ce une façon de tracer, en même temps que de désigner, cerner, maîtriser, faire œuvre d'enveloppe contenante autant de celui qui trace que de l'animal figuré. Par contre, la main, et seulement la main, est figurée en pleine peinture, en plein pigment, comme l'on dirait en « pleine peau » sur la paroi. Est-ce là le signe de cette trace identitaire primitive, dont nous parlions comme première figuration de soi ? Les mains en représentation au pochoir seraient alors déjà plus porteuses de représentation imaginaire. Ces mains dont les enfants aiment aussi dessiner leur contour.

processus thérapeutique où l'enfant fait le portrait de son thérapeute. Un travail de dessin qui fait alors partie de la capacité assimilatrice, introjective du moi. Le dessin, lui-même figurant l'introjection de l'objet-thérapeute comme mouvement psychique étayant l'édifice moïque de l'enfant. L'âge du dessin de l'enfant est aussi celui des panoplies-identités empruntées : l'enfant captivé par l'image de l'autre tente de s'y glisser. Même âge que celui de l'extraordinaire faconde du dessin : 4, 5, 6, 7 ans : âge de tous les déguisements, mais aussi de toutes les aspirations identificatoires ici considérées en appuis narcissiques.

Revenons à notre allégorie : cette propulsion du corps dans l'espace, sa nécessaire intégration dans un mouvement totalisateur implique une certaine unification narcissique. Dans le narcissisme, c'est le moi, comme image unifiée du corps qui est l'objet de la libido. Le dessin est alors mouvement narcissique, projection figurée de la capacité d'être. Les premiers tracés, premiers effleurements graphiques légèrement tremblés apparaissent si émouvants. L'amorce de la courbe ; elle se ferme pour constituer un rond, une unité, telle serait une visée du dessin : la capacité d'être unifié narcissiquement. Le « je » apparaîtrait au moment où le rond peut se fermer. Le dessin aussi comme miroir de cette capacité : l'enfant vient s'y vérifier, comme dans le regard-miroir de son thérapeute. Il vient aussi vérifier qu'il a « fait trace » et que celle-ci est reconnue comme telle et comme lui appartenant. La trace est alors également trace dans le psychisme de l'autre : mouvement important de construction du moi.

Les pulsions sexuelles, jusqu'alors isolées, se sont désormais unifiées en une unité, et simultanément, ont trouvé un objet, cet objet est le moi : passage de l'auto-érotisme au narcissisme qui est là signifié. L'on sait que Freud tendra par la suite à effacer cette distinction. L'enfant dessinant se dit bien quelque chose de soi à soi, incluant l'objet-thérapeute, renforçant par le dessin ses appuis narcissiques, sa propre sécurité d'être. De soi à soi : le graphisme apparaît alors comme ancrage de tous ces gestes, mouvements auto-érotiques constitutifs du sentiment de soi. Il suppose l'investissement narcissique de sa propre trace, le plaisir de la modifier dans un façonnage de maîtrise narcissisant. Le mouvement même du graphisme est en soi trace narcissisante et plaisir auto-érotique. Cette maîtrise est aussi celle qui conduit au sentiment d'accomplissement de soi ; l'enfant peut s'arrêter alors et regarder « son œuvre » comme un objet narcissique satisfaisant. Ce sont là des vecteurs essentiels de l'investissement du travail. Le dessin en est le premier représentant graphique. Le travail est une des fonctions essentielles du moi.

Cette allégorie situe l'apparition du dessin comme s'inscrivant dans une fonction moïque et narcissique :

- progressive organisation du moi, instance limitante et contenante ;
- construction de l'objet garant de la continuité psychique ;
- assise narcissique suffisante pour que la trace de l'absence devienne symbolisable.

Tous ces mouvements sont constitutifs de l'espace transférentiel et de son élaboration. Ils sont aussi inscrits dans cette aire d'illusion winnicotienne qu'est le dessin de l'enfant participant de la création de ses « objets subjectifs ».

Rappelons encore que pour Winnicott, l'espace originaire, imaginaire de toute-puissance, l'espace d'illusion, participe à la capacité créatrice de l'enfant, qui crée ainsi ses propres « objets subjectifs ». Ceux-ci sont dans leur appellation même porteurs de paradoxe : celui lié au fait que le même objet sera perçu tantôt comme phénomène subjectif (moi) tantôt comme « autre-que-moi » (non moi). La réalité extérieure n'est perçue que de façon discontinue par l'enfant : «ça et là », « de temps à autre » dit Winnicott. Cette aire d'illusion, « aire intermédiaire d'expérience qui n'est pas mise en question quant à son appartenance à la réalité intérieure ou extérieure, constitue la plus grande partie du vécu du petit enfant. Elle subsistera tout au long de la vie, dans le mode d'expérimentation interne qui caractérise les arts, la religion, la vie imaginaire et le travail scientifique créatif[1] ». Le paradoxe du dessin, en tant que s'élaborant selon les lois du processus primaire, comme dans le fonctionnement de l'inconscient, trouverait là une de ses explications. L'enfant serait, lorsqu'il dessine dans un état « semi-onirique » où son élaboration graphique est proche de celle du travail du rêve, qui, on le sait, obéit aux lois du processus primaire durant le sommeil. L'enfant a accès paradoxalement à ce fonctionnement à l'état de veille. La perméabilité de son préconscient serait alors en cause, celle d'un préconscient tourné vers le mouvement pulsionnel et qui emprunterait les voies du processus primaire – nous y reviendrons longuement.

Le dessin de l'enfant s'inscrit donc dans ces aires d'illusion, dans ces créations d'objets subjectifs, non remis en question : mouvements qui sont particulièrement nourris par le holding transférentiel en

1. D.W. Winnicott, 1971, p. 25.

séance, créant cet espace réparateur, régulateur, d'acquis intérieurs narcissisants, ou constitutifs d'un self vivant comme le formulerait Winnicott. Le dessin fait alors figure d'objet narcissique pour l'enfant.

L'espace de la séance, occupé par le dessin lui-même comme espace transitionnel nous semble essentiel dans l'économie psychique de l'enfant : lieu de création de ses objets « subjectifs ». L'on en voit l'expression dans la séance, où l'enfant dessine aux côtés du thérapeute, dans un silence intense qui signifie l'élaboration de la présence-absence et de l'activité psychique « indépendante » de l'enfant. Cette distance est élaborée en un double mouvement :

– celui, d'une part, de pare-excitant suffisant que le silence, alors essentiel, du thérapeute cautionne et étaye, permettant de représenter par le dessin – ce qui constitue une « économie » par rapport au jeu – un certain mouvement vers la « secondarisation » en tant qu'activité plus éloignée de l'acte moteur ;
– et d'autre part celui, concomitant, de l'intériorisation suffisante – de l'objet transférentiel – pour « penser seul ».

L'enfant est alors en plein travail, expression de son soi et de son moi se construisant. La capacité sublimatoire liée au dessin est ici à l'œuvre. La sublimation suppose un certain retrait de la libido sur le moi, qui est alors pris dans un mouvement narcissique, désexualisé. L'énergie du moi, énergie en partie « désexualisée et sublimée » serait utilisée dans l'activité de dessiner comme fonction d'accomplissement du moi. Le dessin est alors mouvement tourné vers la sublimation.

LE DESSIN COMME REPRÉSENTATION, COMME REPRÉSENTATION DU PROCESSUS PRIMAIRE

La figurabilité de la représentation de chose est inscrite dans « l'inconscient corporel »

La représentation fondatrice, élaborant la recherche de jouissance, de plaisir, finalité première de l'être, cette représentation est inscrite aux origines du psychisme. Dès lors que la jouissance ne peut avoir qu'effet de perte, dès lors que la quête met en travail le psychique, l'absence vient se figurer en re-présentation. Quête des origines, de ces traces perdues dans la nuit des temps, dont la représentation nous apparaît toujours comme substitutive, par là-même garante de son inextinguibilité, trace de la trace..., cette recherche sous-tend le mouvement de l'enfant qui dessine sur la feuille la mémoire de ses origines. L'objet originaire, objet idéalisé qui comblerait pour toujours, est intensément halluciné, fantasmé, tel l'objet du rêve. La quête de « cet objet perdu », visage du paradis imaginaire, est prise d'emblée dans la recherche de sa re-présentation : objet perdu dès lors qu'il devient objet de re-présentation psychique.

Ainsi, la représentation, dans son essence même, s'articule-t-elle autour d'une inscription à deux temps : s'il y a re-présentation, ce serait, dans la théorie freudienne, en référence à une « présentation » originaire, cette expérience de satisfaction prototypique dont la trace inscrite, mémorisée, hallucinée va être recherchée indéfiniment : la fameuse « satisfaction hallucinatoire du désir ». Cette expérience prototypique initiatique et sa quête hallucinatoire font figure de modèle, dans la métapsychologie freudienne, modèle du fonctionnement inconscient en tant que recherche et expression du désir et de sa satisfaction, mouvement originaire de pensée. Le fonctionnement du rêve en est une figuration, l'élaboration du dessin en tire, à notre sens, ses origines.

Il s'agit d'une figuration qui nous parvient en images de représentation-de-chose : leur spécificité première, pour notre propos, est qu'elles sont porteuses de cette figurabilité, qui sous-tend toute l'expression du dessin. Le système inconscient, selon la métapsychologie freudienne, ne comprend que des représentations-de-chose : la pensée s'y perçoit en image, elle serait essentiellement référée au visuel. Ces représentations-de-chose se combineront aux représentations-de-mot dans le système préconscient-conscient : l'investissement psychique se porte sur les mots, la pensée est verbale.

Le travail psychique, inscrit en représentation-de-chose, a pour but de rendre hallucinable, représentable en image, un mouvement inconscient inscrit dans la sensorialité, la motricité, au plus archaïque du corps, de « l'inconscient corporel », de sa demande, de son exigence pulsionnelle. La représentation est hallucinée, captée, accaparée par cette exigence dans une double quête.

– Celle d'existence psychique de soma à psyché : rappelons que la pulsion, pour Freud, n'est ni consciente ni inconsciente, elle est inconnaissable en tant que telle. Elle ne peut être connue que par ses représentants psychiques : nécessaire élaboration des excitations endo-somatiques en messages psychiques, « mesure de l'exigence de travail » pour que le somatique parvienne au psychique. « Là où le physiologiste parlera de déshydratation, ou d'un trouble du milieu intérieur par déséquilibre ionique je dirai : "j'ai soif." La sensation de soif est la représentation psychique de « l'excitation endo-somatique[1]. »

– Celle de re-présentation hallucinatoire des traces mnésiques de satisfaction dans un mouvement conjugué, vers l'apaisement et le plaisir, ainsi que vers l'objet, non encore perçu comme tel : objet investi, mais non encore différencié.

La représentation psychique de la pulsion, la « soif » du nourrisson – l'enfant qui dessine a aussi soif psychiquement – part à la recherche des traces mnésiques de satisfaction. Celle-ci a laissé des traces qui ont été investies et peuvent être réactivées. L'investissement de ces traces ré-activées, progressivement imagées, nous donne un modèle originaire de la représentation-de-chose, « un lait d'abondance »... pré-figuration de l'objet du désir. La pulsion, à travers son représentant psychique, « la soif », va exiger la représentation-de-chose, « un lait d'abondance ». Ainsi, le représentant psychique (la soif) en quête de représentation satisfaisante part à la recherche de la représentation-de-chose. Celle-ci devient porteuse de l'investissement pulsionnel, parce qu'elle répond au manque pulsionnel (la soif) en re-présentant : par la capacité d'hallucination des traces de satisfaction. Elle est donc figuration et est simultanément assortie de l'intensité de l'investissement pulsionnel corrélatif : ce que Freud nomme le quantum d'affect. Par ce double travail d'investissement et de figuration, la représentation-de-chose devient source de désir, se constitue en représentation de désir, celui qui tapisse le fond de l'inconscient psychisé, celui qui apparaît à travers le travail de figuration du rêve, et qui sous-tend l'élaboration imagée du dessin.

Ainsi, la représentation-de-chose apparaît comme exigée, voire piégée par l'avidité pulsionnelle : certains enfants, dans la reviviscence et la chaleur transférentielle se jettent littéralement sur cette feuille-sein proposée par le thérapeute, dans un mouvement sans doute assez déréel sinon hallucinatoire, et se lancent, à corps perdu,

1. A. Green, 1987, p. 357-372.

s'agrippant au crayon – qui alors tient la main -, dans une tentative de figuration qui dénote l'intensité de leur avidité, vécue en vide insupportable et en trop-plein d'excitation. Ainsi, encore, la représentation apparaît en effet comme piégée par la pulsion, au sens où l'impossible élaboration des origines, où la dépendance extrême du nourrisson, « la détresse du nouveau-né » (Freud) coule la représentation dans une nécessaire perception... « hallucinatoire[1] ». Imagerie matricielle, provisoirement calmante pour le représentant psychique. Sa quête[2] est celle d'une même sensation de satisfaction, liée à une perception ; l'identité de perception – retrouver la même perception mémorisée comme satisfaisante –, assure alors la continuité intérieure, celle du sol psychique. L'idée de sol nous paraît étayante, sol-feuille, déjà précédemment évoqué : appui intérieur fondateur sur lequel vont s'effectuer les inscriptions. Ce sol intérieur est tissé de rythmes, d'allers et retours, de trames, comme un tissage de liens, traces balayées de l'enfant en quête de représentation, lors des premières figurations graphiques sur le sol-feuille. La proximité pulsionnelle peut être extrême. Chez l'enfant psychotique, on en voit la trace effractante qui déchire le trait, épouvanté de ne trouver support – celui de l'objet dedans-dehors. La capacité hallucinatoire, étayée sur l'identité de perception, trace de l'objet-source – le lait d'abondance –, fait bien alors effet de capacité-réceptacle du mouvement pulsionnel, en figuration salvatrice. Cette figuration est ancrée dans l'originaire des vécus sensoriels, coenesthésiques et kinesthésiques, ressentis du soi : ce soi primitif qui se tisse dans l'illusion winnicotienne, où l'objet-sein créé et trouvé par l'enfant fonde le soi, et, l'alimente dans ses sensations profondes constitutives de son « être vivant ». Perception de « l'objet » et sensation d'être sont alors indissociées : ainsi apparaissent dans l'élaboration progressive transférentielle du dessin, les premières figurations du soi où le trait nous paraît être autant sensation que perception. Certes, la question se pose de la primauté du visuel. Elle nous semble ne pouvoir s'organiser que progressivement en tant qu'émergence et condensation de tous les éprouvés sensoriels : tactiles, auditifs, olfactifs, kinesthésiques. Ces éprouvés apparaîtront « en deuxième lecture » dans le dessin : un trait déchirant l'espace de la feuille est mouvement autant que cri, cri déchirant l'espace auditif autant que visuel.

---

1. Sera-ce un jour le leurre du désir ?
2. Pour autant que le lien à la mère soit suffisamment satisfaisant.

Nous n'entrerons pas dans la question de l'économie du visuel[1]. Nous noterons simplement que le visuel permet de rêver nos désirs inconscients dans le silence et l'immobilité du sommeil, ce qui est un enjeu fondamental dans l'économie du fonctionnement psychique. Il permet à l'enfant de dessiner, c'est-à-dire d'ex-primer – presser dehors – et d'imprimer – presser sur – sur la feuille ses éprouvés transférentiels dans le même mouvement élaboratif que le rêve c'est-à-dire en image visuelle, soumise au fonctionnement du processus primaire.

Tous ces éléments nous amènent à postuler que toute image visuelle, en tant qu'elle signe la figurabilité se référant à la représentation-de-chose[2] est originairement hallucinatoire et figuration d'un ressenti du corps – non alors dissocié de celui de la mère –. Toute création d'image visuelle, du côté de la représentation-de-chose, serait marquée de ce sceau premier, dans l'ossature même de la création : ici trait graphique fondateur du dessin. La marque originaire du dessin de l'enfant s'inscrit dans un mouvement de figuration de son corps pulsionnel qui se psychise, s'érogénéïse, se symbolise. L'enfant qui dessine est dans un corps à corps avec l'image.

Du processus primaire

Toutes ces figurations enracinées dans le corps pulsionnel de l'enfant nous incitent à nous questionner sur le fonctionnement qui régit le dessin de l'enfant : celui du processus primaire.

L'enfant, en séance, est pris dans la chaleur de la régression transférentielle. Ceci intensifie les mouvements figuratifs de son corps pulsionnel, activé par cette relation à deux si proche... Nous venons d'en parler longuement. Simultanément, l'enfant a accès par un mou-

---

1. Ce serait poser la question de toute l'économie de la représentation psychique inconsciente. « Le travail du rêve, la prise en considération de la figurabilité, pourrait être mis en réalité sur le compte d'une attraction sélective qu'exercent, au contact des pensées du rêve, des évocations visuelles vives. » (S. Freud, 1900, p. 466).
2. Nous la percevrons porteuse de tous les remaniements liés : à la censure, au refoulement, aux « déguisements » du retour du refoulé, à la figuration symbolique...

vement régressif de son moi, facilité par la perméabilité du préconscient[1], et par une levée concomitante partielle de la censure : à cet espace de figuration du dessin qui obéit aux lois du processus primaire, c'est-à-dire à celles du fonctionnement inconscient. L'emprise de ce processus signe d'ailleurs, faut-il encore le dire, l'enracinement du dessin dans une visée du ça (pulsionnel).

Les caractéristiques en sont les suivantes.

Primauté du principe de plaisir

Trouver la voie la plus courte, ici celle de la figuration, vers la satisfaction dans une visée de décharge de la tension psychique. Ainsi, le dessin peut être dans le mouvement graphique et dans le contenu même de la figuration, un concentré de force motrice de décharge, d'attaque, d'emprise, de maîtrise, de plaisir, souvent de réassurance narcissique, face à l'objet-thérapeute inquiétant ; quelques traits peuvent suffire pour halluciner la toute-puissance... figurer, dans le plaisir de la maîtrise, l'objet inquiétant dans des tracés surchargés de couleurs affectives. Tous ces mouvements sont essentiels à repérer et à respecter : l'objet-thérapeute, alors non intervenant, en sera moins menaçant. L'interprétation du dessin dans sa symbolique, même fort exacte, est souvent uniquement effractante tandis qu'une « simple écoute » est ressentie comme contenante et narcissisante-élaborante. Comme le plus souvent pour le discours du patient, le dessin est « utilisé » au deuxième degré, dans une visée thérapeutique à travers le transfert qu'il exprime.

Le déplacement

Celui-ci, considéré comme l'indice le plus sûr du fonctionnement du processus primaire, s'exerce de façon libre et permet à l'enfant qui dessine de laisser son investissement glisser le long de ses voies associatives ; par ce mécanisme « une représentation peut abandonner à une autre tout le quantum de son investissement[2] ». L'énergie

---

1. Dans la métapsychologie freudienne, le système préconscient est régi par le processus secondaire. Il est séparé du système inconscient par la censure qui ne permet pas aux contenus et aux processus inconscients de « passer » dans le préconscient sans subir de transformations.
2. S. Freud, 1915, p. 97.

psychique s'écoule librement. On en voit l'effet à travers les figurations qui peuvent se succéder rapidement, la modification très aisée du trait se prête particulièrement à la mobilité de l'investissement. Ces mouvements sous-tendent l'élaboration du dessin en se combinant au mécanisme de condensation.

La condensation

Autre pilier du processus primaire. Ces deux mécanismes – déplacement et condensation – constituent les deux grandes opérations auxquelles nous devons la forme de nos rêves. Les investissements déplacés viennent se condenser sur une représentation spécifique ; la prégnance toute particulière de certaines images, dans l'élaboration du dessin, témoigne de certains effets d'investissements remarquablement intenses liés à la condensation. Une représentation unique peut être, à elle seule, porteuse de plusieurs chaînes associatives, c'est là le fruit du déplacement ; elle se situera à leur point de jonction comme une sorte de représentation-carrefour. La condensation est favorisée par l'image, par ses capacités de concentration symbolique.

Condensation et déplacement nous parlent d'énergie d'investissement et, en tant que tels, sont essentiels dans l'économie du processus primaire, dans ses placements et déplacements. Ces deux mécanismes, tellement à l'œuvre dans la mise en forme de la figuration, participent simultanément dans un mouvement indissociable, à l'élaboration défensive du dessin. Le déplacement permet, précisément, que ne soit pas figurée une image dont l'investissement serait irrecevable pour le préconscient. Il substitue, par déplacement d'investissement, une image à une autre, elle, indifférente donc échappant à la censure.

Déplacement libre, déplacement censure, mouvement que l'on pourrait qualifier de contradictoire... En fait, la censure, barrière du préconscient va ici s'appuyer sur un mécanisme de l'inconscient, le déplacement libre. Lorsque certaines représentations préconscientes s'avèrent irrecevables, elles sont refoulées ; elles sont alors attirées dans le champ des représentations inconscientes et sont soumises aux lois du processus primaire, en l'occurrence le déplacement. La censure met alors l'accent sur des représentations moins angoissantes. Le déplacement reste un mécanisme du processus primaire visant la libre circulation de l'énergie d'investissement, mais il est alors utilisé par le préconscient. Mais aussi, nous dit Rémy Puyuelo : « Ce n'est que dans la mesure où le travail de fusion-défusion, des premières relations, se sera organisé dans le dessin, que la projection pourra être prise en compte et la mise en figurabilité permettant de se défendre des angoisses sans nom et sans image, de la fusion, et de se nourrir d'images, mises en pensées visuelles, signant l'épaisseur psychique... et des représentations de choses du préconscient[1]. »

La condensation est également caractéristique de la pensée inconsciente. En un sens, elle est présente pour déjouer la censure comme l'arbre qui est figuré, là, pour cacher la forêt pulsionnelle, celle des représentations inconscientes qui seraient irrecevables. Mais, comme le déplacement, elle est aussi du côté de la censure. L'arbre qui cache la forêt est à double sens : « La figuration manifeste ralentit l'émergence du sens latent[2]. » Tant que l'on regarde l'arbre, on ne regarde pas la forêt. Ceci étant, condensation et déplacement, piliers du processus primaire, sont l'une et l'autre au service de l'identité de perception qui est en quelque sorte le moteur du processus inconscient en tant que visée du principe de plaisir : retrouver ce modèle originaire de l'hallucination primitive – ce qui peut être le cas dans le rêve. Le dessin participe de cette pensée « magique » qui recherche une réalisation imaginaire porteuse de plaisir.

Recherche de l'identité de perception

L'hallucination primitive est, dans la théorie freudienne, la voie la plus courte pour retrouver la perception satisfaisante : l'inconscient fonctionne sur ce modèle. L'objet transitionnel winnicotien : dans sa permanence, sa constance participe essentiellement, à notre sens, de cette quête d'identité de perception. Dans le dessin, seront recherchées les représentations auxquelles sont attachées des perceptions symboliques équivalentes, permettant d'obtenir la répétition de la perception liée à la satisfaction. « La pensée dit Freud[3] n'est qu'un substitut du désir hallucinatoire » ou « qu'un détour vers l'accomplissement du désir ». Les enfants, dessinant en séance, sont le plus souvent dans un fonctionnement psychique quasi hallucinatoire,

1. R. Puyuelo, 1990, p. 43.
2. J. Laplanche J. et J.-B. Pontalis, 1968, p. 89.
3. S. Freud, 1900, p. 482.

peut-être est-ce encore plus perceptible dans la mouvance du jeu. Ces temps, très intenses, ne sont pas réservés à la « satisfaction » hallucinatoire, particulièrement chez les enfants dits « border-line » ou psychotiques. Le mouvement est du côté de l'émergence traumatique débordante où la perception et la figuration concomitante sont alors liées à la trace traumatique hallucinée : effraction du quantitatif. Ces versants de souffrance traumatique mettent en question la prédominance du principe de plaisir, la compulsion à répéter la trace effractante nous tourne vers l'« au-delà du principe de plaisir ». L'investissement transférentiel du dessin se situerait alors dans des enjeux psychiques existentiels, narcissiques. La question classiquement débattue se pose de savoir si la tentative de figurer les traces traumatiques dans un mouvement élaboratif de maîtrise, ne serait pas en dernier ressort, du côté du principe de plaisir. Celui-ci serait alors considéré comme régissant fondamentalement le fonctionnement psychique.

La question peut être aussi posée en termes d'étayage. La pensée de la mère-thérapeute (dont nous parlerons à propos de la fonction symbolique) selon le modèle de Bion, dans sa capacité de rêverie, viendrait digérer les décharges pulsionnelles, dont l'intensité quantitative a été vécue en effraction traumatique. Cette « digestion » de la mère-thérapeute permet à l'enfant-patient de les ré-ingérer – il est alors nourri par le bon-sein-psychique thérapeute – en quelque chose, qui, alors et sans doute seulement à ce moment-là, devient possiblement figurable : quelque chose d'un échange psychisable a été rétabli, qui, pour en revenir à notre propos, se situe dans l'ancrage du lien. Le lien fait alors figure de contenant qui permet de cerner la perception traumatique, le trait peut alors tenter d'en figurer l'impact, et par là-même de le maîtriser, ou de le digérer psychiquement

La particularité de l'identité de perception viendrait, à notre sens, de ce qu'en elle, affect et représentation ne sont pas dissociés. Nous avons beaucoup insisté sur le double soubassement de la représentation dans le dessin : perception et sensation ; c'est aussi dire que l'affect de plaisir est très associé à la perception de l'image satisfaisante. Autrement dit, le mouvement affectif vers l'objet et l'objet de satisfaction sont figurés dans la même représentation portée par la quête d'une identité de perception, au cœur même de son élaboration.

Le trait figure l'image perceptive satisfaisante, il est en même temps porteur d'une qualité d'investissement : celle du trait chargé d'affect. Ce serait par exemple, l'affect de plaisir qui serait retranscrit dans le mouvement même du dessin : celui d'une vague ondulante, dont l'enfant dit « c'est la mer ». Le mouvement affectif vers la mer-mère serait formé, symbolisé en mouvement de vague ondulante. Ce geste traçant la vague condense dans la main ce qui a pu être un mouvement de tout le corps, mouvement de bercement dans les bras maternels. L'identité de perception passe alors par des traces inscrites dans les ressentis corporels repris, dans notre exemple, ramassés dans le mouvement du bras, de la main, qui condense et trace alors le plaisir de tout le corps autrefois bercé.

L'affect est alors indissocié de la représentation. En effet, simultanément l'identité de perception se porte sur la figuration de l'image de la mer-mère, qui est en même temps celle de la vague ondulante-affect. Cette figuration se fait à travers une représentation symbolique. Remarquons que l'origine du symbole se construit sur le corps de « l'autre ». L'enfant découvrant sur le corps de sa mère les parties de son propre corps, à l'image du corps de celle-ci[1]. La vague ondulante serait porteuse de cette symbolique d'un corps à l'autre : ensemble bercés, ensemble figurés.

Ceci nous entraîne vers la figuration symbolique. Mais, avant de nous tourner vers elle et vers son rôle déterminant dans l'expression psychique du dessin, revenons à la représentation-de-chose, porteuse de figurabilité. Notre question est la suivante : serait-ce l'intensité inouïe des premiers investissements, – dont la représentation-de-chose est porteuse puisqu'elle est mouvement de l'inconscient originaire – qui inscrirait les figurations du dessin dans le fonctionnement du processus primaire, dans ce paradoxe d'un état de veille, de « conscience », paradoxe que nous avons d'emblée souligné ?

Nous avons fait reposer cette possibilité du dessin sur l'énergie pulsionnelle, psychisée en figuration progressive du corps érogène et mobilisée à travers les représentations-de-chose lorsque l'enfant dessine. L'intensité de ces investissements est d'autant plus considérable que la représentation-de-chose inconsciente est intrinsèquement porteuse des premières inscriptions, celles des « premiers et véritables investissements d'objets[2] », ces tissages d'objets primaires, émergences combinées du soi.

1. Les petits enfants aiment beaucoup jouer à désigner du doigt « les yeux », « le nez », « la bouche » et prennent alors grand plaisir à être de la même façon désignés eux-mêmes comme porteurs du même.
2. S. Freud, 1915, p. 118.

« Ainsi, dans l'inconscient il n'y a que des représentations de chose, mais celles-ci sont chargées d'un potentiel énergétique considérable, sans aucune commune mesure avec la force psychique que connotent les représentations de chose conscientes... à moins que la chose consciemment évoquée ne se rattache à une représentation de chose inconsciente. Ainsi, en est-il de l'objet qui suscite un désir impérieux parce qu'un trait (il suffit d'un seul) le rattache à l'image d'un parent dans l'inconscient. Ce potentiel dynamique de la représentation de chose inconsciente, le langage n'en donne qu'une faible idée[1]. »

C'est dire que l'enfant accède au langage secondairement même s'il en est d'emblée imprégné. C'est aussi dire que l'enfant dessinant nous fait part de l'intensité inconditionnelle de ses premiers attachements et de la force de ses premières représentations d'investissement. C'est aussi et surtout comme le dit Alain Gibeault que « la chose se présente d'abord par l'intermédiaire de l'affect[2] ». Celuici profondément réactivé transférentiellement, se figure en traits condensés. Il est ainsi des dessins qui sont des figurations archaïques de « l'objet », qui en quelques traits sont saisissantes d'affects. Il nous est essentiel de souligner ici que la représentation-de-chose n'est pas la représentation de la chose. Elle est figuration dérivée de traces de la chose, elles-mêmes liées à tous les avatars de l'investissement pulsionnel.

Est-ce précisément l'intensité de ces investissements qui forcent en quelque sorte la barrière du préconscient secondarisé et fait que la représentation-de-chose peut s'imposer, dans sa figurabilité, par le dessin à l'état de veille sur un mode de reviviscence plus archaïque et selon les lois du processus primaire ? La pensée visuelle est plus proche des processus inconscients, nous dit Freud, et « plus ancienne que celle-ci (la pensée verbale) tant au point de vue phylogénétique qu'ontogénétique ». L'enfant a accès à cette pensée dite « primitive ».

L'investissement de la pensée visuelle, celle de la trace, du trait, du graphisme, de l'image, sur son versant de figurabilité : tous ces mouvements nous l'avons souligné, sont dans la métapsychologie freudienne, référés à la représentation-de-chose qui inscrit le psychisme dans l'ordre du figurable par l'image. Nous avons tenu à en travailler longuement l'importance, dans la construction élaborative

---

1. A. Green, 1987, p. 357-372.
2. A. Gibeault, 1983, p. 142.

du dessin. C'est là l'effet d'un clivage nécessaire par souci d'exposition de ce processus : comment, de fait, dissocier la figurabilité du désirable ?

– Figurable : représentation-de-chose ;
– Désirable : représentation-de-chose investie en représentation de désir, ce qui va nous parvenir dans le dessin en figuration de la mise en scène du fantasme.

Ainsi, nous nous acheminons vers le fantasme, chair vivante du dessin ; des fantasmes originaires, des fantasmes inconscients à leur élaboration incessante dans la dynamique du désir et de sa souffrance. Avant d'entrer dans la mise en scène, celle du fantasme, celle du dessin la figurant, nous allons préalablement nous questionner sur la représentation symbolique qui nous semble ici justement s'inscrire tant dans le mouvement du figurable que dans l'expression du désir conflictuel.

LE DESSIN COMME TRAVAIL DE SYMBOLISATION

La représentation-de-chose rend compte de l'ordre du psychisable, du représentable, du figurable dans une prévalence visuelle, qui condense les éprouvés originaires sensoriels cœnesthésiques, kinesthésiques. Cette figuration en image nous parvient inscrite dans la langue du symbole. Dans notre espace transférentiel du dessin, nous aborderons le symbole et sa figuration sur deux versants : celui de la création du lien et de l'objet symboliques et celui de la figuration substitutive aménageant le conflit psychique. Ces deux versants sont liés l'un à l'autre. Ils le seront dans notre propos bien que nous commencions par aborder la formation symbolique du lien et de l'objet.

La figuration du symbolon nous paraît très étayante pour penser les mouvements psychiques qui sous-tendent la formation du symbole et de la figuration symbolique. Rappelons que le symbolon est un « objet coupé en deux, dont deux hôtes conservaient chacun une moitié qu'ils transmettaient à leurs enfants. Ces deux parties rapprochées servaient à faire reconnaître les porteurs et à prouver les relations d'hospitalité contractées antérieurement[1] ». Ainsi, le symbolon consiste en ce que deux parties séparées prennent leur sens par le fait que rapprochées, ajustées, elles sont porteuses d'un « même » message : celui qui donne sens à ces deux parties. Mais aussi, le symbolon ne fait effet que parce qu'il y a eu coupure, séparation : alors seulement le « même » message double devient porteur de re-présentation : cet effet de coupure donne à la présentation tout son sens de représentation symbolique. Autrement dit, la symbolisation est toujours liée à la question de la présence et de l'absence, de l'union et de la séparation, de la perception du contact et de la perception de la distance, du peau à peau en identité adhésive essentielle – le futur symbolon avant la coupure -, et du moi qui se construit dans la séparation d'avec « l'objet dehors » pour d'autant mieux le construire dedans, pour que soit représenté l'objet en son absence, mais aussi en sa présence dans une figuration symbolique, porteuse d'ancrages psychiques étayants[2].

Du peau à peau : comme un temps où les deux faces accolées du symbolon seraient encore indissociées, support essentiel de l'une pour l'autre encore fusionnées ; du temps du « peau à peau » dans ses failles, ses fractures, en seront figurées les tentatives de traces qui ne parviennent à se constituer en traits, traits d'union symbolique. Tels seront ces enfants pris de terreur de figurer, de laisser trace, trace alors de trou symbolique. Le symbolon n'a pu faire œuvre d'étayage : c'est-à-dire faire de la trace – de l'objet identitaire-symbolon – un trait symbolique d'union.

Le symbolon serait d'abord inscrit dans la sensation, sensorialité du « peau à peau », nous venons de le dire, mais aussi de toute l'épaisseur du corps, de sa présence dans une quête de non-séparation. Les premières tentatives de symbolisation se construisent comme des re-prises des lieux du corps propre du bébé sur le corps de la mère, éprouvés du semblable avant que d'en supporter la distance ou la différence qui seraient alors équivalences de perte inélaborable en figuration symbolique. De ces éprouvés qui, dans la séance, peuvent amener le thérapeute à dire, à formuler, à dessiner « à la place » de l'enfant – ce que le thérapeute ressent comme pouvant être éprouvé par l'enfant – lui-même incapable de « ressentir » cet éprouvé. Le

1. Bailly, *Dictionnaire Grec-Français*.
2. Tous ces mouvements étant inscrits dans la « triangulation primaire ».

« peau à peau » se fait alors par identification projective du thérapeute. Ces enfants n'ont pas accès à la représentation symbolique par le dessin. Ils lancent, à corps perdu, le crayon sur la feuille, sans recherche du symbolon, c'est-à-dire de ce qui pourrait faire figuration de sens : trace d'un lien dedans. Le thérapeute métabolisant l'inélaborable pour l'enfant ferait alors œuvre de mère « bionienne ».

Rappelons que Bion :
– met en place le concept de capacité de rêverie de la mère ;
– rapproche le modèle de la situation psychanalytique du modèle de la relation mère-enfant.

Il lie l'identification projective et la capacité maternelle à recevoir les projections. La mère bionnienne reçoit dans un mouvement identificatoire les projections inassimilables de l'enfant, attaques intérieures, vécus de détresse... projections bêta, et son activité mentale va les transformer, les digérer en « aliments-éléments alpha », réintrojectables pour l'enfant alors « installé » du fait du psychisme de la mère, dans un processus de pensée. C'est dire que Bion étaye le processus de pensée sur le processus digestif : la mère va digérer psychiquement les projections de l'esprit de l'enfant, elle les « remâche », ce serait là sa capacité de rêverie, qui, en tant que telle, nourrit son enfant psychiquement.

Ainsi, en est-il de cette capacité de mère de recevoir les sensations, perceptions, excitations, éprouvés d'affect, tous ces messages venus en décharge économique, dans le corps du bébé, messages qui sont ressentis et assimilés par le psychisme de la mère en images mentales de rêverie, c'est-à-dire, à un niveau non vigilant, œuvre d'un préconscient métabolisant. Ces images seront redonnées, retransmises au bébé comme lui serait offert un bon sein psychique, organisateur de sa sensorialité, de ses éprouvés affectifs, de son excitation. Ce nourrissage est non seulement porteur de l'objet, mais tisse en lui-même la trace de l'échange mère-nourrisson, en image psychisable : images fantasmées de liens, d'actions, d'échanges, dont l'ancrage est fondateur dans la psyché du bébé de sa fonction symbolique. Si la capacité de rêverie de la mère ouvre l'enfant à l'espace psychique, c'est aussi parce que cet espace ne peut se déployer qu'en référence à « l'ordre du père ». Ainsi l'exprime D. Ribas[1] :

« La capacité de la rêverie de la mère (Bion) dans sa fonction de contenant des contenus psychiques de l'enfant ne devrait pas exclure

1. D. Ribas, 1989, p. 1115.

le père, ni ses imagos parentales personnelles. La fonction de pare-excitation maternelle s'enrichit comme l'ont si bien dit Denise Braunschweig et Michel Fain de la censure de l'amante. Le contenant de la psyché maternelle impose à l'enfant d'y percevoir d'autres contenus (des objets de l'objet, du non-moi/non-mère), lui permettant d'accéder ainsi à la triangulation primaire permettant la symbolisation. » C'est dire aussi que la capacité de rêverie de la mère n'est pas sans déployer certains déplacements d'investissements qui sont, à notre sens, prémisses de tout mouvement de symbolisation pour l'enfant. Cette mère est psychisante pour son enfant aussi parce qu'elle lui impose certains mouvements d'investissements et de désinvestissements, particulièrement ceux de ses rêveries de femme. Ces rythmes « bien tempérés » ouvrent en l'enfant lui-même des capacités de déplacements d'investissements, nécessaires aux futures fonctions symbolisantes.

Ces considérations n'enlèvent rien à la capacité de rêverie « bionienne » dans sa fonction originaire de bon sein psychique assimilateur. Nous pensons que ces éprouvés retransmis par la mère sont de l'ordre de ses rythmes intérieurs inscrits dans ses propres « tissus psychiques », dans sa pensée infra-verbale, faite de périodicités, de respirations, de modulations, reprises de mouvements, d'enveloppements, bercements, de liens ineffables tant corporels que psychiques : tout un déploiement d'attitudes intérieures, sortes de pulsations psychiques prises et reprises en elle-même à son insu. Ce sont autant de repères pour le nourrisson, lui qui traverse les orages « impensables » de perturbations d'une extrême violence. Ces repères sont inscrits dans des perceptions-sensations du même, voire de l'identique – c'est bien quelque chose de cet ordre qui devient psychisable – une identité, au sens de l'identique, proposée et reproposée dans la constance d'une même figuration, *Gestalt*, forme d'éprouvé qui permet justement qu'elle prenne forme psychique. Telles apparaîtraient les premières figures de la symbolisation dans cette possibilité de transformer des sensations corporelles en images mentales porteuses d'une assez remarquable identité. La « répétition » du cadre de la séance ainsi que la « permanence » du thérapeute y trouvent tout leur sens. Ainsi, l'enfant progressivement nanti de ses appuis introjectifs, identificatoires « relationnels » originaires, primaires, pourra commencer d'en tracer la trace, ici transférentielle, dans un mouvement-de-forme : d'une forme dedans encore insoupçonnée, mais déjà prise dans une tentative de symbolisation, de figuration symbolique. Dès qu'il le peut, dans ses capacités perceptivomotrices, l'enfant s'empare du crayon et cherche à faire effet psychique de son mouvement. Ces traces de lien sont figurées dans les premiers mouvements graphiques par des « allers et retours » sur la feuille, classiquement nommés « balayages ». Il est remarquable de constater que ces ébauches de symbolisation conduisent les enfants à nous en donner des figurations graphiques extrêmement identiques : déjà le symbole, dans son moule universel, fait effet avant tout « apprentissage »... sauf celui qui justement s'est construit dedans sous une certaine forme... symbolique.

Ces mouvements-de-formes, totalement infiltrés d'affectivité, deviendront progressivement formes graphiques d'un mouvement de représentation symbolique, du moi, de l'objet, du lien de plus en plus figurable. La fonction symbolique est là en devenir. L'on en voit le passage de la trace effractée de non-sens identitaire, dans la construction au long cours de la séance, au tracé qui devient mouvement-de-forme, premières figurations symboliques. Puis de ce tracé au trait, celui qui cherche à marquer la limite. Celle de la distance psychique nécessaire à la construction du moi ; le moi se construit en moi psychique, porteur du symbolon, de la trace de la brisure, porteur aussi de la capacité de réunification symbolique. « L'autre partie », l'objet, désigné dans sa différence, se renforce psychiquement de tous les investissements transférentiels. Tous ces mouvements activent intensément l'enfant qui dessine. Tel le tisserand il trame, par son graphisme, ses liens symboliques d'union et de désunion, symbolisés avec ses objets à l'intérieur de lui-même : l'objet transférentiel étant pris dans les filets de ce tissage et l'activant.

Travail de séparation, d'individuation en même temps que de construction intérieure : de la figuration symbolique et par cette même figuration qui s'en enrichit, s'en renforce dans un même mouvement. Ainsi en est-il très précisément du dessin, en tant que fonction symbolique et symbolisante, en tant qu'il figure en même temps qu'il renforce les liens symboliques : ceux de la ficelle de la bobine, qui sont tissés et retissés dans la figuration symbolique graphique. Le dessin est alors comme un lieu de projection transitionnelle. Il fait apparaître, il figure l'objet dans un mouvement qui est simultanément d'objectivation, de reconnaissance d'existence dehors et d'appropriation de sa figuration symbolique possible dedans. Dans nos « visions » d'adulte, la photographie nous donne sans doute cet effet : objectivation et en même temps appropriation subjective. Nous nous « accrochons » à nos photos comme à des objets dedans-dehors, objets qui sont d'ailleurs qualifiés de re-productions. La différence est cependant grande avec le dessin où c'est le mouvement même de l'enfant, graphique-psychique, qui construit l'image, mais quelque chose de son caractère « déréel », ou « transitionnel » s'y retrouve sans nul doute : entre dehors et dedans, c'est-à-dire aussi, en le formulant en termes winnicotiens, « entre moi et non-moi ». Ce serait là une des vocations du dessin : travailler cette distance.

Dans toutes ces constructions, long travail de séparation, de défusion, le symbole, ici graphique, se définit comme la capacité à représenter l'objet par une figuration substitutive. Tissage symbolique dont l'élaboration devient celle de la séparation, de la coupure, de la perte, du deuil, mouvement incontournable d'apparition du tiers. Cette fonction symbolique en construction, sa figuration graphique, sera passée à la flamme du conflit, de l'attaque, de la haine, de toutes les formes de la perte de l'objet et de son élaboration interne. Ces mouvements sont au cœur du trait du dessin. L'on sait que pour Mélanie Klein, la réparation de l'objet attaqué, détruit, est, dans son essence même, fondatrice du mouvement de symbolisation : redonner vie intérieure à l'objet dedans par sa représentation symbolique. Le dessin est au cœur de ce lent processus. On connaît les terreurs de l'enfant devant certaines images – non figurées par lui-même – par exemple d'animaux attaquants, l'enfant étant en proie à des fantasmes agressifs. L'image dehors et l'objet, dans un lien d'attaque avec le moi, sont alors équivalents : dans un mouvement qu'Hanna Segal a conceptualisé en « équation symbolique ». La substitution symbolique ne fait pas effet. Elle a montré comment les symboles trouvent leur source dans l'identification projective incluant moi et objet dans le même mouvement. L'enfant projette des parties de soi importantes dans l'objet et cet objet est identifié à des parties du soi, un soi contenant au-dedans de lui-même, tout ceci en fantasme. Dans le même mouvement, les parties du monde extérieur (non encore reconnues comme telles) dans lesquelles sont projetées les objets internes sont identifiées à ces objets internes. Ces symboles précoces ne sont pas sentis par le moi comme des symboles ou des substituts mais comme très proches de l'objet lui-même, « en équation symbolique ». Une identification projective trop prégnante qui ne permet pas la substitution. L'enfant peut en être très inhibé dans toute sa créativité, son jeu, craignant des attaques directes, non symbolisées. Le dessin est alors pris dans ces blocages de tout « travail » du fantasme. La distance entre « objet réel » et symbole ne s'est pas assez élaborée ; l'image serait, encore directement, l'objet, un objet trop inquiétant, ou plutôt, un objet interne réveillant des mouvements trop inquiétants dans le sens libidinal ou destructeur ; le travail avec l'objet transférentiel trouve là tout son sens, l'on en verra la trace apparaître sur la feuille.

Marion Milner[1] déploie dans toutes ses subtilités cet espace d'illusion nécessaire, de ce temps où la distance du « symbole » par rapport à l'objet n'est pas supportable. La pâte à modeler[2] permet alors à l'enfant, non pas de figurer, mais de créer dans la matière même de la pâte, son thérapeute : cette création effective – en ce qu'elle est reconnue comme telle par le thérapeute – permet l'approche d'une première ébauche de la capacité à symboliser : dans une sphère nécessaire d'illusion, de création de l'objet. Il s'ensuit que la distance du symbole par rapport à l'objet ne serait supportable qu'à condition de l'avoir ainsi soi-même créée. Marion Milner et Winnicott sont alors fort proches.

Qu'en est-il de l'objet et de sa figuration symbolique dans le dessin ?

L'assimilation est sans nul doute moins directe, le dessin faisant appel à des capacités re-présentatives théoriquement déjà à la disposition de l'enfant. Nous dirons cependant que dans ces grandes allées du symbolisme indéfiniment ré-investies, reprises par l'enfant, en transfert, dans son dessin la distance entre objet halluciné, objet transférentiel et perception, est sans doute par moments, très réduite. Le dessin apparaît alors comme autant de tentatives élaboratives de la construction intérieure symbolisante.

Notons qu'en lui-même le trait a un pouvoir très étayant, il peut attaquer par sa mise en scène figurative : imaginons transférentiellement l'objet-animal blessé par un chasseur victorieux, le trait en lui-même maintient la présence-permanence de l'objet attaqué, celui-ci ne disparaît pas pour autant. Le dessin présente alors un espace d'illusion, dans lequel sans doute évolue souvent l'enfant, où il peut simultanément faire apparaître et disparaître son objet. En seront aussi porteuses, dans une perspective un peu autre, toutes les nuances, dont la subtilité sans doute nous échappe, de l'intensité extrêmement variable de l'appui du trait sur la feuille. Toutes ces nuances inscrites dans la sensori-motricité soudée au mouvement affectif

1. M. Milner, 1952, p. 108-131.
2. Qu'elle réfère au concept de médium malléable : cette matière à modeler s'y prête particulièrement.

entraînent des tracés très diversement imprégnés : de pression, voire d'écrasement ou à l'inverse, de finesse, d'allégement, mais aussi de pauvreté du trait, de son appui... et également de mouvement contrôlé ou lancé, mesuré ou déchaîné... Toutes ces nuances font partie de la construction symbolisante par le dessin, qui donne alors forme symbolisée au mouvement affectif. La couleur y trouve aussi toute son expression et son déploiement symbolique. L'affect y est directement signifié dans une telle palette de nuances que nous ne pouvons qu'en esquisser le mouvement : du dessin monochrome de couleur sombre, noire d'un lien dépressif ou abandonnique, à l'exubérance « forcée », forcenée, multicolore, exacerbée de la défense maniaque... du « dosage » bien tempéré d'une affectivité moins secouée de conflits en couleurs apaisées, moins criantes ou criardes. Le trait et la couleur, associés, soudés, sont porteurs d'investissements très intensément symboliques.

Remarquons encore que cette symbolique n'obéit pas à l'objectivation du regard, l'objet, dans son essence même, est traité en fonction de la symbolique intérieure. Nous dirons aussi que la construction symbolique, a toujours, nous semble-t-il, une visée rassemblante ; elle est à cet égard tout à fait à l'opposé de ce que nous renvoie, en contraste révélateur, l'instantané d'une photo « d'un proche », le surprenant dans une expression pour nous tout à fait inconnue, indissociée de l'image que nous avons de « ce proche » : image globalisante et sans nul doute prise dans nos repères symboliques créatifs. Il s'agit de re-présenter l'intérieur à travers des « représentations d'objets » prises à l'extérieur, mais qui vont être complètement subjectivées. D'où, par exemple, la transparence classique du dessin de la maison, représentation subjectivée : cette transparence a des supports psychiques multiples. Mais il est toujours un temps qui se réfère au regard de l'enfant tourné vers la scène primitive. La transparence est alors liée à la capacité de voir derrière la porte ce qui se passe[1] : souvent l'on voit deux personnes attablées dans une référence à un échange oral de bon aloi ! C'est-à-dire d'une théorie sexuelle qui a pu se mettre en place comme étayage représentatif. L'on voit ici aussi le travail de reprise, de ressaisie symbolique qui, par la création, permet de surmonter la perte narcissique de l'exclusion.

---

1. Un enfant, insistant particulièrement sur la transparence et ses figurations, me fit un jour associer sur la « transe des parents »...

Il ne semble d'ailleurs pas que les enfants produisent des dessins qui les terrorisent, pour autant que précisément ils peuvent dessiner, être l'auteur de l'image, qu'en un seul trait ils peuvent modifier, retourner quant à son sens, contrôler... Au-delà de la répétition, porteuse de figurations de traces traumatiques, il semble que le plaisir de la maîtrise, de la capacité à tracer, dessiner, façonner, représenter, que ce plaisir, position active, finalement l'emporte, même s'il est porteur de message douloureux. Il s'appuie sur la substitution symbolique qui, en elle-même, témoigne déjà d'une capacité à se défendre contre la trace traumatique. Nous savons cependant que le débordement du quantitatif non élaborable est aussi présent dans le dessin en séance. La feuille peut s'en trouver déchirée par le trait. Le « support », ou plutôt l'absence de support, tant la feuille que le thérapeute, est alors vécu comme insupportable, non contenant, non liant. L'objet n'est pas re-présentable. Tout le travail de symbolisation est alors à reprendre « à sa base » narcissique dont nous avons longuement parlé.

Élaboration du conflit psychique : de l'utilisation du symbole dans le conflit, espace de compromis du dessin. Tout le travail au long cours de la névrose infantile va tendre à séparer l'objet de son symbole pour les réunir quant au sens. Nous savons que dans la position dépressive, réactivée par le transfert, le moi se préoccupe de plus en plus de protéger son objet, contre ses propres mouvements d'attaque de destructivité, de toute-puissance à son égard. Le dessin, avec ses supports de figuration substitutive est alors un lieu remarquable de négociations des mouvements conflictuels. La construction substitutive est sous-tendue par les mécanismes de déplacement et de condensation dont nous avons précédemment souligné l'importance. Le but du déplacement est alors de préserver l'objet, ici devenu objet transférentiel, en déplaçant l'investissement sur une forme substitutive, celle que l'enfant figurera de mille façons : tout son bestiaire s'y emploie. Disons encore que le symbole a une qualité très spécifique : il ne connaît pas la censure. Ainsi, le symbole va pouvoir véhiculer des désirs inconscients refoulés, en faisant retour, précisément déguisé[1] sous une forme substitutive symbolique. Le symbole est donc, dans une perspective économique, une sorte de « laissez-passer » qui véhicule beaucoup de nos désirs conflictuels inconscients, mais en en portant justement la marque du renonce-

1. En cela le symbole est dans son essence même marqué de refoulement.

ment et du refoulement. Le retour du refoulé n'attaquera ou ne concernera pas directement l'objet. Le dessin est donc simultanément lieu d'étayage, de renforcement et de construction symbolique, sorte d'architecture intérieure et lieu d'élaboration, à l'aide de la figuration des symboles, du conflit psychique. À la capacité à symboliser l'objet absent qui occupe tant et tant l'enfant à travers le jeu prototypique de la bobine, s'adjoint progressivement le dessin dont l'essence première s'inscrit sans nul doute dans cette même visée. Celui-ci se déploie dans une symbolisation de plus en plus secondarisée qui va détacher l'objet de son image, les différencier, les séparer pour tendre vers la portée symbolique. Elle ne pourra être acquise qu'à l'issue de la position dépressive qui dialectise la perte et la séparation par l'avènement du symbole : il préserve tout en représentant, et représente tout en préservant. Ceci n'est en effet possible que lorsque l'objet total, ainsi que sa possible absence, est reconnu comme tel : mouvement fondateur qui différencie l'objet externe de sa représentation interne : « L'appareil psychique peut alors élaborer des équivalences symboliques, nous dit Didier Anzieu[1]. Le symbole n'est plus identifié à l'objet ; il est reconnu par le sujet comme étant un représentant de l'objet, destiné à surmonter dans le monde interne la perte réelle de celui-ci dans le monde externe. Cette perte n'est pas niée. Seule cette symbolisation que j'appellerai secondaire permet la sublimation et la communication ; elle s'élabore à partir du refoulement qui sépare l'objet de sa figuration symbolique tout en les réunifiant quant au sens. » « Il me faut ajouter poursuit Didier Anzieu qu'elle s'élabore à partir aussi d'une symbolisation primaire. » Il s'agit de celle de l'équation symbolique où ces premiers ancrages symboliques, nous l'avons dit, sont confondus avec les objets qu'ils sont censés représenter ce qui amène certains thérapeutes à beaucoup travailler directement la formation du symbole. Le dessin nous paraît être situé dans des oscillations, où par moments la sensation d'être est assez déréelle, alors qu'à d'autres, l'enfant paraît plus en état de conscience bien éveillée. Temps où la respiration du dessin est plus tournée vers la recherche de l'identité de perception, dans une lutte contre la perte, dans un mouvement vers l'équation symbolique ; temps tourné vers la figuration symbolique, sous-tendu par une reconnaissance de la perte de l'objet, de son absence, et capacité de le re-présenter au moyen du déplacement et de la condensation, par des figurations substitutives issues du refou-

1. D. Anzieu, 1977, p. 15.

lement : mouvement vers une pensée secondarisée, qui s'inscrira progressivement dans la désignation par le mot, et la quête d'une identité de pensée. Le dessin est donc porteur d'une figuration symbolique, mais il est simultanément régi par le processus primaire ; il s'inscrit dans cet « entre-deux », dans un mouvement vers la véritable symbolisation secondarisée, mais dans la « pensée visuelle » du processus primaire. De cette place du dessin dans la figuration symbolique, Pierre Luquet nous dit : « Le dessin des enfants exprime précocement la représentation de soi et de l'objet, en même temps que les fantasmes de relation puis, dans la situation analytique, ceux-ci dans le transfert. L'intérêt est que le dessin donne directement des représentations symbolisées, visualisées. Or, elles sont accompagnées rarement d'une conscience claire de la relation... Ainsi, la pensée du jeu, celle du dessin d'enfants, sont des exemples de pensée intermédiaire, entre la pensée symbolique et la pensée liée au mot. » Ajoutons que cette pensée symbolique de Pierre Luquet[1] fait partie de la « pensée métaprimaire » du préconscient, antérieure à la pensée verbale.

Le processus du dessin se situe en effet dans une aire particulière de la « pensée », où le préconscient classiquement considéré comme rattaché à la pensée verbale, au processus secondaire de la pensée en mot, est ici tourné vers le processus primaire.

Le dessin, lieu de « pensée intermédiaire » est porteur de toutes ces figurations symboliques qui se réfèrent au champ du symbolisé, champ relativement restreint : « Le soi, le corps, les parents, les consanguins, la naissance, la mort, la nudité et surtout la sexualité et l'acte sexuel[2]. » Nous l'avons beaucoup dit : toutes ces figurations sont au cœur du travail élaboratif de la psychothérapie, de l'espace transférentiel, dont la construction est mouvement d'accès à une véritable symbolisation, parce que lieu de la reviviscence du traumatisme de l'existence, de la séparation, de cette pierre angulaire qu'est l'élaboration de l'angoisse de castration, du conflit œdipien. Il s'agit là d'un travail de symbolisation indéfiniment repris dans le graphisme de l'enfant qui ne cesse de tracer transférentiellement tous les pôles conflictuels de sa névrose infantile. Nous savons combien la capacité à représenter graphiquement et dans des substitutions symboliques est alors essentiel dans l'économie psy-

1. P. Luquet, 1983, p. 554-555.
2. J. Laplanche et J.-B. Pontalis, 1967, p. 479.

chique de l'enfant. La perlaboration mènerait à l'investissement progressif de la pensée secondarisée, tournée vers la « prise de conscience ».

Mais, dans ce même espace transférentiel, nous avons déjà dénoncé le danger de l'interprétation directe du contenu symbolique : nous lui préférons, le plus souvent, la qualité de l'interprétation de transfert, du lien transférentiel, lieu de mutation du conflit intra-psychique. À nouveau, nous disons que le dessin nous renseigne souvent précieusement, mais il nous est aussi adressé dans un discours indirect, où il nous pose un certain nombre de questions : à quelle partie de nous, de notre contre-transfert s'adresse l'enfant, en projection de quelle partie de lui, de qui est-il porteur ou dépositaire ? Que dépose-t-il en nous au moyen du dessin de son conflit intra-psychique... À qui s'adresse-t-il à travers nous...? Travail de la fonction symbolique en construction où la mère « bionienne » peut servir de modèle – ce qui nous invite, nous incite, à nous tourner vers nos associations dans ce qu'elles auront de « métabolisant », l'interprétation directe du symbolisé n'ayant le plus souvent aucun caractère élaboratif. Précisément, cette mère-thérapeute bionienne que nous prenons le risque alors de qualifier plutôt de « mère-père-thérapeute » est porteur de pensée secondarisée. Nous écoutons le dessin dans nos mots, plutôt que nous ne le regardons. Notre regard est une écoute des pensées verbales que le dessin déclenche en nous[1]. Nous cautionnons ainsi ce qui en l'enfant peut avoir accès à la pensée secondarisée. Peut être même que l'accentuation du dessin, de son versant « régressif » – quasi hallucinatoire dans certaines séances – est dû à la sécurité que l'enfant perçoit ; à la référence au processus secondaire dont est dépositaire le thérapeute qui met en mot. Cet encadrement-frein par la parole du thérapeute libère peut-être chez l'enfant sa capacité à régresser, à « halluciner », à figurer son espace psychique, à « se » figurer dans un fonctionnement du processus primaire. Bien entendu le transfert dans sa répétition est aussi en cause.

Nous constatons également que le dessin, au cours des séances ne cesse de s'articuler avec la parole du thérapeute. On y voit se construire le travail de représentation introjective, élaborative, réparatrice, à travers ce qui a pu être « redonné » par la pensée contre-

1. Ce qui ne veut pas dire que nous ne nous imprégnons pas aussi de l'éprouvé que déclenche en nous le dessin.

transférentielle. L'on voit s'accomplir ce lien entre la chose visuelle et le mot comme dans un espace où les figurations ne sont plus exclusives les unes des autres... à l'image du possible rapprochement des objets intérieurs sans qu'en advienne une blessure insoutenable, où les identités différenciées apparaissent, à l'image des symboles secondarisés qui permettent que les « choses » soient dites. C'est là d'ailleurs une des spécificités et difficultés pour le psychothérapeute dans son accompagnement contre-transférentiel en séance avec l'enfant : ressentir au cours de la séance les changements de registre psychique qui peuvent advenir très soudainement. Tel peut être le passage d'une représentation figurative proche de l'hallucination à son élaboration en mots, le fonctionnement secondarisé d'une pensée verbale étant soudain investi. Le mot ramasse alors toute la sensorialité-motricité figurée dans le dessin. Ainsi, si du fond de l'inconscient émergent ces représentations-de-chose, certes profondément remaniées par l'effet du refoulement, elles ne nous parviennent le plus souvent que prises dans la matrice de la langue. L'enfant qui dessine[1] a investi la parole[2]. Le dessin nous parvient sous-tendu par des pensées latentes, très condensées, infiltrées de représentations verbales ou pré-verbales. Les mots, d'après le dessin, seront quant à eux imprégnés de la multi-sensorialité qui dit tout l'investissement de l'affect au côté de la représentation.

Nous savons que la perméabilité au processus primaire s'atténuera progressivement, le fonctionnement psychique s'appuyant de plus en plus sur la pensée secondarisée. C'est ainsi que l'investissement du dessin par l'enfant est abandonné lorsque celui-ci atteint une capacité de pensée abstraite. Ceci est classiquement situé vers

1. S. Lebovici, 1979. Celui dont nous parlons essentiellement : celui de la « névrose infantile » un jour retrouvée chez l'adulte comme trace de sa construction psychique d'enfant .
2. Rappelons que la représentation de mot, image verbale, en venant se souder à la représentation de chose lui confère l'indice de qualité spécifique à la conscience : dans la métapsychologie freudienne, la représentation de mots marque du sceau de la conscience le fonctionnement psychique : un tableau abstrait, simplement regardé, laisse peu de traces mnésiques, il y aurait un éprouvé, un ressenti, mais pas de véritable souvenir précis. Le fait de le regarder en mettant en mots ce qui est vu en laissera une trace de conscience beaucoup plus claire, celle dont Pierre Luquet dit qu'elle accompagne rarement le dessin de l'enfant – qui se situe en deçà de la pensée verbale – pour autant dirons-nous que l'on puisse s'en tenir à la figuration graphique isolée.

l'âge de 12 ans. L'âge de la puberté voit coïncider l'investissement de la pensée abstraite et le désinvestissement de la « pensée visuelle » du dessin. Sans doute la figuration graphique est-elle refoulée, désinvestie aussi parce qu'elle risquerait d'être trop imprégnée, voire débordée, par les investissements sexuels de la puberté. Le fantasme, chair vivante du dessin, ne pourra justement plus se dire par l'image alors trop directement investie de mouvements pulsionnels. Seul le mot, symbole secondaire, permet alors de dire la pensée.

LE DESSIN COMME FANTASME

Nous voici acheminés vers le fantasme, sa place originaire dans la vie psychique, sa figuration vivante dans le dessin de l'enfant ; le fantasme qui d'emblée enveloppe l'objet : celui de la fusion, de la séparation, de la distance, de la différenciation, l'objet d'amour, l'objet de haine... Tant et tant d'objets, tant et tant de remaniements, de réparations, de pertes et de reconstructions. « Il n'y a d'objet à proprement parler en analyse que d'une expérience d'inachèvement de ce qui est cependant maintenu investi par les pulsions » – quête fantasmatique toujours relancée. L'enfant par le dessin en figure toutes les formes, toutes ses formes à lui, qui prennent justement forme dans une certaine capacité à représenter l'absence : destin d'une position dépressive élaborée en accomplissement de soi ; serait-ce là une certaine visée thérapeutique ?

De la représentation du corps : corps psychique, corps fantasmatique, corps érogène, corps sexué... tous ces « registres » nous rappellent que la représentation du corps se fait au long cours d'un processus d'appropriation : travail auquel participe activement le dessin dans ses multiples essais figuratifs. Nous avons référé cette construction à l'activité du moi, fondée sur son mouvement vers la cohésion rassemblante et identificatoire. Travail amorcé dès les origines, ancré dans la sensori-motricité, travail soudé à la continuité de base du « moi-peau ». Mais aussi travail du conflit psychique et de son élaboration, le corps pulsionnel étant intensément investi dans ses zones érogènes...

Le dessin de l'enfant nous apparaît ici comme travail de figuration et de représentation symbolique[1] du corps érogène et de ses destins. Destins inscrits tant dans l'investissement narcissique que dans la sexualité tournée vers l'objet coloré par les différents stades d'organisation de la libido. Ainsi l'oralité engloutissante figurerait-elle le corps entier en une bouche dévorante. Le sceau d'une mère dépressive, désinvestissante narcissiquement donnerait à l'enfant une figuration inconsciente de lui-même, de son corps, figé en étron mortifère... L'investissement phallique ferait de l'œil un outil de pénétration... Le champ de la figurabilité graphique s'ouvre : l'enfant déploie fréquemment tout son bestiaire animiste pour représenter son corps en situation de telle ou telle sollicitation pulsionnelle liée au transfert.

Le fantasme est au cœur de la quête pulsionnelle objectale. La source en est des origines : fantasmes originaires, reprises phylogénétiques... Il nous semble important de revenir au modèle de l'étayage en tant qu'il marque l'entrée de l'enfant dans la problématique du désir. Prenons le modèle freudien de référence. La pulsion sexuelle s'étaye sur une fonction vitale : cet ancrage est référé à l'activité orale du nourrisson, le plaisir de la succion au sein, la satisfaction de la zone buccale érogène, est étroitement liée à la satisfaction du besoin de nourriture. Le plaisir sexuel oral, dérivé de l'exigence pulsionnelle trouve appui sur la nécessité vitale de l'ordre du besoin[2].

La théorisation de Laplanche à laquelle nous nous réfèrerons maintenant propose une élaboration de cette théorie de l'étayage. Celle-ci souligne le double mouvement d'appui et de dégagement de la sexualité par rapport au besoin, double déplacement :
– métonymique – de l'objet – du lait au sein et à la mère,
– métaphorique – du but – de l'ingestion à l'incorporation.

Le déplacement métaphorique marque l'appétence vers l'incorporation psychique. Notons ici que le dessin fait partie de ces mou-

1. Dans le dessin, le mouvement est constamment double : mouvement projectif, sur la feuille, de figuration transférentielle et en même temps, l'enfant dessinant œuvre sur lui-même en renforçant ses propres capacités de représentation symbolique.
2. Freud dans une première théorie des pulsions a opposé pulsions d'auto-conservation et pulsions sexuelles. Le dessin intégratif du moi, que nous avons décrit allégoriquement était tourné vers ce mouvement des pulsions d'auto-conservation. Ici nous l'aborderons sur le versant des pulsions sexuelles.

vements incorporatifs, introjectifs intenses participant de la quête identificatoire dans le lien transférentiel : certains portraits, pas tous, nourrissent cette introjection étayante. Ces mouvements sont ressentis, vécus et simultanément symbolisés comme des opérations corporelles : ingérer, dévorer, garder au-dedans de soi. Du dessin comme expression du fantasme cannibalique.

Le déplacement métonymique s'effectue du lait, au sein et à la mère. L'objet partiel, le sein est là signifié : il est au cœur même des figurations fantasmatiques de l'enfant, où l'objet, quoique partiel, est doté fantasmatiquement de caractères semblables à ceux d'une personne (Mélanie Klein) : par exemple persécuteur, rassurant, bienveillant ou destructeur... Dans le dessin, la figuration de l'objet partiel est souvent animale, dans une projection identificatoire, exprimant la proximité pulsionnelle, alors aux limites de l'éprouvé corporel de l'enfant. Notons que ces deux déplacements témoignent de la capacité originaire de déplacement symbolique. Ils soulignent la différence en tant qu'immédiate « inscription du psychique », entre les objets « du dehors » investis, et les objets « dedans », « objets créés », pris dans le travail psychique élaboratif de l'exigence pulsionnelle – mouvements introjectifs, projectifs... Rappelons encore cet énoncé princeps de Freud : « Des situations de satisfaction répétées ont créé cet objet, la mère qui subit dans le cas du besoin, un investissement intense[1]. »

La théorisation de Laplanche met en lumière le rôle fondateur des soins maternels par la « séduction originaire », liée à la sexualité de la mère : les premières inscriptions sur l'enfant-nourrisson proviennent de l'inconscient maternel, qui sera à l'origine des premiers autoérotismes, de la sexualité de l'enfant, berceau de ses fantasmes. La séduction de la mère originaire « vient peler » (sur l'oignon nous dit Laplanche, figurant ainsi le corps du besoin auto-conservateur) sur l'auto-conservation, le besoin, la faim, une certaine « lamelle » que l'on peut dire sexuelle[2]. Cette lamelle sexuelle témoigne de l'entrée de l'enfant dans la problématique du désir[3]. L'hallucination primitive, pour autant que Laplanche la mentionne, n'est donc pas référée à l'absence, au manque ; elle est liée aux soins séducteurs, à la séduction généralisée qu'opère la mère par ses signifiants énigma-

1. S. Freud, 1926, p. 100.
2. J. Laplanche, 1990, p. 142-143.
3. J. Laplanche, 1990, p. 78.

tiques. Comment Laplanche définit-il les signifiants énigmatiques ? : « comme autant de messages sexuels et inconscients[1] » que l'adulte véhicule auprès de l'enfant et qui sont comme autant d'énigmes... « Les soins maternels ou l'attentat paternel ne sont séducteurs que parce qu'ils ne sont pas transparents, mais opaques, véhiculant l'énigmatique : ils sont porteurs de quelque chose qui ne pourrait être maîtrisé que par un travail de compréhension et qui est traumatisant et refoulé justement parce qu'il reste à l'état sauvage. » C'est là sans doute une des raisons de notre choix de cette approche théorique en tant qu'elle inscrit l'enfant d'emblée dans le mouvement de l'inconscient maternel et, de ce fait même, dans l'énigme de la « sexualité des adultes ». C'est dire aussi la censure de l'amante – la mère désinvestit l'enfant et redevient femme : présence fondatrice du père, organisateur symbolique originaire.

Notons enfin, dans ces aperçus que nous donnons de la théorisation de Laplanche – et c'est là quelque chose d'essentiel – que « la séduction originaire... introduit la dissymétrie activité-passivité » – le dessin sera alors tentative de compréhension et activité. Quant à l'hallucination primitive, elle n'est pas référée au manque, elle ne risque pas d'être désavouée par la réalité. Sa vocation serait de tourner la fonction désirante – étayée sur le besoin – vers sa lignée sexuelle : elle est la naissance du fantasme, le décollage de la lignée sexuelle, l'ouverture à l'auto-érotisme lié à la séduction originaire. Ainsi, dirons-nous, l'hallucination primitive originaire, gorgée d'auto-érotisme – le modèle prototypique en est le nourrisson suçant ses propres lèvres –, se revêt de fantasmes, vêture intérieure du psychisme.

Cette lamelle détachée témoigne de l'entrée de l'enfant dans la problématique du désir : s'il y a expérience du manque, c'est en tant qu'elle rend compte du caractère inextinguible du désir. De la discontinuité du besoin à la continuité du désir, de l'un à l'autre, s'amorce la continuité psychique. Les zones érogènes, sous le sceau ou le joug du désir, seront investies comme ancrage privilégié, un investissement dont la quête figurative sous-tend constamment le dessin de l'enfant. Le fantasme trouverait son origine en ce point-même où s'ancre l'auto-érotisme. Rappelons qu'en 1897 dans sa lettre à Fliess[2], Freud lie fantasme et auto-érotisme : « Fantasmes

1. Ceux-ci évoquent « Le langage de la passion » de Ferenczi se référant au langage des adultes.
2. Celle où la théorie de la séduction trouve un nouveau statut : ce ne serait plus une réalité, ce serait un fantasme...

qui servent à dissimuler les activités auto-érotiques de la première enfance, à les masquer, à les porter à un plus haut niveau... » ... ou inversement – ou simultanément – « causalité circulaire, le fait est qu'ils [fantasme et auto-érotisme] trouvent leur origine, aussi loin qu'on remonte en un même point[1] ».

Retenons ce point d'ancrage qu'est l'énigme et son effet de séduction effractante : celui-ci ne viendrait pas de quelque attentat directement sexuel, même s'il en trouve des relais immédiats, son effet vient de la question de l'originaire qui en soi fait effraction : traumatisme de ce qui ne saurait trouver de réponse. Ce message originaire organiserait la matrice de l'inconscient et serait corrélatif du refoulement originaire. En émergeront les signifiants énigmatiques qui, eux, véhiculent un message sexuel, enracinement des fantasmes et de l'auto-érotisme de l'enfant. Ainsi serait posée la question de l'énigme, celle à laquelle fut confronté Œdipe rencontrant la Sphinge à l'entrée de la ville de Thèbes...

Nous voici au plein cœur de ce qui, de notre point de vue, pose une certaine pierre angulaire du dessin de l'enfant. Le fantasme, la construction fantasmatique et, pour notre propos ici, sa cheville ouvrière – visuelle, graphique, figurative et représentative qu'est le dessin – ne sont-ils pas alors indissociés dans le travail effectué par l'enfant pour tenter de « comprendre » ? Travail du psychique, travail à l'origine de la pensée, de la quête de représentation, dont nous tenterons ici d'articuler un effet : le fantasme et le dessin sont l'un et l'autre au service de cette œuvre de représentation.

Comprendre serait se représenter quelque chose qui aide à élaborer ce traumatisme originaire qu'est l'énigme de la sexualité. Nous savons par Freud que les théories sexuelles infantiles trouvent ici leur origine, et participent de ce mouvement tant par la représentation fantasmatique élaborative que par l'expression auto-érotique : décharge gratifiante et repli réparateur – mouvement circulaire....

Souvenons-nous :

- le fantasme est au cœur du conflit psychique : en tant que mise en scène du désir et de son interdit ;
- il est le plus souvent visuel, image du rêve, figuration du dessin, œuvre d'art ;

1. J. Laplanche et J.-B. Pontalis, 1964, p. 72.

– la mise en scène représentative du fantasme est celle d'une action[1] : redoublant « l'action » mentale d'un investissement, d'une représentation. Le dessin vient encore en renforcer l'effet : acte graphique ;
– l'enfant, le sujet, est toujours présent dans la scène, même dans la scène dite primitive, porteuse de l'essence même de l'exclusion. Il figure, en fait, comme participant, observateur ou même intervenant ;
– plus « économiquement » encore : dans le fantasme, séquence imaginaire, le sujet ne reste pas « en sa place », ici d'enfant, mais se situe au contraire dans la permutation possible des rôles.

Le petit Hans en gère la mise en scène, s'activant à se situer en place mouvante des trois pôles œdipiens et de leur combinatoire pulsionnelle et défensive[2]. L'on se souvient de ses fantasmes bisexués. Le fantasme s'avère alors être un précieux « outil ». N'offre-t-il pas un mouvement économique, certes par le fait même de « se représenter » qui est toujours « désexcitant », mais aussi et c'est là sa teneur : il offre à l'enfant l'économie fantasmée de la permutation des rôles, le sortant de l'alternative activité-passivité, assujettissement. Qui plus est, la place n'est pas seulement interchangeable : « Ce qui serait ainsi le véritable désir sous-jacent au fantasme, c'est cette tendance de l'être à se constituer non comme sujet ou objet du désir, mais comme scène vivante de sa réalisation[3]. » Serait-ce un des moyens de faire face à l'énigme ?

Comprendre signifierait « pouvoir se représenter », ce qui sous-tend toute l'économie du psychisme, de la pensée vers une secondarisation sublimée, des-excitée et « reposante ». Mais comprendre dans l'urgence enfantine c'est aussi, d'une part ne pas être exclu, d'autre part ne pas être passif, ces mouvements ne pouvant être dissociés – nous le disions à l'instant pour le petit Hans – de la question de la place de l'enfant. L'enfant ainsi travaille activement dans ce redoublement d'activité que nous avons déjà mentionné. Ce travail contribue à élaborer les effractions du sens, à les symboliser transférentiellement : ces sens insensés de la sexualité des « parents ». L'effet de la parole du thérapeute s'inscrira alors particulièrement dans la capacité à tisser des liens symboliques, s'appuyant sur la

1. Affirmation pour nous très étayante que nous développerons dans la partie sur « la figurabilité », p. 213.
2. De cette première psychanalyse d'enfant, il est émouvant de penser qu'il reste des dessins, mais effectué par le père du petit Hans, qui cherchait à « comprendre » les fantasmes de son fils... !
3. D. Widlöcher, 1993 (13e édition), p. 158.

figuration graphique, et en en faisant sens transférentiel. Les fantasmes sont très sollicités dans l'investissement de la séance. Ils affleurent en fantasmes conscients, ou se situent dans l'élaboration sous-jacente au dessin : fantasmes inconscients qui ont été élidés de la chaîne de pensée du système préconscient-conscient. Des fantasmes, Freud dit : « Ils s'approchent tout près de la conscience et restent là sans être troublés aussi longtemps qu'ils n'ont pas un investissement intense, mais ils sont renvoyés dès qu'ils dépassent un certain niveau d'investissement[1]. »

Nous connaissons les grands fantasmes organisateurs de la psyché, repris inlassablement par le dessin dans ses figurations symboliques. Fantasmes originaires qui se déclinent, remarquons-le au passage, comme autant d'actions sur le corps : de scène primitive, de séduction, de castration. Ils seront ordonnancés, élaborés en théories sexuelles infantiles. « Ainsi, en iraient-il comme de ces mythes collectifs, ils prétendent apporter une représentation et une "solution" à ce qui pour l'enfant s'offre comme énigme majeure, ils dramatisent comme moment d'émergence, comme origine d'une histoire ce qui apparaît au sujet comme une réalité d'une nature telle qu'elle exige une explication, une "théorie". Dans la scène originaire, c'est l'origine du sujet qui se voit figurée, dans les fantasmes de séduction, c'est l'origine, le surgissement de la sexualité ; dans les fantasmes de castration, c'est l'origine de la différence des sexes[2]. »

Ces fantasmes trouveront un investissement intense dans la chaleur transférentielle. Leur expression par le dessin s'en trouve très activée : dessin qui figure le fantasme, mais dans le même mouvement il figure les effets de cette énigme « résolue » en fantasme, les effets sur la propre sexualité de l'enfant, c'est-à-dire sur ses investissements auto-érotiques, sur son corps sexué fantasmé, sur sa place de sujet et d'objet du désir. Ainsi « l'avènement de l'auto-érotisme serait ce moment toujours renouvelé plutôt que localisable dans un temps déterminé de l'évolution, où la sexualité se voit détachée de l'objet naturel[3], se voit livrée au fantasme et par là même se crée comme sexualité[4] ». Le dessin nous apparaît alors comme expres-

1. S. Freud, 1915, p. 137.
2. J. Laplanche et J.-B. Pontalis, 1967, p. 159.
3. Nous ajoutons, en tant qu'il devient objet de représentation psychique, représentation de désir.
4. J. Laplanche et J.-B. Pontalis, 1964, p. 72.

sion de l'auto-érotisme de l'enfant, avivé par l'excitation transférentielle et l'affleurement du fantasme. Ces mouvements auto-érotiques élaborés, symbolisés en dessin figureront, tout au long du transfert, la participation active de l'enfant dont la sexualité sublimée est alors directement engagée.

Expression auto-érotique : de la main qui caresse à la main qui dessine, l'on conçoit que l'affect soit alors de plaisir en tant qu'il connote l'activité fantasmatique en contiguïté avec le tracé sublimé de la satisfaction auto-érotique. Il s'y adjoint particulièrement le plaisir du façonnage. L'enfant façonne son fantasme, sa représentation symbolisée dans le cours transférentiel de la séance. Il a ce plaisir actif et de maîtrise, relais de l'investissement anal. Acte du corps psychisé. La main et l'œil sont particulièrement investis, sollicités. Ce qui est lâché de la main – toute re-présentation suppose à notre sens un certain lâchage[1] – peut être repris de l'œil[2], mesuré du regard, re-narcissisé par lui : « avènement de l'auto-érotisme toujours renouvelé », participation active de l'enfant à la scène primitive, pour reprendre l'exemple du petit Hans. Le fréquent « devine ce que je dessine » n'est pas sans en évoquer quelque écho !

Énigme auto-érotisée, transférée par l'enfant œdipien sur le corps de sa thérapeute – corps de la mère – voici ce qu'en dit Simone Daymas[3] : « Le corps maternel est le lieu d'investigation de l'enfant, son champ de curiosité dont la vue est le meilleur outil. Regard de reconnaissance, de lubricité : "Maman as-tu un fait-pipi ?" Le corps de la mère est sexe, entièrement sexuel. Un des buts de la psychothérapie est d'élaborer cette appréhension du corps de la mère. Le corps de l'analyste est le médium qui permet à l'enfant de jouer de toutes les confusions, mais lieu de désignation qui permet d'échapper à la confusion. » « Le repérage des zones de jouissance auto-érotique évoque dans cette projection corporelle sur le corps de l'analyste, l'autre scène parentale dont il est exclu. » Simone Daymas nous donne le récit d'un dessin dont elle nous dit « un petit garçon oubliant son corps[4] pour s'absorber dans le mien organise une scène imaginaire ». Un portrait d'elle en advient. Elle sera « parée, réparée, appa-

1. Ce que nous avions métaphorisé dans l'allégorie de l'enfant qui se lâche pour faire ses premiers pas vers la représentation graphique.
2. Ceci peut être entendu dans une connotation d'équivalence anale.
3. S. Daymas, 1985, p. 49-55.
4. L'oublie-t-il ou en fait-il acte auto-érotique investi dans la trace même du graphisme ?

reillée, branchée, toutes les modulations autour de la castration et de la situation œdipienne ».

Tout ce mouvement est effet de travail dans la cure. L'intensité dans la séance témoigne d'une certaine levée du refoulement, mais aussi de tout ce mouvement de symbolisation possible apparaissant dans le déplacement transférentiel – reprises des lieux du corps sur le corps de la mère, reprises symboliques des propres lieux auto-érotisés du corps de l'enfant. À l'abri du symbole, le mouvement libidinal peut se déployer.

Mais aussi, voyons-nous comme autant de tentatives échouées de mouvements auto-érotiques marqués d'urgence abandonnique, ces incessantes quêtes représentatives qui saisissent l'enfant et le lancent dans des figurations jetées sur le papier et pourtant inlassablement reprises : à l'image d'eux-mêmes, enfants jetés, insuffisamment investis. Le dessin est aussi porteur des mouvements d'émergence pulsionnelle conflictuelle dont l'urgence d'expression, de décharge apparaît en même temps que l'élaboration tente de s'en effectuer. Le dessin dans son élaboration elle-même, figure un certain compromis face à l'excitation transférentielle, utilisant les processus primaires dans leur bi-polarité ; ceux qui « veulent » la décharge : l'enfant lâche le trait[1] ; ceux qui sous-tendent la représentation symbolique, par le jeu du déplacement et de la condensation : l'enfant dessine. Double versant : celui de la mobilité qui caractérise la pulsion en tant que poussée énergétique, celui de la symbolisation du côté de la représentativité.

Mélanie Klein (1930) relatait le cas d'un enfant dont l'inhibition était marquée par l'absence de vie fantasmatique et de relais symbolique. Il était envahi par ses mouvements agressifs contre le corps de sa mère et celui-ci était, en retour, ressenti comme très menaçant. En raison de l'intensité de ses angoisses, l'enfant avait bloqué toutes ses possibilités de fantasme concernant sa mère et n'avait élaboré aucun symbole, aucune projection symbolique. Toute l'évolution de son moi était bloquée. L'on conçoit que l'une des visées de la psychothérapie soit, à travers le transfert, d'établir ou de rétablir les liens permettant la symbolisation. Le dessin, par ses mouvements introjectifs et projectifs, y participe. Le fantasme et sa symbolique ne sont pas que réponse à l'énigme, ils sont construction du moi-sujet

1. On connaît de ces temps de psychothérapie où l'enfant régressé ne peut dessiner, « il crache » des traces sur la feuille.

et de l'objet, dans leur figuration respective – élaboration symbolique qui est au centre du travail sur le transfert. Toute chose rapportée par Simone Daymas dans cette capacité transférentielle symbolisée par l'enfant dessinant et exprimant à sa thérapeute son mouvement œdipien.

Tournons-nous vers un autre dessin.

En séance, l'enfant, garçon de 6 ans, dessine, il commente : « C'est un grand iceberg tout blanc, comme un grand oiseau blanc. » L'iceberg plonge dans la mer, on en voit la trace sous l'eau. Ceci est sur la gauche de la feuille. La mer est longuement dessinée dans des modulations de vagues, tracé très diffus sur la feuille. Au milieu, un peu sur la droite, un bateau sur la mer, bateau qui est en grande partie immergé, bien qu'il ait une forme de coque classique et pas de sous-marin. Le bateau a une particularité. Il a un élément qui dépasse en hauteur, dont la forme évoque celle d'un périscope, tourné vers la gauche, vers l'iceberg-oiseau blanc. Grand iceberg-oiseau à la mesure de la chaleur pulsionnelle tropicale. La mer est sûrement aussi très chaude dans le lien transférentiel. Comme tout dessin, élaboré par les mécanismes du processus primaire, cette figuration déplace et condense, elle symbolise, mais plus particulièrement pour notre propos, remarquons que ce dessin est directement inscrit dans le mouvement auto-érotique et fantasmatique de l'enfant. L'on pourrait dire : dans cette « chaufferie » qu'est le transfert, de l'auto-érotisme activé à la flamme du fantasme de scène primitive et de la pulsion scopique, à la capacité défensive du même fantasme aménagé en représentation figurée par le dessin : froideur de l'iceberg, immobilité des protagonistes, blancheur de l'oiseau[1]... comme une photo, un instantané. Tout ce mouvement, ces mouvements nous sont montrés par ce petit garçon qui regarde le monde, la scène, littéralement par le bout de son pénis si intensément investi : son pénis serait figuré en « périscope » et son œil serait situé au bout de ce « péniscope », c'est par là qu'il découvre et participe... figuration du corps psychique érogénéisé.

Cet exemple d'un dessin nous permet de souligner à nouveau la place essentielle de la représentation symbolique ; rappelons que le symbole transporteur d'un contenu inconscient refoulé, substitué, par déplacement et condensation, échappe à la censure. Le dessin ferait alors figure de construction du pré-conscient : passer de l'identité de perception, dont le modèle est l'hallucination, à la construction élaborative symbolique, porteuse du refoulement. Ceci étant, cet exemple dans sa très apparente simplicité se prête bien à la mise

1. Un blanc immaculé !

en garde, par exemple de la fétichisation du dessin : mouvement contre-transférentiel qui nous « rattrape »... à un tournant ou à un autre ! Également mise en garde quant à la séduction opérée par le dessin, sa symbolisation aisément repérable, ces grandes allées du fantasme que nous arpentons non sans grand plaisir, il faut bien le dire : tout cela évoque peut être justement la fameuse prime de plaisir. Mais le travail nous entraîne essentiellement du côté des mécanismes de défense. Nous savons bien que le dessin n'est pas le fantasme inconscient, il est ce que l'enfant peut nous en montrer, même s'il l'avait en tête, en dessinant... mais soumis à la censure... Le dessin serait donc voisin non du rêve, mais du récit du rêve, comme il est dit classiquement.

D'autre part, le fantasme, d'emblée pris dans la dynamique et la conflictualisation du désir, est le lieu d'élection des opérations défensives les plus primitives – si le fantasme se prête tant à la visualisation c'est en raison de sa nature par essence défensive : retournement sur la personne propre – renversement dans son contraire – dénégation – projection.

Nous ajouterons, aux côtés de ces énoncés classiques freudiens, le mécanisme d'identification projective, dans toutes ses combinaisons, clivages de parties de soi... : le fantasme organisant ces transactions transférentielles introjectives, projectives dont Mélanie Klein a remarquablement situé les enjeux.

Le dessin opérant dans l'économie du fantasme sera porteur de ces figurations défensives acceptables pour le préconscient : travail élaboratif remarquable de l'enfant qui dessine « sa névrose infantile ».

LE DESSIN COMME FIGURABILITÉ : LE DESSIN COMME FIGURE DU FANTASME

La figurabilité est une question que nous avons déjà abordée, mais qu'il nous semble maintenant nécessaire de reconsidérer. La représentation-de-chose sous-tend le potentiel de figurabilité du psychisme, selon la métapsychologie de Freud. Elle est la seule représentation dans l'inconscient. Son potentiel d'investissement est d'autant plus grand qu'elle s'allie à la représentation-de-mot dans le préconscient-conscient, et qu'elle a de ce fait une position carrefour importante.

Par elle, le représentant psychique est lié : la représentation-de-chose capte l'énergie pulsionnelle. Elle en limite, délimite le cours, la transforme, dans sa visée de figurabilité, en premières traces d'un ressenti du corps originaire... Le dessin, marqué par le sceau des origines, participe en tant que porteur de la représentation-de-chose à sa capacité de liaison, tentative d'organiser l'énergie pulsionnelle en petites quantités plus négociables, mouvement vers la secondarisation dans l'économie psychique de l'enfant traversant les orages sévères de son destin libidinal réactivé dans le transfert. Une certaine fonction que l'on pourrait situer du côté d'une recherche de nécessaire maîtrise, celle du trait graphique en témoigne, tant et tant retravaillé par l'enfant. Mais aussi ce mouvement est articulé à la représentation-de-mot. La figurabilité ne s'adresse pas qu'aux représentations-de-chose. Elle baigne aussi les représentations-de-mot. La « chose » traversant le préconscient se conjugue au « mot », elle vient le colorer de toute « la saveur multisensorielle » du mot préverbal, imprégné du corps, et vient témoigner de sa figurabilité. Mots chargés d'affects, retranscrits dans le tracé défensif, figurés en couleur ; mots au plus près du corps, mots sexuels figurés dans la trame défensive du fantasme dessiné. Mots silencieux sous-tendant le dessin. Mots progressivement investis, construits dans le transfert, lien symbolisant de la parole du thérapeute ; mots du lien de la pensée partagée.

Le dessin, à nous adultes, dans sa représentation imagée redonne saveur sensorielle aux mots de notre enfance. Intensité émotionnelle de cette figuration chargée de sens et d'affects transférentiels et contre-transférentiels. Pourtant, le même dessin, à quelque temps de là fera figure... de lettre morte. Lettre morte, qu'est-ce à dire ? Serait-ce qu'investi comme figuration plutôt du côté de la représentation-de-chose dans le fantasme vécu à deux de la séance avec l'enfant, ce dessin revu à quelque temps de là est ressaisi dans notre fonctionnement du côté de la représentation-de-mot. Il est bien devenu lettre morte, il en fait figure alors qu'il avait été corps vivant.

Voici qui nous renvoie au fantasme figuré qui décidément, à notre sens, active tout le corps du dessin. Si nous avons insisté sur la représentation-de-chose, dans son importance de figurabilité, celle-ci nous apparaît maintenant comme une référence à la structure : celle d'un fonctionnement du côté de la représentation « de visu », une prévalence visuelle indissociable de la multi-sensorialité certes, nous l'avons dit, mais indéniablement, dans la métapsychologie freudienne, tournée vers l'image visuelle. Rappelons que Laplanche insiste pour appeler cette représentation : représentation-chose, et non représentation de chose, qui allait dans le sens du « dessin figuratif » ; serait-ce, ce que nous questionnons dans le sillage d'André Green[1], que « la représentation-chose évoquerait peut être plus la chose que l'image : chose en tant que dans son opacité, sa consistance, sa densité. Serait-ce l'épaisseur nécessaire à cet appui fondateur du fonctionnement de l'inconscient » ? Plus la chose que l'image, ou image en tant que chose dans sa densité originaire... question essentielle et éclairante pour notre propos : la représentation-chose nous apparaîtrait alors comme associée à la souplesse infinie du fantasme, celle qui anime constamment le dessin, lui confère sa plasticité, sa mobilité, ses potentialités d'infinies figurations, combinatoires... Également en continuité du fantasme, le dessin lie fortement affect et représentation : question que nous nous sommes longuement posée à propos de la représentation-de-chose, dont l'on sait que son destin est un destin séparé de celui de l'affect... dans la métapsychologie freudienne. Ainsi, le dessin condenserait-il, souderait-il le trait visuel du graphisme, dans sa figurabilité de représentation-chose, au trait de la mise en scène du désir, dans sa représentation de fantasme. Double mouvement représentatif qui nous entraîne simultanément vers une théorisation du fantasme comme représentation d'action, celle-ci serait à notre sens centrale dans l'investissement par l'enfant du dessin comme représentant cette représentation d'action.

Quelques conditions théoriques

Dans une schématisation extrême, nous dirons que les représentations de chose et de mot se réfèrent à la première topique freudienne de l'appareil psychique, dont la métapsychologie de 1915 est la somme. Cette première topique de l'appareil psychique s'inscrit en inconscient, préconscient, conscient. La deuxième topique (à partir de 1920, le terme de « ça » apparaît en 1923 dans *Le Moi et le Ça*)

1. A. Green, 1987, p. 357-372.

se différencie en instances : ça-moi-surmoi. Pour notre propos, retenons que nous avons désormais deux pôles théoriques : le – « versant inconscient », référé au désir, constitué de contenus refoulés qui se sont vus refuser l'accès à la conscience par l'action du refoulement. Ces contenus nous parviennent en représentations-de-chose dont la figurabilité, nous l'avons beaucoup dit, image le dessin, et – le « versant ça » qui est défini comme pôle pulsionnel de la personnalité, « grand réservoir » de cette énergie dans sa bipolarité : pulsions de vie et pulsions de mort. Le « psychisme freudien » de cette deuxième topique voit affleurer beaucoup plus « directement » le mouvement pulsionnel.

Les publications de Mélanie Klein paraissent sensiblement à partir de 1920. Sa théorisation s'inscrit d'emblée dans la perspective de la deuxième topique. La pulsion double, de vie et de mort, conditionne les mouvements psychiques à l'égard de l'objet enveloppé dès la naissance dans le fantasme – celui-ci étant défini comme représentant psychique de la pulsion. Cette transcription directe de la pulsion au fantasme fut et continue d'être l'objet de polémiques théoriques. Son versant clinique est, par contre, reconnu comme éclairant de façon remarquable les premières « positions » psychiques de l'enfant et leurs enjeux transférentiels et contre-transférentiels.

Dans la même lignée, Suzan Isaacs considère que tout mouvement pulsionnel est « déclencheur » d'un fantasme qui l'exprime[1]. La singularité de sa pensée tient à sa théorisation de l'hallucination primitive en tant qu'elle confondrait image et action. Ainsi, le nourrisson désirant sa mère ressent, dit-elle, « j'ai envie de sucer son mamelon, de la manger, de la garder en moi, de lui mordre le sein, de la déchirer, de la rejeter ». Ce qui est essentiel, c'est qu'alors l'enfant ne ressent pas seulement « j'ai envie de », mais « je le fais » : le « je la veux » devient « je l'ai à l'intérieur comme je la fais ». Les fantasmes, dit-elle sont, à leur tout début, le contenu même de leur intention explicite. L'hallucination[2] est image, mais elle ne serait pas qu'une image, elle est la condition du fantasme en tant qu'action exercée sur l'objet désiré. Hallucination et action sont confondues dans le fantasme. Voilà qui se situe au cœur même de notre questionnement sur le lien entre figurabilité et fantasme dans le

1. S. Isaacs, 1952, p. 64-115.
2. Premières traces mnésiques de satisfaction hallucinée qui dans la métapsychologie freudienne sont constitutives des premières représentations-de-chose.

dessin. La question de l'image – pour nous ici le dessin – de sa figurabilité, hallucinée, n'est donc pas dissociée de celle du fantasme ressenti en tant qu'action. Remarquons au passage que cette « omnipotence du fantasme » est à notre sens très « porteuse » du dessin, dans l'économie de l'enfant en nécessité narcissique de maîtrise. Ceci rejoint ces plages essentielles d'illusion nécessaire à la construction des « objets-subjectifs » dont il fut question précédemment.

La théorie de Bernard Gibello[1] a retenu notre attention du fait qu'elle est, d'un certain point de vue, tournée vers l'action. Elle propose d'adjoindre à la représentation-de-chose une capacité de représentation de transformation. Celle-ci rendrait compte de l'aptitude de l'enfant à faire usage de stratégies motrices pour retrouver l'objet : ainsi devient-il capable de se re-présenter quelque chose par autre chose à l'aide de deux procédés différents : par « le représentant de choses qui fait réapparaître les qualités esthésiques de l'objet dans le champ de la réalité psychique », et par « le représentant des transformations qui s'applique à la réalité extérieure par le corps de l'enfant », agissant, « afin de retrouver l'objet désiré » : stratégies motrices mémorisées et ré-investies. Il s'agit donc de stratégies pour retrouver l'objet à partir de représentations de capacités motrices. Nous retenons de la théorie de Bernard Gibello la notion de stratégies motrices : il est vrai que le dessin met en jeu une action du corps en tant que tel. Un corps, dont la coordination perceptivo-motrice est remarquablement affinée, contrôlée et condensée dans la main, les doigts, l'œil, même si tout le corps est sans nul doute mobilisé à bas bruit. C'est dire que, dans le dessin, apparaît toute la capacité de maîtrise du geste, de lâcher du trait, de sa reprise, de son maintien, de sa discontinuité... Nous pensons, classiquement que le dessin en lui-même – nous ne parlons pas ici de la représentation dont il est porteur – est ancré dans une maturation liée à la problématique anale : dans cette capacité d'ajournement de la rétention, de maîtrise de celle-ci qui permet l'élaboration de la décharge expulsive en trace, puis en tracé, puis en trait. Il sera donc fait appel à des stratégies motrices de plus en plus affinées

L'acte de dessiner mobilise le corps, comme le fait le fantasme lui-même dans un double pôle actif et passif ; ce mouvement de renversement est remarquable, où l'acte de dessiner engage le corps, corps qui est alors lui-même pris dans la mise en scène du fantasme.

---

1. B. Gibello, 1977, p. 41.

C'est ainsi que dans ce mouvement élaboratif anal, l'œil de l'enfant qui dessine lui permet de voir sa trace, de la vérifier, de la contrôler comme un sphincter, en en redoublant l'effet puisqu'en tant que tel il permet aussi la ré-appropriation, par le regard de ce qui a pu être lâché sur la feuille. Cette maîtrise par l'œil figure alors le pôle actif, la main qui lâche le trait en situerait le pôle passif, même si cette main « s'affaire » en même temps activement à contrôler son geste. La stratégie motrice mobilisée pour dessiner est enveloppée de fantasme. Le dessin pourrait alors être considéré comme fantasme de plus ou moins libre circulation de l'investissement pulsionnel. Il serait une sorte d'outil – de déplacement, de condensation et de figuration symbolique – qui parcourt le « dedans » et le « dehors » du corps pulsionnel pouvant passer par tous ses orifices, et ses zones érogènes, érogénéïsées, circulant dans l'extraordinaire mobilité du trait graphique. Le dessin est alors action du fantasme – pris dans la mouvance transférentielle et contre-transférentielle. L'on en conçoit l'économie dans toute la problématique du conflit psychique et dans l'expression auto-érotique qui s'y trouve associée. Nous dirons, revenant sur nos premiers pas, que l'enfant dessinant en séance ses profonds émois transférentiels, devient lui-même tracé, trait, couleur, nuance... Comment d'ailleurs ressentir dans notre contre-transfert d'adulte qu'il en passe par toutes ces couleurs, ces liés, ces déliés, tracés, coupures, fractures du trait ? Sinon en nous référant à nos propres éprouvés si vifs de rêveurs au moment du réveil. Serait-ce une question que celle de la spécificité du contre-transfert sollicité par le dessin de l'enfant ?

De la connivence admirative et séductrice, à l'ennui face à la muraille défensive construite pierre par pierre du château qui se veut le plus fort... certes, mais surtout de la capacité identificatoire du thérapeute qui « accepte » de régresser à l'éprouvé de la « gravité » du trait : celui proposé ou plutôt imposé à l'enfant par son mouvement transférentiel – mots – affects – tracés – couleurs du : je suis/tu es bleu de peur, vert de rage, rouge de colère, de passion, clair d'azur, jaune d'urétral, marron d'anal ; je suis/tu es trait léger, d'espoir, lourd de réminiscence, trait d'agressivité déchaînée, noir de drame, de deuil, gris de nuance, estompage de la distance possible qui s'esquisse...

Le rêve donne, certes, des images qui nous « cherchent » dans nos propres associations, éventuellement imagées, mais les mots en sont les « agents de transmission ». Le dessin nous « montre » et nous demande d'être soudain imprégné de la trace de l'enfant, ce qui de notre « point de vue » requiert beaucoup d'attention précise dans un éprouvé simultané de nécessaire globalité. Sans doute notre travail – appui métabolisant de notre propre préconscient – nous ramène « vite » au mot, à la représentation de mot – le trait est souvent « cri », nous l'investissons en « émotion de pensée[1] ».

Le dessin est encore action dans ses figurations de l'objet. Il serait classiquement stratégie pour retrouver l'objet dans le champ du fantasme imagé. La singularité du dessin tient, de notre point de vue, au fait qu'il ne s'agit pas de le retrouver mais de le faire apparaître, il est alors fantasme, comme confondu avec lui. Il fait apparaître l'objet dans un tracé qui, aux origines absorbe ou rejette, par le trait érogène ou destructeur, pour se complexifier dans toutes les négociations que permet justement le tracé, le trait, toutes ses nuances, l'inscrivant dans la problématique orale, anale, phallique, œdipienne et dans toute la conflictualité du désir en jeu au moment du dessin. Nous dirons encore, que le dessin lui-même est alors équivalence de corps érogénéïsé, par et dans le fantasme, lui-même lié à l'acte auto-érotique sublimé. Le choix de la couleur s'inscrirait dans cette même aire « intermédiaire ». L'objet est vêtu, ou plus originairement imprégné de toutes les nuances affectives intra-psychiques de l'enfant – coloriste. Dans cette palette figurative le fantasme saisit le dessin... comme fantasme... dans ces aires d'illusion « *me/not-me* », liées au processus créatif.

Nous nous sommes progressivement tournés vers le dessin, pris dans l'enveloppe du fantasme et agi par lui. Le tracé, le trait, la forme, la couleur venant mettre en acte sur la feuille le fantasme. Nous tentons ici de dégager un double mouvement très intriqué :
– le dessin comme action directe du fantasme qui l'inclut dans son expression quasi onirique, qui le façonne en tant qu'expression directe corporelle-graphique, le dessin comme « médium malléable » (Marion Milner),
– le dessin dans son énoncé, son contenu comme représentation du fantasme d'action.

Sans doute, est-ce là un double mouvement, dû à l'emprise du processus primaire sur le dessin de l'enfant. Mouvement que l'on pourrait alors rapprocher de la conception de Suzan Isaacs à propos

1. Nous empruntons cette image verbale à Marie Moscovici « Émotions de pensée » dans *Il est arrivé quelque chose*, Ramsay, 1989.

de l'hallucination primaire – condition du fantasme qui est en même temps image et action.

Dans un article intitulé : « La positivité de l'inconscient[1] », Daniel Widlöcher articule représentation, processus primaire et action : « Si l'on considère l'ensemble des propriétés d'une représentation obéissant au processus primaire, on observera qu'elles sont identiques aux règles de production qui gouvernent l'accomplissement des actions. L'intention se réalise dans l'acte : penser c'est faire, désirer c'est accomplir. » C'est dire aussi « que "la chose" ainsi représentée n'est pas un objet mais une action. C'est une scène qui s'accomplit sur le mode du processus primaire ».

Ainsi, le dessin rendrait-il compte de ce processus paradoxal d'une possible représentation d'action, représentation prise dans la mouvance de l'expression psychique inconsciente, liée au processus primaire et accessible à l'état de veille pour l'enfant mais, dans un même temps, il en irait d'un processus où l'enfant agit son propre corps pulsionnel en dessinant. Le dessin serait alors comme un objet d'action auto-érotique sublimée transitionnel, « dehors/dedans », pris dans la trame du fantasme.

Nous voici tournés vers le dessin comme capacité auto-érotique articulée au fantasme. Nous en avons déjà exposé certains enjeux.

Rappelons à nouveau cette lettre de Freud à Fliess de 1897, où fantasme et auto-érotisme sont liés : « Fantasmes qui servent à dissimuler les activités auto-érotiques de la première enfance, à les masquer, à les porter à un plus haut niveau... » Causalité circulaire, disions-nous (*cf.* page 207).

Michèle Perron-Borelli et Roger Perron[2] soulignent le versant actif – activités disait Freud – du nourrisson qui déplace son investissement de la satisfaction des soins maternels vers la satisfaction liée à l'action auto-érotique : ce serait là l'origine du fantasme. Cette action permet que soient reproduites les sensations de plaisir, sensations érotiques : celles ressenties au cours de la tétée. Dans ce mouvement actif du nourrisson, s'exprime déjà la future capacité, dirons-nous, de « jouer » avec la « mère » hors de sa présence[3]. Cette action auto-érotique est porteuse de toutes les sensations corporelles de

1. D. Widlöcher, 1988, p. 19.
2. M. Perron-Borelli et R. Perron, 1987, p. 579-605.
3. Cette action nous évoque tout le potentiel du fantasme.

l'enfant, de toute la sensorialité des échanges avec le corps de la mère : l'action auto-érotique condense et déplace tous ces éprouvés en une première capacité à fantasmer en l'absence de soin maternel. Cette action investit les premières ébauches de représentation en images hallucinées multi-sensorielles du corps de l'enfant et du corps maternel réunis dans ces ressentis originaires. Cette action auto-érotique dans toutes ses répétitions, ses modulations ne va pas sans évoquer ce que sera un jour le jeu de la bobine. Elle nous évoque cette capacité de l'enfant de dessiner, de déployer son espace d'illusion, aux côté du thérapeute présent/absent.

Cette action organise le fantasme en représentation d'action qui s'élaborera progressivement en double pôle actif-passif dans la relation imaginaire sujet-objet que figure la mise en scène du fantasme, déployé selon l'expression de Daniel Lagache en « petite histoire concrète et particulière ».

Si les fantasmes originaires sont postulés comme soubassement inconscient de ces mises-en-scène, c'est pour autant qu'ils représentent des scènes qui s'organisent autour d'actions : scène primitive, séduction, castration... actions référées au corps. Ces mécanismes sous-tendent également ceux des fantasmes d'incorporation, d'introjection dans l'identification primaire : ils sont vécus comme des opérations corporelles : ingérer[1], dévorer, attaquer, mordre, tous mouvements à l'égard de l'objet, lui-même dans le même mouvement. Le dessin en est constamment porteur, il est alors comme agi lui-même par le mouvement transférentiel qui met en scène sujet-objet-action ; c'est dire l'extrême intensité que peut atteindre le vécu du dessin qui n'est surtout pas que représentation.

Il est un obstacle essentiel à la réalisation, celui de la tendance à la décharge motrice immédiate, tendance qui, empêchant une certaine rétention, rend difficile toute élaboration. C'est pourquoi les mécanismes de fantasmatisation trouvent leur plein déploiement au stade anal. C'est bien dans ces assises, nous semble-t-il, que va s'inscrire le dessin, pour lequel il en ira particulièrement de ces mouvements où l'ancrage du double pôle actif et passif passe par l'activité musculaire. Celle-ci est pour l'enfant un besoin d'où il tire un plaisir considérable. Il sera progressivement, dans la théorisation de Freud, associé au jeu anal masturbatoire, érotisme essentiel pour l'enfant. Le double pôle, d'activité et de passivité, de rétention et

1. Pourquoi l'enfant dessine-t-il si souvent la bouche ouverte ?

d'expulsion, sera élaboré en stade sadique-anal, dont l'inscription sphinctérienne est essentielle comme lieu de maîtrise de l'objet (anal) dans le corps et par le corps propre de l'enfant en pleine action, tous mouvements directement inscrits dans le tracé transférentiel : rétention, expulsion, maîtrise ; cette dernière est porteuse d'un certain ajournement qui permet l'élaboration intérieure du fantasme, qui permet aussi l'élaboration progressive de la trace du dessin.

Marty et Fain[1] soulignent que l'activité fantasmatique ne l'est que pour l'adulte, l'enfant ne mesurant pas la qualité substitutive de son fantasme par rapport à « son action sur son objet primitif[2] ». Ce constat est proche des affirmations de Suzan Isaacs quant au fantasme comme équivalent d'action. Michèle Perron-Borelli et Roger Perron font remarquer que le fantasme, représentation d'action, a une structure fondamentale, homologue à la structure élémentaire de la phrase : sujet, verbe, complément. « Structure dont le verbe est le signifiant central, comme l'action qu'il désigne serait le noyau du fantasme. » « Sujet et objet sont interchangeables dans la vicariance des rôles passif et actif. » Cette vicariance, dirons-nous, permet à l'enfant de dessiner sans effroi des mises en scène d'attaque, par exemple, où comme nous l'avons déjà souligné, les pôles actif et passif sont interchangeables, la finalité économique résidant dans la représentation de la scène, scène du désir conflictuel : mise en scène transférentielle dont le dessin est vécu par l'enfant profondément identifié à ce qu'il met en scène et est simultanément reconnu comme figuration graphique dans la distance de la représentation.

Comment rendre compte de l'intériorisation du mouvement ressenti psychiquement comme action ? Marty et Fain articulent fantasme et identification. « L'identification primaire consiste en un ensemble d'intériorisation et d'incorporation de l'objet en mouvement... ceci sert de modèle au mouvement propre du sujet et ne peut s'inscrire que dans les limites qualitatives de la propre sensori-motricité du sujet qui réalise ainsi sur le plan sensori-moteur une véritable interprétation des mouvements de l'objet »...

« Nous comprenons, en raison de cette identification à l'objet, en mouvement, que le sujet puisse aussi, dans son activité fantasmatique, se voir ou se faire agir à sa guise. La fantasmatisation apparaît

1. P. Marty et M. Fain, 1955, p. 205-284.
2. Le dessin, sur un de ses versants, vient justement créer progressivement cette distance d'un espace psychique de représentation.

ainsi, dès ses premières élaborations, comme une véritable intériorisation de toute la relation primaire avec l'objet extérieur, le fantasme étant un objet intérieur comprenant à la fois l'objet, le sujet lui-même et le mouvement de chacune des deux parties. »

Toutes ces considérations, rappelons-le nous intéressent de très près car elles concernent le mouvement psychique inclus dans le fantasme et reporté dans tout le graphisme du dessin. « Le fantasme, disent encore Marty et Fain, est lié à la capacité d'investissement de la représentation de l'objet en mouvement. » Cette capacité nous évoque les investissements qui semblent très précocement mobilisés chez le nourrisson capable « d'incorporer » des mimiques et même des postures. S'agirait-il, dans ces premiers mouvements, d'une certaine capacité qui s'avère progressive, à déplacer l'investissement de plaisir lié au mouvement du corps de la mère – non dissocié – sur le corps propre ?

Tout ceci nous amène à nous représenter le fantasme et le dessin dans une sorte d'étayage réciproque ou dans un mouvement circulaire, où la mise-en-scène du conflit psychique fantasmé s'effectue, lors du dessin, dans un redoublement « d'action » : de l'acte – action sensori-motrice imprégnant l'acte psychique – du dessin à la représentation d'action qu'il figure dans le fantasme : c'est là notre hypothèse. L'on conçoit que le dessin agisse pour l'enfant comme un lieu privilégié de décharge de ses tensions intra-psychiques : telle serait la capacité à les figurer en fantasmes, agis sur la feuille du dessin transférentiel. Cependant, répétons-le, ceci ne saurait être entendu que dans l'écoute de cette « basse continue » – qui pour autant, prend aussi souvent le devant de la scène : nous parlons de cette tessiture du tissu psychique qu'est l'affect, modulant à tout instant le tracé du dessin.

CONCLUSION

Au cours de nos réflexions, nous avons esquissé quelques points de vue destinés à éclairer la visée existentielle et transférentielle du dessin : le dessin comme trace identitaire du soi, comme enveloppe moïque et narcissique ; le dessin dans sa fonction élaborative du lien avec l'objet, dont la dynamique affective fonde la trace. Cette trace se symbolise dans l'introjection transférentielle, elle devient trait. Traits de l'affectivité de l'enfant, de ses carences, souffrances, de ses espoirs et désespoirs, de ses mouvements tant libidinaux que destructeurs. Traits narcissiques, traits objectaux ; ceux d'un objet, étayé, de plus en plus intériorisé. Aux côtés de tous ces mouvements, nous avons proposé un autre pôle simultanément organisateur du dessin : celui du fantasme en tant que représentation d'action.

Le dessin vient signifier toute la conflictualité du destin sexuel de l'enfant, son ancrage dans les zones érogènes, ses stades organisateurs : ceci par un acte de figuration qui est autant d'expression économique, de décharge, que de mouvement élaboratif. La main qui dessine condense un potentiel pulsionnel intense, mais pour autant la capacité figurative vient en signifier la représentativité. Le pôle actif du dessin vient redoubler le pôle actif du fantasme et renforce ainsi la nécessaire maîtrise « face au traumatisme originaire » de l'énigme : nous en avons longuement situé les enjeux économiques. L'image du dessin s'inscrit dans la figurabilité de la représentation-de-chose. La dynamique du dessin, quant à elle, serait le fruit du fantasme ; il en figurerait la représentation en tant que représentation d'action. Le fantasme s'emparerait dès les origines de l'image hallucinée pour l'inscrire dans un mouvement d'action, ici celui de la scène transférentielle. L'investissement du dessin serait donc investissement de la représentation-de-chose et dans un mouvement indissociable, investissement de la représentation d'action en tant qu'organisateur du fantasme dont l'auto-érotisme sublimé fait un certain lit du dessin de l'enfant.

Nous nous en sommes tenues à des perspectives théoriques sachant qu'elles seraient nourries de toute la finesse clinique requise. Nous avons, de ce fait même, peut-être en apparence, privilégié les mouvements auto-élaboratifs inscrits dans la quête figurative de l'enfant qui dessine. Cet événement psychique en lui-même si investi par l'enfant en est d'autant plus source vive de la construction de l'espace analytique dans ses éprouvés transférentiels et contre-transférentiels, travaillés dans la séance.

Ceci nous mène à penser que cet investissement est lieu privilégié d'élaboration pour l'enfant, de son espace intra-psychique en tant qu'il se déploie, selon nous, essentiellement dans la mise en place d'une certaine assise : celle du préconscient considéré ici comme lieu du travail d'organisation de la pensée. Nous sommes en proche résonance avec la pensée de F. Guignard dans *Ballade au préconscient*[1] : ce préconscient, de la première topique, comme « délaissé » dont les fonctions, dans la deuxième topique sont « attribuées au moi » – question de l'articulation fondatrice de l'un à l'autre. Elle vient trouver sa place dans nos élaborations sur l'espace psychique du dessin, comme intriquant le double travail du préconscient et du moi – ce moi, dont nous décrivions les premiers pas, que nous considérons comme soudés à la mise en œuvre du préconscient, organisateur de pensée.

Nous avons beaucoup insisté sur le dessin dans un double mouvement : mouvement « d'action » projective « pulsionnelle-fantasmatique » directe qui saisit l'enfant en tant qu'il est alors lui-même trait, couleur, décharge émotive, figuration sexuelle, cri de carence, de violence, enveloppement d'amour – et – mouvement de figurabilité, porteur de représentation du fantasme en tant qu'action psychisée : le dessin est alors élaboration d'un acte psychique.

Ne serait-ce justement pas cet écart, cette possible mouvance, à tout instant reparcourue, en même temps que modulée, qui donnerait au dessin, toujours entendu transférentiellement, toute sa valeur

1. F. Guignard, 1985, p. 1391-1400.

de mise en place élaborative, celle de la construction d'un espace psychisé ? Celui-ci est situé, nous l'avons souligné, au carrefour, organisateur de la pensée, des représentations des processus primaires et de leur reprise dans une secondarisation étayée en séance. Autrement dit : il s'agit de cette mouvance qui saisit l'image dans sa figurabilité, pour l'investir, l'ancrer, dans l'éprouvé intérieur psychisé en mots porteurs du sens. Ainsi fait-il entrer l'enfant dans « le sens de son histoire », « la sienne à lui » : celle qu'il peut saisir par tout le travail de la séance. Les temps, celui des séances, celui de la sécurité de leur immuabilité, sont inscriptions, souvent premières pour l'enfant d'un « repérage » d'une certaine structure favorisée par sa régularité[1]. « L'apprentissage » corrélatif du délai nous en paraît essentiel.

Il s'agit aussi du temps dans la séance : ces « plongées » dans le silence, que nous évoquions, où l'enfant travaille à dessiner aux côtés de son thérapeute. Ce temps-là se construit, *hic et nunc* dans l'espace psychique de l'enfant. C'est un temps dont l'espace lui permet de déployer toute la figurabilité représentative de son éprouvé psychique. Il s'agit ici aussi de ce délai fondateur, lié au préconscient du thérapeute. Ce délai permet à l'enfant de prendre, de s'approprier cette inscription intérieure de ce temps qui, précisément, donne place à l'espace de la pensée s'élaborant : une « construction » pour nous essentielle de la qualité du travail du préconscient.

Le temps est aussi celui des mots de cette secondarisation « sollicitée » en séance, processus étayé sur l'investissement psychique de représentativité. De ces mots, d'avant le dessin, nous ne connaissons souvent pas la teneur – celle qui sous-tend le mouvement de figurabilité : mais là, s'inscrit toute la valeur associative d'une mise en mot souvent difficile, progressive. L'écoute contre-transférentielle de ces associations de l'enfant, leur mise en œuvre reconnue, désignée comme travail psychique par le thérapeute ouvre l'enfant à la temporalité, inscrivant sa pensée dans une certaine trace de son histoire qui devient trace verbale. Souvent ce travail s'étaye sur un détail du dessin qui pourrait paraître anodin, dont nous ressentons la singularité – l'écoute du regard investissant du thérapeute, sa mise en mot prend non seulement sens psychique pour l'enfant, mais découverte qu'il en est porteur. Ceci est proche du travail sur le récit du rêve, justement sur le détail oublié qui soudain ressurgit.

---

1. Cela n'est pas sans rappeler cette mère bionienne, que nous décrivions dans ces « rythmes bien tempérés... œuvre d'un préconscient métabolisant ».

Ainsi la séance, dans notre perspective, pourrait-elle se définir comme construction du travail du préconscient, de son assise, sorte de « plaque tournante », lieu des échanges transférentiels et contre-transférentiels, des investissements et des désinvestissements, du refoulement et du travail sur ces retours du refoulé qui nécessitent la mise en place de tous ces « maillons », chainons intermédiaires préconscients, liant le processus primaire au processus secondaire. L'enfant dessinant « met en œuvre son préconscient ».

Dans le même sens, pris dans une perspective conjointe, nous redirons que le dessin investit aussi un double mouvement psychique dans une articulation également féconde. Il assure un certain espace d'illusion trouvé, ou retrouvé dans l'écoute du thérapeute, « écoute-médium-malléable », qui permet à l'enfant de figurer graphiquement ses « objets subjectifs » – progressivement avec une certaine liberté – celle du principe de plaisir. Cet espace d'illusion dont les plages sont essentielles comme étayages d'un objet interne « suffisamment bon ». Mais le dessin vient aussi en tracer une certaine limite. La réalité du trait n'a pas l'évanescence de l'image du rêve. Il signifie, à notre sens, la marque, l'empreinte de la mise en œuvre, certes très progressive, du principe de réalité : un certain travail du moi, dont nous avons longuement souligné les « balbutiements ». Le pas, les pas, ceux de notre allégorie, sont d'évidence, élaboration lente et douloureuse : la névrose infantile en témoigne.

Le dessin préserve le versant d'illusion tout en donnant les appuis d'une construction en devenir, celle d'une appropriation subjective des propres traits de l'enfant – traits identitaires – appropriation sans doute ressentie comme salvatrice, narcissiquement, mais aussi parce que porteuse de refoulement apaisant. « L'advenance », l'avènement progressif de la mise en latence – celle de l'enfant qui a pu exprimer dans son dessin transférentiel toutes ses ébauches et débauches d'illusion et de désillusion[1] – sous-tend l'investissement d'une certaine rigueur du trait. Elle est étayante, souvent l'enfant la « savoure », la cultive en ce qu'elle est porteuse de repères intérieurs, de codes d'appartenance, tels ces temps des règles, des droites, des maîtrises structurantes, prises dans la mise en place des mécanismes de défense. Le jugement, l'attention sont à l'œuvre, témoignant de tout le travail du préconscient qui mène à la « prise de conscience » au sens

1. Cet enfant qui peut entendre son présent mais aussi ses références à son passé, qui ne se prête plus, particulièrement, à l'intensité du mécanisme projectif.

métapsychologique du terme. Le dessin alors moins immergé dans le processus primaire, car de plus en plus relayé à la mise en mots – cette trace qui devient verbale – le dessin cependant toujours très investi, étaye cette « mutation ». Ici aussi, la circulation de l'un à l'autre de ces investissements du dessin, qui se côtoient longuement, serait signe et expression d'une possible « liberté intérieure », liée à la mise en place du travail du préconscient, œuvrant dans une certaine souplesse de la censure.

Toutes ces perspectives sont à l'évidence inscrites dans une certaine idéalisation théorique. Nous en avons privilégié le regard « secondarisé » du thérapeute, tourné vers le dessin transférentiel : celui qui mène l'enfant sur le chemin d'une mise en écoute psychique. Sans doute, permet-elle progressivement une qualité de censure élaborante, cette nécessaire mise en latence, qui, corrélativement mène à l'investissement du mot dans son inscription de trace verbale secondarisée.

Comment relier l'investissement du dessin à celui de l'écriture ? C'est là une question que nous laissons ouverte. Nous ne ferons qu'évoquer succinctement la subtilité de ces « remaniements-constructions » qui permettent à l'enfant d'investir la rigueur du « graphe », celle de ces premiers tracés de « lettres » qui sont alors, de fait, beaucoup plus proches du dessin que de la véritable écriture. Cela étant, le mouvement progressif de maîtrise lié à la « prise de conscience », nantie d'une capacité d'attention et de jugement volontairement soutenus, est porteur d'une grande qualité de plaisir psychique, « psychisé » – une certaine élaboration sublimatoire. Nous savons aussi l'importance de l'investissement narcissique : le moi pris comme objet narcissique, nous est signifié – par-delà les dessins-de-lettres – particulièrement à travers les premiers tracés d'écriture de l'enfant, dans ses éprouvés d'extrême fierté (idéal du moi). Remarquons qu'il s'attache essentiellement à écrire son prénom. Ne se découvre-t-il pas, alors détenteur d'une certaine « clef existentielle » ? De fait « l'autre » – le lecteur, celui à qui « c'est montré » – lui donne à entendre qu'en effet il est bien là signifié, inscrit dans l'écriture lisible, prononcée, entendue – écriture de son identité.

Quelle destinée psychique que celle de l'enfant « entrant en écriture » ; celle-ci, bien entendu, ne prend véritablement sens que dans une double appropriation élaborative, indissociée de celle de la lecture. L'enfant investit de plus en plus ces mouvements subtils qui permettent de comprendre, savoir, pouvoir se dire : en somme penser et ressentir en mouvement de mots tissés dans des éprouvés d'émotion psychisée ; toute cette « secondarisation » ne peut être investie que dans l'incontournable exigence du graphe.

Cependant, n'y trouve-t-on pas certains signes – marques originaires – vestiges en forme de tracés d'une singularité « réservée » à chacun ? Ils surgissent « dessinés », infiltrant à notre insu, dans un contraste saisissant, la rigueur absolue de ce code d'appartenance graphique qui est élaboration du processus secondaire. De fait, dans ces infinies modulations appropriatives de chaque écriture, se glisserait, aux côtés de multiples sens, l'empreinte « matricielle » indélébile de cette quête de figurabilité insérée dans le fonctionnement du processus primaire – sorte de réminiscence de ce temps d'une proto-histoire de l'écriture que fut l'élaboration du dessin transférentiel de l'enfant.

TABLE DES DESSINS

Chapitre 2

Dessin 2.1 – Gustave 35
Dessin 2.2 – Delphine – hors texte couleur (entre 64 et 65)
Dessin 2.3 – Vincent – hors texte couleur (entre 64 et 65)
Dessin 2.4 – Dominique – hors texte couleur (entre 64 et 65)
Dessin 2.5 – Denis – hors texte couleur (entre 64 et 65)

Chapitre 3

Dessin 3.1 – Thérèse 73
Dessin 3.2 – Thérèse 75
Dessin 3.3 – Claire 80
Dessin 3.4 – Claire 81

Chapitre 4

Dessin 4.1 – Joseph – La momie 91
Dessin 4.2 – Joseph – Le dragon 94
Dessin 4.3 – Joseph – Le monstre volant 96
Dessin 4.4 – Joseph – Les boxeurs 98
Dessin 4.5 – Lili M. – La fée bleue – hors texte couleur (entre 112 et 113)
Dessin 4.6 – Lili M. – Le petit chien – hors texte couleur (entre 112 et 113)
Dessin 4.7 – Louis – Les araignées 109
Dessin 4.8 – Louis – Le portrait de la thérapeute – hors texte couleur
Dessin 4.9 – Élisa – hors texte couleur (entre 112 et 113)

Chapitre 6

Dessin 6.1 – 169
Dessin 6.2 – 170
Dessin 6.3 – 171

BIBLIOGRAPHIE

ANZIEU A., (1985) « Entre geste et parole », *in Neuropsychiatrie de l'enfance et de l'adolescent, n° 4-5,* colloque de l'INSERM sur le Dessin de l'enfant, 1982.

(1989) « Processus transférentiel et symbolisation », *in Revue française de psychanalyse,* « La symbolisation », VI, novembre-décembre 1989 tome LIII, Paris, pp. 1619-1628.

(1990) *La Femme sans qualité. Esquisse psychanalytique de la féminité,* Paris, Dunod.

(1991) « Entretien entre Annie Anzieu et Laurence Kahn », *in Cahiers de l'IPPC n° 12.*

(1993) « Les liens originaires du moi à l'objet concret », *in Journal de psychanalyse de l'enfant, n° 14,* novembre, Paris, Bayard, p. 338-364.

(1994) « Détachement, renoncement, séparation », *in Journal de psychanalyse de l'enfant, n° 16,* Paris, Bayard.

ANZIEU D., (1977) « Pour une psycholinguistique psychanalytique », *in Psychanalyse et Langage,* Paris, Dunod.

(1984) « Le double interdit de toucher », *in Nouvelle revue de psychanalyse, n° 29,* Paris, Gallimard.

(1985) *Le Moi-peau,* Paris, Dunod, rééd. 1995.

(1987) « Les signifiants formels et le moi-peau », *in* Anzieu D. *et al., Les Enveloppes psychiques,* Paris, Dunod.

AULAGNIER P., (1985) « Quelqu'un a tué quelque chose », *in Topique, n° 35-36,* 1985.

BARTHES R., (1970) *L'Empire des signes,* Paris, Flammarion.

BAUDOIN A., (1987) « Le préconscient », *in Revue française de psychanalyse, n° 2.*

BICK E., (1968) *« The experience of the skin is carly object relations »* tr. fr. *in Explorations dans le monde de l'autisme,* D. Meltzer *et al.,* Paris, Payot, 1980.

BRAMLY S., (1988) *Leonard de Vinci,* Paris, J.-C. Lattès.

BREUER J., (1967) *Études sur l'hystérie,* Paris, PUF.

BRUSSET B., (1988) *Psychanalyse du lien,* Paris, Le Centurion.

(1992) *Le Développement libidinal,* Paris, PUF coll. « Que-sais-je ».

Cahiers de l'académie Anquetin (1965) « L'ombre bistre dans la peinture ancienne », vol. IV. « Le dessin de l'enfant », vol. IV.

(1975) « Pour une réhabilitation du dessin dans l'art », vol. XXII.

(1976) « La forme générique et la beauté », vol. XXIII.

Cahiers de l'IPPC (1991) « Dessin d'enfant et psychothérapie », Université Paris VII, n° 12, avril.

DAMISCH H., (1995) *Traité du trait,* Paris, Éd. de la Réunion des Musées nationaux.

DAYMAS S., (1985) « Expression corporelle », *in Bulletin SPP, n° 7,* « La sublimation ».

DECOBERT S. et SACCO F. (ouvrage collectif sous la direction de), (1994) *Le Dessin dans le travail psychanalytique avec l'enfant,* Toulouse, Érès.

DIATKINE R., (1982) « Les références au passé au cours des traitements psychanalytiques d'enfants », *in Les Textes du centre Alfred Binet.*

(1994) *L'Enfant dans l'adulte,* Suisse Delachaux et Niestlé.

DOLTO-MARETTE F., (1956) « Introduction au dessin d'enfant », *in La Vie médicale n° 35.*

DOLTO F., (1961) « Personnologie et image du corps », *in La Psychanalyse, n° 6,* PUF, p. 59-92.

(1982) *Séminaire de psychanalyse des enfants,* Paris, Le Seuil.

(1984) *L'Image inconsciente du corps,* Paris, Le Seuil.

DOURIEZ-PINOL M., (1974) « Les fondements de la sémiotique spatiale chez l'enfant », *in Nouvelle Revue de psychanalyse n° 9,* « Le dehors, le dedans ».

FAIN M. et DEJOURS C., (1986) *Corps malade et Corps érotique,* Paris, Masson.

FEDIDA P., (1978) *L'Absence,* Paris, Gallimard-NRF.

FERENCZI S., (1982) *Œuvres complètes. Psychanalyse,* tome VI, Paris, Payot.

FOUCAULT M., (1966) *Les Mots et les Choses,* Paris, Gallimard.

FREUD A., *Le Traitement psychanalytique des enfants,* tr. fr. Paris, PUF 1951, mouv. éd. 1989.

FREUD S., (1895) *Étude sur l'hystérie,* tr. fr. Paris, PUF, 1967.

(1900) *L'Interprétation des rêves,* tr. fr. Paris, PUF, 1967.

(1905) *Trois essais sur la théorie de la sexualité,* tr. fr. Paris, Gallimard, 1987.

(1908) « Caractère et érotisme anal », *in Névrose, Psychose et Perversion,* tr. fr. Paris, PUF, 1973.

(1909) « Analyse d'une phobie d'un petit garçon de cinq ans : le petit Hans », *in Cinq psychanalyses,* tr. fr. Paris, PUF, 1954.

(1912) *Totem et Tabou,* tr. fr. Paris, Payot, 1947.

(1914) « Pour introduire le narcissisme », *in La Vie sexuelle,* tr. fr. Paris, PUF, 4e éd. 1973.

(1911) *Formulations sur les deux principes du cours des événements psychiques,* tr. fr. Paris, PUF, 1984.

(1915) « Les pulsions et leur destin, l'inconscient, le refoulement », *in Métapsychologie,* tr. fr. Paris, Gallimard, 1952.

(1919) « Un enfant est battu », *in Névrose, psychose et perversion,* tr. fr. Paris, PUF, 1973.

(1920) « Au-delà du principe de plaisir », *in Essais de psychanalyse,* tr. fr. Paris, Payot, 1977.

(1923) « Le Moi et le Ça », *in Essais de psychanalyse,* tr. fr. Paris, Payot, 1971.

(1926) *Inhibition, Symptôme et Angoisse,* addenda, tr. fr. Paris, PUF, 1965.

(1943) *Métapsychologie,* G. W. X., Paris, Gallimard, 1972.

GEISSMANN C., Geissmann P., (1992) *Histoire de la psychanalyse de l'enfant,* Paris, Païdos.

GIBEAULT A., (1983) « Pulsion et langage. Des concepts de représentation de chose et de représentation de mot dans l'œuvre de Freud », *in Les Cahiers du Centre de psychanalyse et de psychothérapie n° 7.*

GIBELLO B., (1977) « Fantasme, langage, nature, trois ordres de réalité », *in Psychanalyse et Langage,* Paris, Dunod.

GREEN A., (1973) *Le Discours vivant,* Paris, PUF.

(1987) « La représentation de chose entre pulsion et langage », *in Psychanalyse à l'Université,* 12, 47.

GUIGNARD F., (1985) « Ballade au préconscient », *in Revue française de psychanalyse n° 5,* « Une crise dans la métapsychologie », tome XLIX.

HAAG G., (1990) « Le dessin préfiguratif de l'enfant : quel niveau de représentation », *in Journal de psychanalyse de l'enfant, n° 8,* « Rêves, jeux, dessins », Paris, Paidos/Centurion.

(1994) « La constitution du fond dans l'expression plastique en psychanalyse de l'enfant », *in Le Dessin dans le travail psychanalytique avec l'enfant,* Toulouse, Érès, p. 63-87.

ISAACS S., (1952) « Nature et fonction du fantasme », *in Développement de la psychanalyse,* tr. fr. Paris, PUF, 1956.

KANDINSKY, (1991) *Point et Ligne sur plan,* Paris, Gallimard.

KESTEMBERG E. & J. DECOBERT S., (1972) *La Faim et le Corps,* Paris, PUF.

KLEIN M., (1952) *Développement de la psychanalyse,* tr. fr. Paris, PUF, 1966.

(1967) *Essais de psychanalyse,* Paris, Payot.

(1961) *Psychanalyse d'un enfant,* tr. fr. Paris, Tchou, 1973.

KREISLER L., AMADO G. et CAHN R., (1973) « Clinique psychosomatique de l'enfant et perturbations relationnelles précoces », *in Revue de médecine psychosomatique, 15, n° 1.*

LACAN J., (1973) « Les quatre concepts fondamentaux de la psychanalyse », *in Le Séminaire,* livre XI, Paris, Le Seuil.

LAPLANCHE J., (1981) *L'Inconscient et le Ça,* Paris, PUF.

(1987) *Nouveaux Fondements pour la psychanalyse,* Paris, PUF.

LAPLANCHE J. et PONTALIS J.-B., (1964) *Fantasme originaire, fantasmes des origines, origines du fantasme,* Paris, Hachette, coll. « Textes du XXe siècle ».

(1967) *Vocabulaire de psychanalyse,* Paris, PUF.

LEBOVICI S., (1950) « À propos du diagnostic de la névrose infantile », *in Revue française de psychanalyse, 14-4,* p. 581-95.

(1979) *L'Expérience du psychanalyste chez l'enfant et l'adulte,* Paris, PUF.

LEFEBURE F., (1993) *Le Dessin de l'enfant. Langage sans parole,* Paris, Masson.

LOSSERAND J., (1991) « La psychanalyse d'enfant. Le début en France, S. Morgenstern », *in Le Coq Héron, n° 119,* Paris.

LUQUET G.-H., (1927) *Le Dessin enfantin,* Suisse, Delachaux-Niestlé, nouv. éd. 1967.

LUQUET P., (1983) « Fonctionnement psychique et moi », *in Revue française de psychanalyse n° 2,* t. XLVII.

(1991) « Double aspect du dessin : objet d'analyse, objet esthétique », *in Cahiers IPPC, n° 12.*

(1994) « Introduction à l'étude psychanalytique du beau », *in Le Dessin dans le travail analytique avec l'enfant,* Toulouse, Érès.

MARTY P. et FAIN M., (1955) « Rôle de la motricité dans la relation d'objet », *in Revue française de psychanalyse 19,* n° 1-2.

MILNER M., (1950) *L'Inconscient et la Peinture,* tr. fr. Paris, PUF, 1976.

(1952) « La compréhension du non-soi, un aspect du symbolisme », tr. fr. *in Bulletin de l'Association psychanalytique de France, n° 4.*

DE MONTIS G., (1988) « Plaidoyer pour une médecine des interfaces », *in Revue internationale de pédiatrie, n° 181.*

MORGENSTERN S., (1937) *Psychanalyse infantile,* Paris, Denoël.

(1939) « Le symbolisme et la valeur psychanalytique des dessins infantiles », *in Revue française de psychanalyse,* tome XI, n° 1.

(1990) « Un cas de mutisme psychogène », *in Journal de la psychanalyse de l'enfant,* n° 8, Paris, Le Centurion.

MOSCOVICI M., (1989) « Emotions de pensée », *in Il est arrivé quelque chose,* Paris, Ramsay.

PERRON-BORELLI M., (1985) « Du fantasme comme représentation d'action », *in Revue française de psychanalyse, n° 3.*

PERRON-BORELLI M. et PERRON R., (1987) « Fantasme et action », *in Revue française de psychanalyse, n° 2.*

PUYUELO R., (1990) « Du mouvement au mouvement psychique dans la cure de l'enfant », *in Journal de la psychanalyse de l'enfant, n° 8,* « Rêves, jeux, dessins ».

(1995) « Déclinaison du double dans la cure de l'enfant », *in Monographies de la Revue française de psychana-*

lyse, Paris, PUF, mai, p. 95-110.

RIBAS D., (1989) « De la peur de l'objet au désir d'aliénation et à la mort », *in Revue française de psychanalyse, n° 4.*

SAMI ALI, (1981) *Corps réel, corps imaginaire,* Paris, Dunod.

SEGAL H., (1970) « Notes sur la formation du symbole », *in Revue française de psychanalyse, n° 4.*

SMIRNOFF V., (1992) *La psychanalyse de l'enfant,* Paris, PUF.

STRACHEY J., (1934) *L'interprétation mutative, in* « The Nature of the Therapeutic Action of Psycho-Analysis », *Int. J. Psycho-Analysis,* 15, pp. 127-159.

TISSERON S., (1994) « Trans-contact, trans-mouvement et schèmes originaires de pensée », *in Le Dessin dans le travail psychanalytique avec l'enfant,* Toulouse, Érès, p. 117-132.

TUSTIN F., (1989) *Le Trou noir de la psyché,* tr. fr. Paris, Le Seuil.

VALERA F. et COHEN A., (1989) « Le corps évocateur : une relecture de l'immunité », *in Nouvelle Revue de psychanalyse, n° 40,* « L'intime et l'étranger », automne.

WALLON P., Cambier A., Engelhart D., (1990) *Le Dessin de l'enfant,* Paris, PUF.

WIDLÖCHER D., (1965) *L'Interprétation des dessins d'enfants,* Belgique, Éd. Charles Dessart.

(1988) « La positivité de l'inconscient », *in L'Écrit du temps, n° 18,* « Mouvements de pensée », Paris, Éd. de Minuit.

WINNICOTT D. W., (1958*a*) « Analyse de l'enfant en période de latence », *in Processus de maturation chez l'enfant,* Paris, Payot, 1970.

(1958*b*) « Birth memories, birth trauma and anxiety », *Collected Papers Trough Paediatrics to Psychanalysis,* Londres, Tavistock Publications.

(1958*c*) *De la pédiatrie à la psychanalyse,* tr. fr. Paris, Payot, 1969, rééd. coll. « Petite bibliothèque Payot ».

(1971) « Le corps et le self », *in Nouvelle Revue de psychanalyse, n° 3,* « Lieux du corps ».

(1975) *Jeu et Réalité*, Paris, Gallimard.

(1979) La Consultation thérapeutique et l'enfant, « Tel », Paris, Gallimard.

WITTGENSTEIN L., (1983) « Bemerkungen über die Farben » (Remarques sur les couleurs), TEF, éd. bilingue.

REVUES

• *Revue française de psychanalyse*
– « La créativité », juillet 1972.
– « L'auto-érotisme », septembre-décembre 1977.
– « Des sublimations », septembre-décembre 1979.
– « Des sublimations », janvier-février 1980.
– « Le statut de la représentation », mai-juin 1985.
– « Du pré-conscient, fantasme et action », mars-avril 1987.
– « À la recherche de l'objet perdu », janvier-février 1989.
– « Le concept d'objet en psychanalyse », juillet-août 1989.
– « La symbolisation », novembre-décembre 1989.

• *Nouvelle revue de psychanalyse*
– « Lieux du corps », n° 3, 1971.
– « Le dehors et le dedans », n° 9, 1974.
– « Destins de l'image », n° 44, 1991.

• *Journal de psychanalyse de l'enfant*
– « Le contre-transfert », n° 6.
– « Rêves, jeux, dessins », n° 8.
– « Processus de pensée », n° 14.

INDEX

âge, 6, 63, 117, 177, 203
allergie, 32-64
ambivalence, 42, 86, 105, 145, 155
analité, 49, 50, 60, 68, 77, 84, 93, 136-147, 217-218, 220-221
ANZIEU D., 29, 130, 135, 138, 166, 199
Association libre, 1, 6, 15, 21, 22
asthme, 40-44, 49-52
AULAGNIER P., 64
auto-érotisme, 84, 111, 118, 206-207, 209-210, 218, 219-221
auto-portrait inconscient, 21, 61

BACON F., 149
balayage, 194
BASQUIN M., 3
BECKETT S., 127
bégaiement, 147
BICK E., 165
BION W.R., 7, 121, 144, 156, 187, 192
BLEULER, 12
BORNSTEIN B., 153
BRAUNSCHWEIG D., 192

cadre, 7, 23, 31, 39, 42, 51, 69, 83, 101, 107-108, 110, 129, 139, 147, 149, 193
capacité de rêverie, 192, 193
capacité d'intégration, 42, 48, 85, 95
capacité d'unification, 63, 77, 177
castration, 49, 56, 60, 97, 111, *151*, 152
catégorie de pensée, 110
catharsis, 15, 18, 27
cercle, 113-114, 138, 166
changement de registre, 202
clivage, 18, 19, 29, 56, 74, 77, 84, 108-110, 117, 155
condensation, 6, 104, 105, 127, 185-186
conflit, 6, 17, 24, 39, 52, 88-89, 99, *101*, 122, 162, *198*, 218
conflit œdipien, 55, 56, 60
contenant, 23, 69, 84, 92, 106, 128-129, 138, 147, 148, 149, 176, 187
contour, 128-130
contour forcé, 118-121, 123

contre-transfert, 2, 4, 7, 10, 13, 15, 20, 25, 27, 37, 39, 64, 74, 76, 84, 85, 102, 112, 117, 121, 129, 140, 143-144, 150, *156-160*, 201, 213, 218, 227
contre-transfert écran, 100-101
corps, 10, 20, 28, 56, 63, 68-70, 139, 141, 144, 159, 164-168, 172-174, 191, 211, 217-218
corps érogène, 203-204, 219
couleur, 71, 145-147, 197, 218
cri, 83, 112, 182
croix, 29, 131
culpabilité, 49, 50, 56-57, 103, 141

déplacement, 127, 172-173, 184-186, 211
déplacement métaphorique/métonymique, 204-205
dépôt persistant, 143-145, 148-150
dépression, 37, 40, 41-42, 45, 48, 51, 53-54, 56-57, 59, *62*, 92, 104, 118, 136
destruction du dessin, 139-140
dévoration, 114, 118
diagnostic, 39, 62
DIATKINE R., 151
différence des sexes, 18, 23-24, 41, 56, 111, 146
DOLTO F., 19-25, 26, 32, 51
dos à dos (recto/verso), 117
DUCHÉ D.-J., 3

écriture, 29, 82, 110, 229
eczéma, 45-48
emprise, 137
enfant/phallus, 54
énigme (*voir* Signifiant énigmatique)
énoncé de l'interprétation, 7, 20, 64, 85, 106, 135-136, 144, 154-156, 191-192, 201
enveloppe partielle, 36
enveloppe sonore, 37
équation symbolique, 195, 199
érotisation maniaque, 54-55
espace psychique, 53, 67, 77, 106, 141, 159, 227

FAIN M., 172, 193, 222-223
fantasme, 79, 163, 176, 190, 195, 203-213, 213-223
fantasme de peau commune (*voir* Peau)
FELLINI F., 126
féminité, 53, 140
FERENCZI S., 206
figurable/désirable, 190
fille/garçon, 16
FLIESS W., 206, 220
formation réactionnelle, 153
forme vide, 119-121
FREUD A., 1, 7, 12, 16-17, 20, 154
FREUD S., 11, 14, 16, 17, 85, 88, 126, 130, 133, 135, 137, 141, 150, 151, 152, 164, 176, 180, 181, 186, 189, 205, 206, 209, 213, 220

géométrisme, 110, 146
GIBEAULT A., 189
GIBELLO B., 217
GREEN A., 181, 189, 215
gribouillage, 137, 165, 173
gribouillage confus, 138
GUIGNARD F., 226

HAAG G., 27-29, 37, 84, 106, 132, 135, 166, 174

habileté graphique, 5, 118, 132, 155
hallucination, 180-183, 186, 201, 205-206, 216-217, 220
HEUYER G., 2, 11-12, 20
histoire, 52, 60, 83, 101, 221, 227
homosexualité, 97, 116, 133
horizontalité, 29, 95

image du corps, 20, 25, 26, 37
image de soi, 53-54, 93, 105, 115, 119, 139, 176
impressionnisme, 149
incapacité de penser, 59
incorporation, 82, 83, 141, 167, 205, 223
injonction paradoxale, 21-22
instrument, 8, 10, 17, 18, 28-29, 67, 69, 76, 137, 139, 142, 148, 157
introjection, 13, 14, 28, 58, 118, 167, 177, 201, 205, 213
ISAACS S., 216, 219-220, 222

jeu, 16, 151, 179

KANDINSKY, 69, 70, 131
KLEIN M., 1, 7, 12, 16, 17-19, 20, 114, 154, 195, 205, 211, 213, 216

LACAN J., 20, 22
lâcher, 175-176, 217-218
LAGACHE D., 221
laisser les dessins, 19, 159
LAPLANCHE J., 186, 200, 204-206, 207, 209, 215
latence (position de –), 57, 58, 63, 88, 148-160
latéralité, 34, 37
LAUNAY C., 2
LEBOVICI S., 162, 202
LEFÉBURE F., 26
ligne, 130-132, 148
LUQUET G.-H., 10-11
LUQUET P., 139, 200, 202

main, 137, 139, 142, 148, 159, 173-174, 210, 218, 225
MARTY P., 172, 222-223
masochisme, 59, 120
masturbation, 49, 50, 142
MELTZER D., 136
MICHAUX L., 2
MILNER M., 196, 219
moi idéal, 82
morcellement, 13, 32, 50, 76, 79, 86, 136, 148
MORGENSTERN S., 11-17, 20, 21, 156
MOSCOVICI M., 219
mutisme psychogène, 12-16

narcissisme, 54, 56, 60, 63, 102, 106, 111, 138, 146, 148, 166-167, 177, 229
nomination, 67, 70, 83, 111-112, 147, 174, 202
non-figuration, 115-116

objet interne, 67, 88, 123, 138, 163, 172, 173, 195
objet perdu, 180
œil, 142-143, 149, 150, 153, 157, 159, 175, 204, 210, 218

paradoxe du dessin, 178, 188
pare-excitation, 33, 36, 48, 85, 92, 120, 132, 176, 179
parent, 3-4, 10, 24, 38-39
PASQUIER M.-A. du, 173

peau, 48, 67, 70-77, 191
fantasme de – commune, 165-166
peau du thérapeute, 28
permanence de l'objet, 173
PERRON R., 220, 222
PERRON-BORELLI M., 220, 222
PONTALIS J.B., 186, 200, 207, 209
phallique, 43, 50, 58, 60, 82, 84, 97, 146
PLATON, 130
point, 130-132, 133-136
point coloré, 145-146
position de latence (*voir* Latence)
préconscient, 226-228
principe de plaisir, 184, 187, 228
projection, 10, 13, 16, 22, 28, 67, 93, 117, 141, 157, 167, 192, 201, 205, 213, 226
psychose, 60, ch. 3, 136, 182, 187
pulsion, 28, 38, 47, 51, 85, 87, 93, 134, 135, 141, 180-181, 214, 216
pulsion épistémophilique, 153
pulsion de mort, 117, 135, 139
pulsion sexuelle, 55, 134, 150, 152, 177, 204
pulsion d'auto-conservation, 46
PUYUELO R., 138, 186

rapport symbole/symptôme, 32
réalisme intellectuel/visuel, 10-11
refoulement, 47, 56, 85, 87, 103, 128, 150, 152, 153, 199, 207, 211, 228
répétition, 19, 27, 45-46, 48, 66, 77, *85*, 99, 143, 150, 187, 211
représentation-chose, 215
ressemblance, 6, 67, 111, 115, 130, 133, 139, 146
reste diurne, 127
rêve, 24, 27, 29, 39, 55, 103, 104, 125-128, 162, 178, 180, 186, 207, 213, 218, 227
rêverie de l'analyste, 158
RIBAS D., 192
ROSOLATO G., 120
ROUAULT G., 119
rythme, 3, 27, 43, 115-116, 146, 167, 193, 227

sadisme, 95-97, 122
SARTRE J.-P., 129
secret, 51, 76
séduction, 13, 21, 22, 100, 120, 132-133, 153, 213
séduction originaire, 205-206
SEGAL H., 195
sexualité, 136, 152, 208, 209-210
signifiant énigmatique, 205-206, 207, 208, 210, 225
signifiant formel, 135
sol moïque, 168-172, 182
souvenir en formation, 153
spirale, 37, 132, 167
SPITZ R., 67
STRACHEY J., 157
sublimation, 133, 152, 153, 179, 208, 210, 219
sujet, 51-52, 208
symbolisation, 190-203, 211
symbolisme, 6, 18, 20, 28, 69, 103, 136, 145, 151, 155-156, 172, 174-175, 188

TISSERON S., 116
trace, 1, 6, 18, 28, 36, 64, 67, 76, 83, *131*, 132, 136-141, 149, 153-154, 157, 161, 165-166, 177, 191, 194, 225

tracé, 129, 132-133, 144, 145, 159, 162, 194
tracé appuyé, 147, 165
trait, 132-133, 162, 167, 173, 182, 187-188, 191, 194, 196, 211, 225
transfert, 1, 2, 4, 6-7, 10, 14, 16, 20, 25, 27, 31, 36, 52, 55, 64, 68-69, 84, 99, 103, 107-108, 115, 121, 129, 132-133, 143, 154-156, 163, 181, 201, 208-209, 213
transfert adhésif, 117
transitionnel (*voir* Winnicott)
traumatisme, 33-37
travail, 178
trou, 133-136, 191
TUSTIN F., 29, 31-32, 69, 84, 111, 120, 136, 146, 155, 165

VAN GOGH V., 149
verticalité, 29, 51, 59, 62, 127, 168
virilité, 42, 43, 45, 92

WIDLÖCHER D., 2, 26-27, 220
WINNICOTT D.W., 7-8, 17, 115, 151, 153, 156, 167, 173, 178, 186, 195, 196
WITTGENSTEIN, 133

Imprimerie GAUTHIER-VILLARS, Paris
Dépôt légal, Imprimeur, n° 4620
Dépôt légal : avril 1996
Imprimé en France